宣教の未来

五つの視点から

日本基督教団宣教研究所委員会編

The UCCJ
Research Institute on the Mission of the Church @2021

目次

はじめに

岡本知之

　新型コロナウイルスの蔓延によって世界は激変した。会議はインターネット媒体が中心となり、これまで教会の本質とされてきた「共に集い、共に歌い、共に食する」営みが深刻な打撃を受け、その解体と崩壊が危惧される事態が進行していると言っても過言ではない。教会における「共時性と共在性の再構築」が、今われわれが直面している課題である。しかし今回のこの論集はパンデミック以前の世界の中で構想され、執筆された。その点において、その有効性が刊行の時点で既に問われているとも言えよう。

　新型コロナウイルスを巡る問題を教会の立場から考えるとき、三相で捉えてみたい。第一相は言うまでもなく、各個地域教会における対応である。これに関しては改めて何かを付け加える必要は殆ど無い。それぞれの教会が感染防止のための手段を精密に取ってきたと言うことが出来る。

　第二相は、このウイルスの着地点がどこかという問題である。この事態はいつ頃終息するのか。終息というのは、ウイルス学的に押さえ込んだとか、症例がなくなったという臨床学的なことではなくて、一つには社会がこれを（インフルエンザのように）どこまで受容するかということであり、今ひとつはワクチンや新薬・適合薬の開発が実現して、もはやこれを恐れるに足らなくなったときというのが正解である。しかしその道のりは遠いというのが現時点での私の印象である。これまで人類が経験したことのない「mRNAワクチン」は、当初予想をはるかに超えて早期に完成したが、その安全性と有効性については長期的な臨床調査が必要であろう。

　世界史上で知られているパンデミックは14世紀の黒死病と呼ばれたペストで、これを機に教会の統治権威が失墜した。ペストは近代になってからも猛威を振るい、1855年に発生したペストはカミュの小説でも有名だが、流行の原因は植民地主義による交通の拡大等と言われている。今日の各国政府のワクチン開発に前のめりな情況は、いかに多くの国民の命を救うかという倫理的要請ではなく、歴史を振り返ることなく、国家があたかも中世あるいは近代の入り口に流行ったペストを巡る混乱へ

と向かっているようである。如何に多くの国民の命を救うかという倫理的要請ではなく、自国中心主義と利益優先主義ならびに権力者の自己保身がすべてのことに優先する近代以降の国家の様相が世界規模で顕在化したことを、今、私たちは目の当たりにしている。

　さて第三相は、第一相、第二相を踏まえたこれからの世界とそこにおける教会の立ち位置である。「もう世界は元には戻らない」と言う人びとが多いが、それは日々現実味を帯びてわれわれに迫っているように思える。幾多のパンデミックを世界は乗り越え再生してきたが、今回の新型コロナウイルスが私たちの生活様式に甚大な影響を与えたことは事実である。先ず何よりもこのウイルスはわれわれが漠然と信じてきたこの国（政府）のポテンシャルの水準が、実は驚くべき低さにあったことを暴露した。また、今後日本の経済と国民の生活水準は大きく変動するのではないだろうか。従来型の生涯雇用システムは大きく揺さぶられ、人びとの間で富の二極分化は益々進行するであろう。

　その中で教会はどのように自らの立ち位置を定めるべきであろうか。ここでは、さしあたり次の３点を挙げてみたい。①「礼拝」をどう捉えるか。集合礼拝の再開を目指しつつも、同時に「インターネット礼拝」と「家族礼拝」並びに「小グループ礼拝」の構築を目指したい。②「つながり」をどのように維持するか。活用可能なツール（電話、はがき、手紙、メール、SNSなど）のすべてを用いて繋がり続ける努力を行いたい。③「サポートモデル」の変容。信徒の献金で牧師家族の生活を支えるという旧来のサポートモデルを維持できない教会が今後増えていくと思われる。更には大学や諸学校の対面教育が危機に瀕している今日、数校の認可神学校に教師養成を委ねる態勢についても抜本的な見直しが必要となるであろう。教団はこれらの事柄について、早急に現状分析を行い、具体的対策を講じるべきである。

　しかし私どもは、此処で問われていることの教会的意義に於いて、本論集に集められた論考こそが、これら諸問題の本質に到達し、かつそれを深めるものであると申し上げたい。それは即ち、ここで取り上げられたテーマそれ自体が、外的状況が如何に変容しようとも、教会の営みの本質に関わる事柄であると言うことを意味している。世界がどのように変わろうとも、教会が宣べ伝え、また担うべきものは唯一つであり、それには如何なる変容もあり得ない。それは一人一人の命のあがないの福音であり、就中、永遠の命への接続である。この視点を持ってこそ、わ

れわれは今日のこの試練を乗り越えていくことが出来る。

　本論集の特徴の一つが、そのすべてが現場からの考察であるということである。執筆者の中には大学で教鞭を執ってきた者もいるが、その本務は何れも牧会の現場に身を置きつつ、日々労苦してきた者たちによる労稿である。

　執筆者の一人一人が牧会の現場に身を置きつつ、如何に宣教の言葉を生み出してきたか、また今後も生み出していくか。この点に意を置きつつ読み進めて頂ければ幸いである。

　また本書の解題的解説は当委員会書記である小林光氏の巻末解説に譲ることとしたい。

おかもととともゆき／41 総会期宣教研究所委員会委員長

1. 教会の霊性の回復
聖霊と共に御言葉に喜び生きる群れ

疋田國磨呂

I　初めに

　日本基督教団より「教会の霊性」について書くようにとの課題が与えられました。私自身が、イエス・キリストと出会ってから、信徒として、教師として、この課題を教会の伝道牧会の中でどう受け止め向き合ってきたか、遣わされた教会の歩みを通して振り返りたいと思います。

1.　伝道の担い手は誰なのか

　私自身は、自分は本当に親に望まれて生まれたのだろうかとの疑問から自殺願望者になっていた時、ラジオ放送のルーテルアワーを聞いて、初めて石川県羽咋市にある羽咋教会に行きました。杉山謙治牧師は、私の悩みを良く聞いてくださり、「疋田さんは、神さまから祝福されたから生まれたのです」と言われて驚きました。私は仏教の家に育ち、「そんなことしたら、神仏の罰が当たる、呪われる、たたられる、地獄へ落とされる」と言われながら育ったので、神さまが人間を祝福すると聞いて驚いたのです。人間を祝福する神さまはどんな方かを知りたくて教会に行き、イエスさまを通して神さまの愛と祝福を知り、18 歳のクリスマスに洗礼を受けました。礼拝出席 10 人程の小さな群れでしたが、「人間を祝福される神さま」を人々に知らせたいとの思いに満たされました。高校を中退していた私は何をして教会を支えようかと考えている時、農村伝道神学校で酪農が学べることをキリスト新聞で知り、牧師の推薦をもらって東京に出ました。しかし、川崎市にいた長兄に反対されて、入学できませんでした。杉山牧師の勧めで佐古純一郎先生のおられる中渋谷教会で教会生活をすることになりました。佐古先生の著書『現代人の不安と苦悩』（夏目漱石の文芸評論）の影響が大きかったのです。そうした中で伝道者としての召命を受けて、東京神学大学を卒業し、伝道者として遣わされて 46 年になります。教会に遣わされてから問われ続け

たことは、伝道の担い手は誰なのかということであります。

2．舟の漕ぎ手は誰なのか

　最初の主任担任として遣わされたのは、福井市の教会であります。大衆伝道者としてクルセード伝道をした本田弘慈牧師は福井の丸岡教会で救われました。大衆を集めて、キリストを受け入れる決心を迫るクルセード伝道で救われた信徒たちの教会生活が長続きしないので、教会成長のための信徒講座を各地で実施されました。

　本田牧師は、舟の漕ぎ手の話をされました。一つの舟は、牧師が艪を漕ぎ、信徒たちは、あっち、こっちと方向を指示します。もう一つの舟は、信徒たちが艪を漕ぎ、牧師があっち、こっちと方向を指示します。どちらの舟が早く目標に向かって行けるかと問われました。信徒たちが艪を漕ぐ方であります。この信徒講座は、舟の艪を信徒たち皆が漕げるように、教会成長を目指すものであると言われました。

　私の教会にもぜひ取り入れようと、役員会にはかったところ、伝道担当の役員が、「自分たちは仕事が忙しくて、勉強なんかしておられません。だから先生を迎えて、謝儀も差し上げているのです。先生が伝道してください。お寺の坊さんたちは、檀家回りをしていますよ。先生も信徒の家を回って伝道してください。」と言われました。私は信徒講座の実施を諦めました。案外、このような教会が今もまだあるのではないでしょうか。

3．信仰の子どもを産むのは誰なのか

　国際基督教大学（ICU）の客員教授として数年おられたエミール・ブルンナー博士の言葉として、古屋安雄牧師よりしばしば次の話を聞きました。

　「日本のキリスト教会は、羊飼いが羊の子どもを産んでいる。羊が羊の子どもを産むように、日本の信徒は信仰の子どもを産んでいない。日本の信徒の賜物が凍結されている。」と。

　要するに、日本の教会の伝道は、牧師・伝道師たちがおもに担って、信徒たちがあまり伝道していないということです。それは、信徒の賜物が用いられていないということなのです。

4.「開かれた教会」とは

　大宮教会に招かれて（1988年4月〜2017年3月在任）暫くして、或る長老から「疋田先生、もっと権威をもってやってください」と言われ、たじろぎました。私には性格的にとても無理に思いました。

　大宮教会に仕えて5年目に新会堂建築が始まりました。新会堂建築に当たり、「開かれた教会」が長老会の課題となり、何回も研修を重ねました。そうした中で、教会が開かれるとは、物理的に会堂を何時から何時まで開放するかの問題ではなく、キリストの体である信徒一人ひとりが開かれなければならないということに気づかされました。

　その時に示された御言葉は、マタイによる福音書28章18〜20節でありました。

　「イエスは、近寄って来て言われた。『わたしは天と地の一切の権能を授かっている。だから、あなたがたは行って、すべての民をわたしの弟子にしなさい。彼らに父と子と聖霊の名によって洗礼（バプテスマ）を授け、あなたがたに命じておいたことをすべて守るように教えなさい。わたしは世の終わりまで、いつもあなたがたと共にいる。』」

　大宮教会は、「父と子と聖霊の名によって洗礼（バプテスマ）を授けよ」と命じられているように、伝道に励み、イエス・キリストを救い主と信じる者に洗礼（バプテスマ）を授けて、教会の信徒の一人として群れに加えていました。しかし、「わたしの弟子にしなさい」と言われているように、"イエスさまの弟子"とする意識はありませんでした。

　今まで、「すべての民をわたしの弟子にしなさい」との御言葉を読み過ごしていました。復活の主イエスさまが「わたしの弟子にしなさい」と命じられているのです。信徒を"イエスさまの弟子にする"とは、どのようなことなのかと、私をはじめ長老たちは問われました。

II 「教会の霊性」の課題を与えられて

1. 日本基督教団の教勢の落ち込み

　今、日本基督教団の教勢はどのような状況にあるのか確かめるために、手元にある『日本基督教団年鑑2020』を見ました。1994年から2018年までの「統計に見る教勢推移」が掲載されています。

年　度	1994	2018	＋－	2018/1994
教会数	1,721	1,685	-36	97.9%
信徒総数	205,306	165,312	-39,994	80.5%
現住陪餐数	102,727	78,843	-23,884	76.7%
現任教師数	2,181	1,997	-184	91.5%
日曜礼拝出席数	60,802	49,834	-10,968	81.9%
一教会平均	38	31	-7	
CS 出席数	27,348	11,427	-15,921	41.7%
一教会平均	17	7	-10	
受洗者数（大人）	2,243	1,082	-1,161	48.2%

　1994 年度から 2018 年度の 24 年間の教勢推移を見ると、激減と
しか言いようがありません。現住陪餐数の –23,884 は、2018 年度の
関東教区の現住陪餐数 6,256 と東京教区の現住陪餐数 16,868 の合計
23,124 よりも多いのです。ということは、この 20 年間余りに関東教
区と東京教区の規模の教会が消えてしまったとも言えるのです。日曜礼
拝出席数は、24 年前の 82％であり、CS 出席に至っては 42％と半分以
下の出席になっており、受洗者も 48％と半分以下となっています。

　日本基督教団は、これまで教区ごとに教師と信徒たちは教会論や宣教
論についてよく学び、実践に努めてきています。しかし、教会の形成や
伝道のために第一線に立ってきた信徒が高齢化し、継承する若い信徒が
少なくなっていることが教会の教勢の減退となっているとも言えます。
これでは、20 年、30 年先の教団の将来はどうなってしまうのかと悲観
的に思う方もいるでしょう。

　更に、2020 年度は年初めから新型コロナウイルスが蔓延し始め、4
月 7 日には、東京、神奈川、埼玉、千葉、大阪、兵庫、福岡の 7 都府
県に緊急事態宣言が発令され、4 月 16 日には対象を全国に拡大した。
集団感染防止対策として密閉・密集・密接の 3 つの密を避けるように
強調されています。エクレシア（信仰者の群れ）と言われる教会は、大
切な教会の要素である 3 密の在り方が問われ、緊急事態宣言中には、礼
拝堂に集まって礼拝を献げることを休止し、ネットによるライブ中継の
家庭礼拝にするなど、新しい礼拝の在り方が問われています。世界的な
パンデミックにより教会の将来に悲観的になる者もおります。

2.「わたしの言葉は決して滅びない」

　しかし、イエスさまは終末の徴について語っておられます。主が来られて世の終わる時にはどんな徴があるかと問う弟子たちに対して、イエスさまは、偽メシアの出現、戦争、飢饉、地震、今までにない大きな苦難が来るが、「はっきり言っておく。これらのことがみな起こるまでは、この時代は決して滅びない。天地は滅びるが、わたしの言葉は決して滅びない。」（マタイ 24：34 〜 35）と宣言されています。

　教会は、イエスさまの言われる「わたしの言葉」によって成り立っているのです。

　イエスさまは、弟子たちに「それでは、あなたがたはわたしを何者だと言うのか」と問われたのに対して、シモン・ペトロが「あなたはメシア、生ける神の子です」と答えました。するとイエスさまは、シモンに「わたしも言っておく。あなたはペトロ。わたしはこの岩の上にわたしの教会を建てる。陰府の力もこれに対抗できない。わたしはあなたに天の国の鍵を授ける。」と宣言されました。イエスさまは「この岩の上にわたしの教会を建てる。」と言われています（マタイ 16:15 〜 19）。「この岩」とは、私たちプロテスタント教会は、「あなたはメシア、生ける神の子です」との信仰告白を指し、その信仰告白の上に「わたしの教会」すなわち、イエスさまの教会を建てると理解しています。

　イエスさまの教会が建てられ、「御国のこの福音はあらゆる民への証しとして、全世界に宣べ伝えられる。それから、終わりが来る。」（マタイ 24：14）と言われているように、この二千年間、新型コロナウイルスのような世界的な感染症が、天然痘やペスト、スペイン風邪、インフルエンザなどのパンデミックが繰り返し起こっているのであります。しかし、そうした苦難の中に在っても、イエスさまが「この岩の上にわたしの教会を建てる」と言われた御言葉は決して滅びることはないのであります。

　教勢の衰退傾向にある日本基督教団に、今大事なのは、神学的考察や宣教の技術や方策とともに、「わたしの言葉は決して滅びない」と言われるイエスさまの御言葉にいかに聞きつつ従い生きるかではないでしょうか。この信徒の減少状況の中に「教会の霊性」という視点をどこにおいて見るかの再確認が問われているのではないかと思います。

3.「神のかたち」としての人間

　私たちが「教会の霊性」を考える時、まず一番に考えなければならないのは、神さまは教会を形づくる人間を「神のかたち」として造られたことであります。

　神さまは「御自分にかたどって人を創造され」、「土の塵で人を形づくり、その鼻に命の息を吹き入れられた。人はこうして生きる者となった。」（創世記1：27、2：7）と聖書は記しています。

　人間が「神のかたち」に造られたとは、神さまから「命の息」（＝神の霊）を吹き込まれたので、神さまと向き合い、霊的な交わり（＝祈り）ができ、神さまと共に生きる存在となったことであります。

　更に、神さまは、人を男と女に造られ、彼らを祝福し、「産めよ、増えよ、地に満ちて地を従わせよ。海の魚、空の鳥、地の上を這う生き物をすべて支配せよ。」（創世記1：28）と人間に委ねられました。

　神の霊によって、人間は「神のかたち」として真の人間となり、創造者である神の意志を実現する特権を与えられたのです。

4.「神のかたち」の喪失

　しかし、この「神のかたち」は、アダムとエバがサタンの化身である蛇の誘惑によって、「神のように善悪を知るものとなること」（創世記3：5）を欲して、神さまから「園のすべての木から取って食べなさい。ただし、善悪の知識の木からは、決して食べてはならない。食べると必ず死んでしまう。」（創世記2：16～17）と言われていた御言葉に背いてしまいました。これが原罪であります。人間はアダムらの堕罪によって、「神のかたち」としての霊的特権を失い、死ぬ者となってしまったのであります。

5. イエス・キリストによる「神のかたち」の回復

　キリストの受肉の目的は、失われた「神のかたち」の回復であります。アダムの不従順の罪によって死がもたらされましたが、キリストの十字架への従順によって復活のキリストと共に生きる命を得ることになったのです（ローマ5：12～21）。パウロは「キリストが死なれたのは、

ただ一度罪に対して死なれたのであり、生きておられるのは、神に対して生きておられるのです。このように、あなたがたも自分は罪に対して死んでいるが、キリスト・イエスに結ばれて、神に対して生きているのだと考えなさい。」（ローマ 6：10 ～ 11）と言っています。

　パウロは「あなたがたは皆、信仰により、キリスト・イエスに結ばれて神の子なのです。洗礼（バプテスマ）を受けてキリストに結ばれたあなたがたは皆、キリストを着ているからです。」（ガラテヤ 3：26 ～ 27）と言っています。更に、「滅びに向かっている古い人を脱ぎ捨て、心の底から新たにされて、神にかたどって造られた新しい人を身に着け、真理に基づいた正しく清い生活を送るようにしなければなりません。」（エフェソ 4：22 ～ 24）と勧めています。

　このように、イエス・キリストを信じる者は、洗礼（バプテスマ）を受けて「キリストを着」、「神にかたどって造られた新しい人を身に着ける」ことによって、神さまの創造の御心である「神のかたち」を回復させられたのです。特に、イエスさまは、昇天後に御自身に代わる弁護者としての聖霊を送ってくださるように父なる神さまにお願いしました（ヨハネ 14：16）。パウロは「知らないのですか。あなたがたの体は、神からいただいた聖霊が宿ってくださる神殿であり、あなたがたはもはや自分自身のものではないのです。あなたがたは、代価を払って買い取られたのです。だから、自分の体で神の栄光を現しなさい。」（Ⅰコリント 6:19 ～ 20）と言っています。

　神さまはキリストに代わる弁護者としての「聖霊」を送り、信じる者の体を聖霊の宿る神殿としてくださったということは、創造当初の神の霊を吹き入れられて生きる者とされた「神のかたち」を回復されたことであります。

6.「神のかたち」の回復を生きる教会の霊性

　今日、「神のかたち」の回復を生きることは、御言葉を通して復活の主イエスさまや神さまと向き合い、霊的に交わることであります。主日の礼拝を中心に、日々、主の御言葉に聞くことであります。

　信仰生活において主日の礼拝を守ることは、基本中の基本であります。しかし、それだけでは養われて成長できません。信徒の信仰の成長のために、日々主の御言葉に聞き、主と交わる教育・訓練は大切であります。

御言葉に聞き応答するように訓練された信徒は、黙っていても主の恵み
を証しし、伝道します。御言葉に聞き応答することは、聖霊と共に生き
ることでもあります。

　大宮教会が、「神のかたち」の回復がもたらす「教会の霊性」に生き
るために、20年余り取り組んで来たことは教団の『日毎の糧』の聖書
日課に従って御言葉に聞き応答する仕方（ディボーションとも言う）の
学びと訓練であります。そのことを具体的に紹介したいと思います。

III　韓国の教会に学ぶ

1．韓国サラン教会の弟子訓練

　大宮教会が「開かれた教会」の課題（11頁「開かれた教会」とは　参照）
の中で、信徒を"イエスさまの弟子にする"とはどんなことかと問われ
ていた時に、韓国のサラン教会の玉漢欽牧師の提唱する「弟子訓練指導
者セミナー」が1993年5月初めに開催される案内を受けました。新会
堂の献堂式が翌月6月20日に迫る時でしたが、弟子訓練とは何かを知
りたくて1週間のセミナーに参加しました。

　そこで学んだのは、「わたしの言葉にとどまるならば、あなたたちは
本当にわたしの弟子である。」（ヨハネ8：31）と言われているように、
主の弟子になるとは、どんな時にも、主の御言葉に聞いて、御言葉が信
仰者の内にいつもあるように生きることであります。

　主の御言葉を自分の内において生きるなら、望むものは何でも願うと
かなえられ、豊かに実を結ぶ弟子となって父なる神さまに栄光を帰する
者になること（ヨハネ15：7～8）を再認識しました。

　また主の弟子になるとは、イエスさまが与えられた「新しい掟」、「互
いに愛し合いなさい。わたしがあなたがたを愛したように、あなたがた
も互いに愛し合いなさい」と言われたように、互いに愛し合って生きる
者になることであります（ヨハネ13：34～35）。

　主の御言葉を心の内において生きる者は、主の霊の働きによって御子
イエスさまの姿に似た者として造りかえられていくのであります。こ
れは神さまが定められた御心なのです（IIコリント3：18、ローマ8：
29）。復活された主イエスさまが、最初に弟子たちに「あなたがたは行っ
て、すべての民をわたしの弟子にしなさい」と世界宣教を命じられまし

た。そして、「彼らに父と子と聖霊の名によって洗礼〔バプテスマ〕を授け、あなたが
たに命じておいたことをすべて守るように教えなさい。」（マタイ 28：
19 ～ 20）と命じられました。それは、イエス・キリストを信じて洗礼〔バプテスマ〕
を授けられた者が、どんな時でも絶えずイエスさまの御言葉に聞き、御
言葉を心の内にとどめて生きる "イエスさまの弟子" としなさいという
ことであります。

　玉漢欽〔オクハンフム〕牧師の提唱される弟子訓練については『信徒を目覚めさせよう』
にその主旨が聖書に基づいて書かれています。信徒の持つ賜物は、信徒
が御言葉に聞いて、神さまからの語りかけに自主的に応答する信仰に
よって生かされるのです。御言葉に聞く・ディボーションによって、イ
エスさまと信仰者の関係づくりがイエスさまの弟子となる基本でありま
す。また、弟子訓練のリーダーは聖霊なる神さまであると強調されまし
た。

　玉漢欽〔オクハンフム〕牧師については、「VI 証し 4」に詳しく紹介されています。

2. 日本の弟子訓練の挫折と「主の弟子訓練」の再起

　玉漢欽〔オクハンフム〕牧師提唱の「弟子訓練」は、日本では B 宣教師の主宰する小
牧者訓練会を中心として毎年 1 月末、箱根で「弟子訓練コンベンション」
として開催されました。日本基督教団からも 50 余りの教会が参加して
いました。2000 年前後、弟子訓練ブームのような感がありました。

　しかし、B 宣教師はじめ、当時、日本の弟子訓練の指導者的な牧師た
ちの中には、牧師と信徒の師弟関係を強めて、訓練を受ける信徒たちと
の間で、セクハラ、パワハラの問題を起こし、日本における弟子訓練は
挫折してしまいました。また、教団の教会の中に韓国の他の弟子訓練・
タラッパンの導入で問題を起こすところが出たため、日本基督教団では、
弟子訓練＝カルトと見られるようになり、危険視されるようになってし
まいました。

　しかし、玉漢欽〔オクハンフム〕牧師の提唱する弟子訓練は、御言葉を通してイエス
さまと信徒、神さまと信徒との関係づくりを目指すものであります。
玉漢欽〔オクハンフム〕牧師は、日本の弟子訓練指導者たちの過ちを大変悲しんで、弟子
訓練の本質を再確認するようにと手紙をくださいました。

　そこで、弟子訓練の本質を再確認して立つ牧師たちが、"主イエスさ
まの弟子づくり" を明確にするため「弟子訓練」に「主の」を付けて

「主の弟子訓練」と呼び、「主の弟子訓練交流会」を編成しました。毎年、5月連休の直後、「主の弟子訓練コンベンション」を2泊3日で開催しています。

　今年も、2021年5月10日（月）〜12日（水）、「"恵みの分かち合い"による教会形成」を主題にして第9回主の弟子訓練コンベンションが、東京の教会で開催される予定でしたが、コロナ禍の緊急事態宣言の発令に伴い、急きょオンラインでの開催に切り替えられました。このコンベンションには、韓国で主の弟子訓練によって教会形成をしている牧師たちも講師として参加されています。この主の弟子訓練とはどういうものであるかは、「Ⅵ 証し 2」に、日本基督教団東所沢教会の指方周平牧師が証ししておられるのでご覧ください。

3. 忘憂（マンウ）教会と早天祈祷会の始まり

　当時、池袋西教会の福井二郎牧師が行っていた説教準備会に参加していた時、「牧師にとって、朝の1時間が勝負だよ。あとは付け足しです」と言われ、早天祈祷会の必要性を説かれました。

　大宮教会は、韓国の教会成長から学びたいと1995年2月、韓国のソウル市にある大韓イエス長老会・忘憂（マンウ）教会との交流を始めました。牧師を入れて10数名で年に1回、4年間、相互に訪問し合って交流しました。私たちが初めて、長老会、婦人会、青年会の有志11名で訪韓した時、まず感銘を受けたのは祈祷会の充実、熱気でありました。朝5時からの早天祈祷会は毎日行われ、金曜日には2時間にも及ぶ徹夜祈祷会、まさに祈りのパワーを打ち付けるような激しさでありました。韓国の教会成長の秘訣は祈祷会にあると教えられました。

　主任の李聖實（イソンシル）牧師は「日本の信徒は実に良く聖書を勉強して知識がいっぱいあります。でも心が熱くならなければ御言葉は生活に結び付きません。聖霊さまによって心を熱くさせてもらうのですよ。」と言われました。

　帰国後、私たちも実践できないだろうかと、有志でその年の3月6日より、毎朝6時に自発的に始まった早天祈祷会でした。3ヶ月継続できたので、6月の長老会で正式に早天祈祷会として週報に公表されることが承認されました。以来、私が牧師を退任するまで22年間続きました。

　この早天祈祷会は、初めは教団の聖書日課に基づいて短い勧めをし、祈りの課題を挙げて祈り合いましたが、主の弟子訓練を始めてからは、聖書日課をディボーションして皆で分かち合い、祈りを合わせるようになりました。

　また、聖霊の働きを身近に覚えるために、「神さま」「イエスさま」と言うように「聖霊さま」「聖霊なる神さま」と呼びかけるようにもなりました。出席者の中には、よく重荷や課題のある兄弟姉妹たちがいましたが、祈りを共にして乗り越えられていきました。

　福井二郎牧師の言われたことは早天祈祷会を実施してみて実感できました。また、『あなたはどんな祈りをしていますか』、『新しい祈り』の著者で、「祈りのゼミナール」の主催者であった定家都志男牧師も、「御言葉に聞く朝の 15 分間はあなたの人生を変える」と言われていました。

IV　大宮教会での取り組み（1993 〜 2017 年）

1. 弟子訓練・御言葉の聞き方（ディボーション）の学び

　大宮教会では、1993 年に新会堂建築が終わった後、教会として生きる信徒たちが主の御言葉に聞いて主体的に神さまに応答する“開かれた教会”の形成を目指して、1996 年 1 月より信徒訓練としての弟子訓練を導入しました。弟子訓練基礎コース（20 回）を通して、主の御言葉の聞き方を学びました。

　キリスト者は誰でも、旧約聖書から新約聖書を通読することを勧められ、聖書を読むことをしています。しかし、弟子訓練を通して学んだ聖書の聞き方は、聖書をただ読むのではなく、聖書を神さまの御言葉として、神さまが自分に何を語りかけているかを聞くのであります。

　主の御言葉に聞いて黙想し、自分に語りかけられた主の御心は何かを聞き、いかに自分の生活に適用するかを学びました。更に、互いに聞いた御言葉からの恵みを分かち合います。この恵みの分かち合いが深い味わいとなり、お互いを深く結びつけ、励ましてくれます。この御言葉の聞き方を「ディボーション」と呼んでいますが、「御言葉の黙想」「御言葉の静聴」とも言います。

　弟子訓練の基本は御言葉の静聴、ディボーションであります。大宮教

会の信徒たちが弟子訓練で身に付けて、喜び、信仰の力になったのはディボーションであると言う人が多くいます。

　大宮教会では、日本基督教団が出している『日毎の糧』の聖書日課の旧約・新約の聖書の箇所を一ヶ月ごとに、はがき大のカードに印刷して各自の聖書に挟み、毎日、いつでも、どこでもディボーションができるようにしています。

　ディボーションが身に付くと主日の説教をも神さまからの御言葉として聞けるようになり、説教者への応答もあります。何よりも説教からの恵みを互いに分かち合うことができて、分かち合う者の力となっています。主日の説教が、牧師の話ではなく、神さまの御言葉として本当に良く受け止められ、信徒たちの生活に生かされるようになりました。

2．大宮教会編集『主の弟子として歩む喜び』

　大宮教会は、2013 年 5 月、韓国サラン教会の玉漢欽(オクハンフム)牧師の著作『信徒を目覚めさせよう』の弟子訓練テキストの日本語翻訳を、発行所の国際弟子訓練院の許可をもらって、編集し直して独自にテキストを作成しました。

　『主の弟子として歩む喜び』

　Ⅰ「土台づくり」

　　信仰の基本的な霊的習慣を身に付ける学び。礼拝、ディボーション、祈りについて学び、どのように御言葉に聞き、祈り、神さまと交わるかを学びます。

　Ⅱ「救いの確信の喜び」

　　福音の真理を、福音と教理と生活という三重の関係を通して、学び、考え、黙想しながら進めます。

　Ⅲ「仕え合う喜び」

　　救われて神さまの子どもとされた者が、その喜びを生活の中で証しをし、人々に仕えていく"小さなイエス"となれるように聖霊なる神さまと共に歩むことを確認します。

　このテキストを用いて「主の弟子訓練」を改めて実施しました。

　ちょうど 1993 年に完成した新会堂がまだ十分使えるにもかかわらず、市の道路拡幅計画に伴い新たな会堂建築の課題が上がっている時でした。そのテキストの序文（本書 21 ～ 25 頁）を以下に記します。

なぜ主の弟子訓練が必要なのか

復活の主イエスのご命令

　教会が「主の弟子訓練」を行うのは、復活されたイエスさまがガリラヤの山の上で弟子たちに命じられた宣教命令に基づきます。弟子たちの中には復活されたイエスさまとお会いしながらも疑う者もおりました。しかし、イエスさまは、弟子たちに「行って、すべての民をわたしの弟子にしなさい。」と重大な宣教命令を委ねられたのです。この宣教命令に応えて、二千年間、代々の主の弟子たちは、すべての民をイエスさまの弟子にしようと宣教に励み、その実りとして、今日の私たちキリスト者が存在するのです。

信徒は皆、主の弟子

　日本で「弟子」と言うと、一般に茶道や華道を教える師匠と習う弟子の師弟関係が想起されます。

　イエスさまが言われる「わたしの弟子」とは、「イエスはキリストである」と信じる者に「父と子と聖霊の名によって洗礼を授け」られた者であります。そして、洗礼を受けた主の弟子に「命じておいたことをすべて守るように教えなさい」と言われているのです。ですから、父と子と聖霊の名によって洗礼を授けられたキリスト者は皆、誰でも「主の弟子」なのです。洗礼を受けて間もない初心者も弟子であり、いろいろな委員や奉仕の責任を負う者も弟子であり、長老も弟子であり、神学校で学んでいる献身者も弟子であり、教職たちも弟子なのです。信仰的にどの成長段階にいても、「イエスは主である」と告白し、洗礼を受けた者は皆、主の弟子なのです。主の弟子訓練は、教える者と習う者の関係ではなく、神さまと私たち・イエスさまと私たちの関係づくりを身に付ける訓練なのです。

主の弟子訓練の内容

　「訓練」という言葉を嫌われる方もおられるかも知れません。しかしながら、「命じておいたことをすべて守るように教えなさい。」というイエスさまの要求される主の弟子の道は、すべてのキリスト者に適用される教訓です。ここでいう訓練とは、イエスさまが命じておられたことを守って信仰生活ができるように、信仰の基本的習慣を身に付けることであります。

私は、主の弟子訓練の本質を次の4つに考えております。

a、主の御言葉に聞いてとどまること

　イエスさまは「わたしの言葉にとどまるならば、あなたたちは本当にわたしの弟子である。あなたたちは真理を知り、真理はあなたたちを自由にする。」（ヨハネ8：31〜32）と言われています。主の御言葉を聞いて御言葉にとどまることが主の弟子の本質です。日々、絶えず主の御言葉に聞いてとどまるという信仰生活の基本的習慣を身に付けることです。大宮教会ではディボーションの生活と言います。

b、互いに愛し合うこと

　イエスさまは「あなたがたに新しい掟を与える。互いに愛し合いなさい。わたしがあなたがたを愛したように、あなたがたも互いに愛し合いなさい。互いに愛し合うならば、それによってあなたがたがわたしの弟子であることを、皆が知るようになる。」（ヨハネ13：34〜35）と言われています。

　主が私たちを愛されたように、互いに愛し合うことが主の弟子の本質です。互いに愛し合うことを身に付け、愛を深め合って成長し、隣人を自分のように愛し、主の愛の恵みを証しするのです。

c、主に似た者と成長すること

　パウロは「神は前もって知っておられた者たちを、御子の姿に似たものにしようとあらかじめ定められました。」（ローマ8：29）と言っています。また「わたしたちは皆、顔の覆いを除かれて、鏡のように主の栄光を映し出しながら、栄光から栄光へと、主と同じ姿に造りかえられていきます。これは主の霊の働きによることです。」（Ⅱコリント3：18）と言っています。主に似た者として成長することが主の弟子の本質です。主の弟子とされた私たちは、聖霊の力と助けをいただいて、主に似た者として成長し、自分の体で神の栄光を現す者（Ⅰコリント6：20）とされるのです。

d、今日のガリラヤへ行って復活の主とお会いすること

　復活された主イエスさまは、「行って、わたしの兄弟たちにガリラヤへ行くように言いなさい。そこでわたしに会うことになる。」（マタイ28：10）とマリアたちに命じられました。主を見捨てて逃げ去った弟子たちを兄弟と呼んで、ガリラヤで会うと言われた復活の主イエスさまの御愛です。今日のガリラヤは世界各地の主の教会です。

　　破れ多い信仰者たちが日曜日毎に主の教会に行って、復活の主イエ
　　スさまとお会いすることが主の弟子の本質です。

なぜ今、主の弟子訓練なのか

　大宮教会は、主の弟子訓練をなぜするかについてお答えします。

　第1は、大宮教会員の信仰的足並みをそろえるためです。

　大宮教会は、1996年1月より3年間、弟子訓練基礎コースの学びをし、
2000年よりディボーション講座やディボーション・トレーナー・スクー
ル（大宮教会員も含め、超教派の教会の牧師・信徒が参加する12人程、
12回コース）を開いて、ディボーションを学んできました。その結果、
日本基督教団の『日毎の糧』の聖書日課に基づいてのディボーションが
定着してきました。しかし、この間、学んだ者も学んでいない者もいま
すので、もう一度皆で基本的なことを学び直したいと願っています。

　今（2013年頃）、大宮教会は市の道路拡幅計画によって強いられた
とはいえ、新会堂建築が余儀なくされています。私たちは、これも神さ
まの御計画の中に置かれていると信じております。教会員皆がこの重大
事を信仰的に受け止めていくために、主の弟子訓練を通して信仰の基本
的なことを学び直して、御言葉を通して神さまの計画を聞き取ることが
できて足並みをそろえたいと願っています。

　第2は、キリストの体としての内面的教会を建て上げるためです。

　教会を建てるとは、ただ会堂という外側の建物を建てることだけでは
ありません。この建築に当たって、キリストの体としての内面的教会を
どのように建て上げるかが問われてきます。

　パウロは「こうして、聖なる者たちは奉仕の業に適した者とされ、キ
リストの体を造り上げてゆき、ついには、わたしたちは皆、神の子に対
する信仰と知識において一つのものとなり、成熟した人間になり、キリ
ストの満ちあふれる豊かさになるまで成長するのです。」（エフェソ4：
12～13）と言っています。

　信徒の一人ひとりが、キリストの体の一部分となって、イエスさまの
教会をどのように建て上げていくのか、そのために御心を知る主の弟子
訓練を必要とするのであります。

　第3は、主の弟子として成長するためです。

　私たちは訓練を受けて、初めて主の弟子になるのではありません。父
と子と聖霊の名によって洗礼を授けられた時から皆、主の弟子なのです。

主の弟子になったゆえに、訓練を受けて主の弟子として成長するのです。

　人間の子どもも、生まれると母乳を飲んで育ち、やがて教育を受けて一人の人間として成長していくように、キリスト者も主の弟子として成長していかねばなりません。

　日本のキリスト者は、洗礼を受けて平均2年8ヶ月程で教会を去っていくと言われています。主の弟子として誕生しても、その霊的養いがないと、信仰の基本的なことが分からなくなり、つまずいて教会を離れてしまうことがあるのです。

　長老の皆さんと主の弟子訓練をしていて思うことは、このような基本的なことを信徒の皆さんと学び合っていれば、信仰生活がもっと喜びと感謝に満たされるのにということです。主の弟子訓練は、単なる聖書知識の勉強会ではありません。お互いにどうしたら主の弟子として成長していくことができるのかと心を開き合って学び合う時、祈り合う時であります。

　第4は、伝道する信徒となるためです。

　イエスさまは「すべての民をわたしの弟子にしなさい」と命じています。私たちは、周りの人々が主の弟子となって同じ恵みと喜びを得るように執り成しをする使命があります。

　年間200人前後の新来者が来られる大宮教会です。その半数は道を求める方々です。その方々と、どのようにイエスさまの弟子として生きているか、主と出会って変えられたか、その恵みの喜びと感謝を分かち合うことが大変大切なことです。それが伝道なのです。

　伝道委員会が中心になって新来者への配慮をしています。更に教会員皆も配慮できると、もっと多くの方々が大宮教会を自分の居場所としてとどまられることでしょう。そのためにも主の弟子訓練によって主と出会って変えられた恵みを証しすることが求められているのです。

手紙の封を切らなかった母の例話

　今から50年以上も前の話で、日本で開かれた教会学校世界大会での或るアフリカの青年が話した証しです。アメリカで恵まれた生活をするようになった青年が、アフリカのお母さんに年に何回か感謝の手紙と共にお金を同封して送りました。字が読めないお母さんは喜んで封を開けないまま息子からの手紙を宝物として保管しました。お母さんは手紙を読まなくても、手紙をもらったことに十分満足していました。やがてお

母さんは天に召されました。帰国した息子は箱の中にいっぱい保管された手紙の封が開けられていないことを知りました。息子は、お母さんにお金を使って幸せになってもらいたかったのですが、お母さんは封を切らなかったのでお金に気づかなかったのです。

　洗礼を受けて主の弟子になることは、お母さんが息子から手紙をもらったように大きな恵みであり、喜びであります。しかし、イエスさまが守るように命じられた御言葉がどのようなものなのかを学ばないと、手紙の封を切らなかったと同じように、その中身の恵みと価値が分からないのです。

　主の弟子訓練は、イエスさまが送ってくださった手紙の封を切って、その中身を味わうと同じことではないかと思います。

3. 小グループの形成

　ディボーションの恵みの分かち合いをするためには、6〜7名ほどの小さいグループが望ましいです。多すぎると一人ひとりの分かち合いの時間が十分とれないからです（「恵みの分かち合い」32〜33頁参照）。小グループだからこそ心を開いて話すことができるのです。

　大宮教会では、当初、壮年会、婦人会、青年会の例会の時に、6〜7名ほどの小グループに分かれて、ディボーションの分かち合いをしました。また、家庭集会もディボーションの分かち合いの場となりました。やがて、各自がグループ名をつけて、小グループを形成するようになりました。「からしだねの会」「オリーブの会」「マリアの会」「ヨベルの会」「マナの会」「シオン会」などと10以上の会ができ、各グループで恵みの分かち合いをし、互いに励まし合って、教会の業に奉仕しました。親子で、夫婦で、毎日、ディボーションの分かち合いをしている方々もおります。

4. 心の王座にキリストを迎える

ディボーション生活の喜び

　主の弟子訓練の一番の成果は、信徒が「ディボーション」を身に付けたことです。今まで聖書通読を目標としていた者が、「毎日、御言葉を通して、神さまは私に何を示そうとしておられるかを聞き、御心を知っ

て応答する生活の喜び」を知ったことです。

　牧師の説教も変えられました。聖書の御言葉をどう解釈して説くかではなく、神さまが御言葉を通して私たちに何を語り示そうとしているかを取り次ぐ自由さを与えられました。

「人はパンだけで生きるものではない。神の口から出る一つ一つの言葉で生きる。」（マタイ4：4）と、主の御言葉を実感する生活の喜びを見いだしたのです。

内なる二つの自分との葛藤

　ローマの信徒への手紙7章に、パウロが、「わたしは、自分のしていることが分かりません。自分が望むことは実行せず、かえって憎んでいることをするからです。」「善をなそうという意志はありますが、それを実行できないからです。」（ローマ7：15、18）と告白し、肉に従う自分と霊に従う自分という二つの自分に葛藤し、この死に定められた体から誰が救ってくれるのかと絶望的な叫びを上げ、同時に「わたしたちの主イエス・キリストに感謝します。」と賛美しています。このパウロの葛藤はキリスト者の誰もが経験するものです。

心の王座にキリストを迎える

　キリストと私の関係を次の絵図で見ます。

キリストと私との関係

　左図は、キリストは自分の心とは全く関係なく、自分の心の王座に私を置き、自分の思いや考え通りに生き、自分と違うものを裁き、否定し、自己実現のためには人と争うことさえするノンクリスチャンです。

　中図は、キリストを信じて洗礼を受け、クリスチャンとして生きるが、心の王座には相変わらず私を置き、必要な時にだけキリストを王座につける人です。あまり喜びや感謝がなく、自分は正しいと思って人を裁い

てしまい、隣人を愛し赦しなさいとの主の御言葉を思い、悔いて懺悔する、二つの自分と葛藤する人です。

　右図は、クリスチャンとして生き、その心の王座にキリストをいつも置ける人です。どんな時でも、日々、王座におられるキリストの御言葉に聞き、祈りますから、永遠の命の約束、御国の予約席を握っていつも喜び、感謝ができるのです。

☆　　　　　☆　　　　　☆

　主の弟子訓練は心の王座にキリストを迎えて歩めるようになる訓練なのです。

V　御言葉の聞き方（ディボーション）の原理と方法

　　これは、小牧者訓練会による「ディボーション・トレーナー・スクール」で学んだものに基づいて作成し、大宮教会で皆さんと共に学んだディボーション講座テキストの内容を基本とする。

朝のウォーキングで学んだこと

　私は、2017年3月で大宮教会を辞し、4月より日本基督教団本庄教会に招聘を受けて4年になります。

　本庄市に、本庄早稲田という上越新幹線の駅があります。その駅の傍に、マリーゴールドの丘があります。私は毎朝1時間半ほどウォーキングをしており、マリーゴールドの丘が目標地点です。その丘に立つと本庄市が一望できるのです。丘の上に直径5メートルほどの広さの円形の高台があります。

　ヨシュア記にヨシュアがエリコの町を攻略する時に、神さまから毎日、町の城壁の周りを1周し、7日目には7周しなさい。そうすればエリコは陥落すると言われて、その通りにしました。そして、エリコの町はヨシュアたちが支配することになったのです。

　私は、ヨシュアのように本庄市の町の周りを1周したりすることはできません。そこで、わたしは円形の高台を7周して、本庄市78,000人の人々の上に神さまの祝福を祈ります。そして、パウロがコリントの町の伝道の時に、「恐れるな。語り続けよ。黙っているな。わたしがあなたと共にいる。……この町には、わたしの民が大勢いるからだ。」（使徒18：9〜10）と聞いた主の御声を思い起こし、「神さま、この町にもまだ見ぬあなたの民が大勢います。その民を迎えるために、どうぞ本

庄教会を用いてください。」と祈ります。休憩用のベンチで、毎朝のディボーションと祈りを 15 分ほどして、帰りのウォーキングとなります。

　その丘の傍らを新幹線の列車が通ります。新幹線の列車を見ていて、そのスピードと力はどこから来るのだろうかと考えました。電気の通う架線がずっと続いており、パンタグラフで架線につながることによって電気を受けて走り、スピードが出るのです。

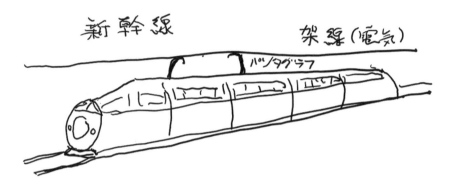

　私たち信仰者が力強く走り続けるためにどこから力を得るのでしょうか。それは神さまの愛を受け、神さまの御心に従う時です。しかし、私たちには神さまの愛が見えませんし、御心も分かりません。そこで、「イエスはキリストである」という信仰のパンタグラフを通して神さまの愛と御心を受けるのです。電気の通っている架線に当たるのが聖書なのです。聖書には神さまの愛と御心がいっぱい満たされているのです。聖書は神さまからのラブレターであると言われます。これから神さまからのラブレターの読み方を学びます。

A. 御言葉に聞くこと（ディボーション）の特徴
　英語のディボーション（devotion）は、ディボート（devote、献げる、仕える、委ねる）の名詞形であります。

1. 帰納的読み方
・個々の具体的事実から一般的な命題ないし法則を導き出す。

↓

参照・演繹的読み方
・前提された命題から、経験に頼らず、理論の規則にそって必然的結論を出す。

↓

・自分で聖書を読み、神さまは
どんな方か、神さまの御心は
何かを見いだす。

・他者の説教や他者の註解書な
どによって神さまを知り、神
さまの御心を理解する。

↓

↓

例）自分で材料をそろえてナポ
リタン・スパゲティを作って
味わう。

・レストランに行って、料理人
の作ったナポリタン・スパゲ
ティを味わう。

　ディボーションの特徴は、帰納的に聖書を読むことです。示された聖
書の箇所を、自分で読んで、御言葉を通して神さまは何を自分に語りか
け、教えようとされているのかを自分で聞いて見いだすことです。

2. 聖霊の臨在と導き

　「聖書はすべて神の霊の導きの下に書かれた」（Ⅱテモテ 3：16）もの
でありますから、神の霊・聖霊の導きをいただいて読まなければ、神さ
まの御心を悟ることはできません。
　聖霊は、父なる神さまがイエスさまに代わって遣わされた助け主・弁
護者で、信ずる者と共に永遠に一緒にいてくださり、神さまの御言葉や
御心、すべての真理を悟らせてくださる真理の霊であります。御言葉
を読み、御言葉に聞く時、聖霊は必ず共にいて導き、真理を悟らせて
くださる方であります（ヨハネ 14：16 ～ 17、26、15：26、16：7 ～
15）。ですから、「聖霊なる神さま、御言葉を読みますから導き悟らせ
てください」と、ひと言祈ってから読み始めます。

3. 適用・実践

　聖書の中に書かれている出来事や真理が、現在の自分の生活の中で、
どんな意味を持っているのかを、読んだ聖書の御言葉から聞きます。
神さまは、今、読んだ御言葉を通して "私に何を語り、何を教えようと
されているのか" を聞くのです。聞くことが大切なのです。聞いて示さ
れ、悟ったことがあったら、生活の中にどのように適用し、実践したら
よいのかと導きを祈ります。

4. 書く

　聖書を読んで心に残った御言葉が自分に示された御言葉なのです。ま
ず示された御言葉を聖書に書かれている通りに書き記し、その後、感じ

たこと、教えられたこと、悟らされたことを自分の言葉で書くのです。神さまが私たちに何かを示そうとされる時、繰り返し、繰り返し、同じような御言葉を聞かされる時があります。ディボーションで聞いた御言葉をノートに書いていくと、神さまが自分を導かれる信仰の軌跡が浮かび上がってきます。ぜひ、ディボーションノートを作ること（本書34～36頁参照）を勧めます。

B．御言葉に聞くこと（ディボーション）の備え

　イエスさまは、「朝早くまだ暗いうちに、起きて、人里離れた所に出て行き、そこで祈っておられた」（マルコ1：35）ように、私たちも神さまと向き合うために、次の備えが必要であります。
　　　　1、静かな時間　　2、静かな場所　　3、静かな心
　静かな時間・場所・心とは、集中して御言葉に聞く時を持つことです。皆さんに聞いてみたら、以下のように行っています。
　例）　・朝起きての布団の中：何も始めない前に行う。
　　　　・台所のそばの机：朝食の後片付けが終わると机に座って行う。
　　　　・通勤電車の中：始発電車で座席を取り、到着までの間行う。
　　　　・勤務先の昼食後：昼食を終えた後の時間に行う。
　　　　・寝る前のひと時：1日のつとめがすべて終わってから行う。

C．御言葉に聞くこと（ディボーション）の実際

1．開心：聖霊の神さまが心を開き、御言葉の悟りを与えてくださるように祈る。「み言葉をください」（讃美歌21の58）や愛唱歌など、賛美して心を神さまに向けて開く。

2．精読：御言葉をゆっくりと2、3回読む。

3．静聴：O God SPACE（オ・ゴッド・スペース）式静聴法
　（1）内容観察　　　　　　Observation（オ）
　　　　示されている聖書の箇所を読んで、何が書かれているか2、3行で書けるように観察する。
　（2）神について（父・神、子・キリスト、霊・聖霊）；God（ゴッド）
　　　　三位一体の神さまが、どの神さまとして現されているかを知る。
　　　　働き　関係　呼び名　　主に働く時

　　　・造り主…父……神…………旧約時代、天地創造の時から今日、永遠に
　　　・救い主…子……キリスト…新約時代、誕生・十字架・復活、永遠に
　　　・助け主…霊……聖霊………聖霊降臨から今日まで、永遠に
　　（3）何を教えているか　　　SPACE（スペース）
　　　　①罪　　　　　　　　　　Sin to confess
　　　　②約束・慰め　　　　　　Promise to claim
　　　　③避けるべき行動　　　　Act to avoid
　　　　④命令　　　　　　　　　Commands to obey
　　　　⑤模範　　　　　　　　　Examples
聖書の箇所は何を教えているか分析するのではなく、<u>自分が読んで一番
心に残った言葉が（ここがポイント）</u>、①〜⑤のどれに当たるかを手掛
かりとして神さまの教え、御心を悟る。

4．適用と祈り
　　聖書を通して、見いだした真理、悟った恵み、示された教えを感謝し、
祈りつつ自分の状況や生活に適用して神さまに応答する。
　　（1）適用の原則
　　　　①個人的に（決して他人に適用しない）
　　　　②実際的に、具体的に
　　　　③可能なものから
　　　　④継続的に
　　　　⑤飛躍せず、常識的に
　　（2）応答の祈り
　　　　①感謝と賛美の祈り：その日に与えられた御言葉、教え、悟り、を
　　　　　　感謝し、主を賛美する。
　　　　②悔い改めの祈り：御言葉から罪を指摘されたら、その場で悔い改
　　　　　　めの祈りをする。
　　　　③従順の祈り：従うべき命令、御心が示されたら、従うことができ
　　　　　　るように祈る。
　　　　④対話の祈り：御心が分からない時は、神さまと対話の祈りをする。
　　　　　　例）ヤッファで幻を見たペトロ（使徒10：9〜33）

5．実践（優先順位）
　　（1）生活の中にどのように適応するかを具体的にする。

（2）その日の中で、示されたことを行う優先順位を決める。

（3）実践する。

神さまの御言葉は、私たちの知識のために与えられるのではなく、私たちの人生を祝福へと導くために与えられるのである。御言葉を聞いても行わなければ、すべての労苦は無駄になり、信仰は成長しません（ヤコブ 1：22 〜 25）。

御言葉に聞き、従順に従い実践して行く中で、主の御臨在に触れ、復活の主が共にいてくださることを実感していくのである。今までに味わったことのない喜びを体験する。

例）岩の上に自分の家を建てた賢い人（マタイ 7：24 〜 25）

実践のポイントは、人は完全になれない！　完全な実践・行いに捉われると律法主義になる！　祈りつつ、少しずつでも従うことを喜ぶ、その継続が大事！

6．夕べの黙想

就寝前、その日を振り返って黙想し、神さまの導きと御業に感謝の祈りをささげる。

D．恵みの分かち合い

1．分かち合いとは

「キリストの言葉があなたがたの内に豊かに宿るようにしなさい。知恵を尽くして互いに教え、諭し合い、詩編と賛歌と霊的な歌により、感謝して心から神をほめたたえなさい。」（コロサイ 3：16）

ディボーションで受けた恵みを他の人と分かち合います。互いに教えと戒めを受け、互いに慰めと励ましを分かち合い、共に恵みを喜び、神さまに祈り、賛美し、神さまをほめたたえるのであります。

御言葉から受けた恵みを 5 人と分かち合うと恵みは 5 倍になり、悲しみや重荷を 5 人で分かち合うと悲しみや重荷は 5 分の 1 に小さくなります。互いに共に喜び、共に泣くところにキリストの御体としての教会の成長が見られます。まさに、恵みの分かち合いはディボーション生活の深い味わいであります。

自分で聖書を読むと、御言葉を自分勝手に解釈し、独りよがりにならないかと心配されるかと思います。しかし、分かち合いをすると、自分の受け止めは独りよがりでないとか、自分勝手な解釈だったと、お互い

に気づくのです。また、聖霊なる神さまのお導きを信じて読みますから、心配はいらないのです。

2. 分かち合いの実際

（1）分かち合いの心構え

分かち合いには、3種類の人がおり、その心構えである。

①導く人（司会者）
- ・聖霊の導きを信じ、メンバーのために祈る。
- ・その場を支配される聖霊に信頼し、その導きに敏感である。
- ・メンバーをリラックスさせ、語りやすい雰囲気づくりに配慮。
- ・話す人に良く耳を傾ける。

②分かつ人
- ・自分に与えられた恵みを分かち合う。（マルコ5：19)
- ・人を教えようとしない。
- ・神さまがされたこととして神の栄光を求めて話し、自慢しない。

③聞く人
- ・語る人を尊敬し、謙虚な心で真剣に聞く。
- ・その人の話を通して、神さまが私に何を語っているかを聞く。
- ・批評・非難しないで受け止める。
- ・御体の一員として教会的に聞く。（共に苦しみ、共に喜ぶ）
- ・神さまを賛美し、ほめたたえる。

（2）分かち合いの方法

神さまからいただいた恵みを分かつ人は、次の3点を留意して語る。

①私の状態：その時の、自分の霊的状態、具体的状況を話す。
②神の解決：神さまが御言葉を通して、どのように語り、導いてくださったかを、示された御言葉を挙げつつ話す。
③実　　践：示された御言葉に、どのように応答したかを話す。

ディボーションノート（参考例と※コメント）

　次のディボーションノートは、私自身のディボーションノートの写しです。参考にしてみてください。

　慣れるまで、時間がかかるかもしれませんが、書式に従って書き記してみてください。慣れると 1)、2) は書かなくても、3) 教えられたこと、4) 適用と祈り　を中心にしてノートに記すようになれば良いかと思います。人に見せるものでありませんので、自由に神さま、イエスさまとの対話日誌として書けばよいのです。

題目　イコニオンとリストラの伝道

聖書の箇所：使徒言行録 14：1 ～ 28
2017 年 9 月 20 日　氏名　疋田國磨呂

---

1) 内容観察（概要）Observation
パウロとバルナバは、イコニオンとリストラで、キリストを信じないユダヤ人の扇動や悪意の中にも、主を頼みとして主の福音を語り、主は彼らの手を通してしるしと不思議な業を行って主の恵みの御言葉が証しされた。

※ 2 ～ 3 行で、メモ程度に記す。

---

2) 神様はどのようなお方ですか。（神・御父、キリスト・御子、聖霊・御霊）God
・御子「主を頼みとして」「主は彼らの手を通して」（：3）「信ずる主に任せた」（：23）
・御父「この神こそ」（：15）「神は過ぎ去った時代には」（：16）「神は御自分のことを証し」（：17）「神の恵みに」（：26）「神が自分たちと共にいて」（：27）
※三位一体の神が、主＝キリストとして、神として現され、使徒たちは主と神に向き合っているように、私たちも主と神に向き合って対話をすればよいのです。

3）私に何を教えておられますか。（罪、約束、避けるべき行動、命令、
　模範）SPACE

心に一番残った御言葉は3節「それでも、二人はそこに長くとどまり、
主を頼みとして勇敢に語った。主は彼らの手を通してしるしと不思
議な業を行い、その恵みの言葉を証しされたのである。」⇒模範と慰
め、どんなに扇動と悪意のある中でも、主イエスを頼みとして語る
時に勇気が与えられる。主を頼みとして歩む時、力弱い手でも主は
その手を通して不思議な御業を行って、主の恵みの言葉を証しさせ
てくださるのだ！　4月より本庄教会に遣わされた。74歳の老いた
手であるが、皆さんと一緒に手を差し出して、主の不思議な恵みの
御業を証しさせていただくように祈ろう。

※この日、私が示され御言葉と思ったことである。心に残った御言
　葉に立って、感じたこと、思い願うことを自由に書き記せばよいの
　です。

4）私の生活への適用と祈り

神さまは、主を頼みとして歩む者の手を通して、御業をされると言
われています。神さま、老いた手ですが、本庄教会の兄弟姉妹と共
に主イエスさまを頼みとして歩み進みますので、私たちの手を通し
て本庄の町にあなたの不思議な恵みの御業を証しさせてください。
主の御名によって、アーメン。

※自分の置かれている立場と具体的に結び付けて受け止めて、祈る。
　また、「この御言葉は私にとって何を意味していますか」と祈る中
　で具体的な適用を示されることもあります。

5）今日の優先順位

このことを今日20日（水）の祈り会で祈る。
※その日の行動のどこで受け止めるか順位を決めます。

6）夕べの黙想

主イエスさまが、老いた手の私をも用いてくださることを確信して
感謝して喜ぶ。

※1日の終わりに、主の御前にどんな思いであったかを振り返り記
　します。

ディボーション実習ノート

題目 _____

聖書の個所：

年　　月　　日　　氏名

1）内容観察（概要）Observation

....

....

....

2）神さまはどのようなお方ですか。（神・御父、キリスト・御子、聖霊・御霊）God

....

....

....

3）私に何を教えておられますか。（罪、約束、避けるべき行動、命令、模範）SPACE

....

....

....

4）私の生活への適用と祈り

....

....

5）今日の優先順位

....

....

6）夕べの黙想

....

....

教団「日毎の糧」の聖書日課をハガキに印刷

本庄教会聖書日課
「わたしたちは神の家族」（マルコ 3：33 ～ 34）

5 月／ 2021

日	30	2	9	16	23
	《日曜日の聖書日課は、主日礼拝のテキストとします。》				
月	31　列王記下 22：3 ～ 20 ローマ 12:1 ～ 8	3　列王記下 2：1 ～ 15 マルコ 5：35 ～ 43	10　列王記下 6：24 ～ 7：2 マルコ 7：1 ～ 13	17　列王記下 17：1 ～ 14 マルコ 8：11 ～ 21	24　民数記 27：12 ～ 23 ローマ 9：1 ～ 13
火		4　列王記下 3：4 ～ 24 マルコ 6：1 ～ 6a	11　列王記下 7：3 ～ 20 マルコ 7：14 ～ 23	18　列王記下 18：1 ～ 12 マルコ 8：22 ～ 26	25　サムエル下 23：1 ～ 5 ローマ 9：14 ～ 29
水		5　列王記下 4：1 ～ 17 マルコ 6：6b ～ 13	12　列王記下 9：1 ～ 13 マルコ 7：24 ～ 30	19　列王記下 18：13 ～ 25 マルコ 8：27 ～ 30	26　エゼキエル 26：22 ～ 28 ローマ 9：30 ～ 10：10
木		6　列王記下 5：1 ～ 19a マルコ 6：14 ～ 29	13　エゼキエル 1：4 ～ 5 マルコ 16：14 ～ 20	20　列王記下 19：1 ～ 19 マルコ 8：31 ～ 9：1	27　ゼカリア 4：1 ～ 10 ローマ 10：11 ～ 21
金		7　列王記下 5：19b ～ 27 マルコ 6：30 ～ 44	14　列王記下 9：14 ～ 37 マルコ 7：31 ～ 37	21　列王記下 19：20 ～ 37 マルコ 9：2 ～ 13	28　イザヤ 44：1 ～ 8 ローマ 11：1 ～ 24
土	1　列王記上 22：29 ～ 40 マルコ 5：21 ～ 34	8　列王記下 6：8 ～ 23 マルコ 6：45 ～ 56	15　列王記下 10：18 ～ 28 マルコ 8：1 ～ 10	22　列王記下 20：1 ～ 20 マルコ 9：14 ～ 29	29　エゼキエル 37：1 ～ 14 ローマ 11：25 ～ 36

Ⓒ日本基督教団出版局

◎この聖書日課は、日本基督教団の「日毎の糧」聖書日課に従います。
①毎日、聖霊なる神の導きをいただき、御言葉を通して、神は私に何を示そうとしておられるかを聞き、御心を知って応答する生活をいたしましょう。
②御言葉をとおして示され従ったことを分かち合うと一層の励みになります（これを「恵みの分かち合い」と言う）。
③"祈りは労働である‼"（フォーサイス）　教会と兄姉の課題を覚えてお祈りください。

氏　名：＿＿＿＿＿＿＿＿＿＿＿＿　　　　　　本庄教会役員会

VI 証し

1. ディボーションの恵み

日本基督教団　大宮教会信徒　中野綾子

　主日礼拝で恵みをいただきながらも私たちは翌週の礼拝で御心に背いた行いを悔い改めることは少ないと思います。では、礼拝後、家庭や職場、99％ノンクリスチャンの世界へと散らされた時、何を拠り所とすればよいのでしょうか。毎日、教会へ行く必要はなく、一冊の聖書があればインマヌエルの主と向き合えるのです。それがディボーションだと思います。

　大宮教会では教団の「日毎の糧」により週日の毎日、御言葉を通して御心を知り応答する聖書日課が勧められています。私は受洗後まもなく、その年の主の弟子訓練Ⅰコースに参加し、聖書日課を用いたディボーションを教わりました。信仰生活をスタートさせたばかりの私にとって気後れや躓きも多々あり、御言葉を聞くことができるようになるには時間がかかりました。実際、ディボーションをしても、自分の罪や戒めしか聞こえないような日が続き、聖書を読むことが苦しいと思ったこともありました。

　しかし、主の弟子訓練の学びや兄姉のディボーションの分かち合いを通して恵みに満ちた御言葉を知ることができ、いつの間にかディボーションを身に付けることができました。兄姉とディボーションを分かち合うことはディボーションを習得する上で必要だと思います。また、最近の私はサボってしまっていますが、これからディボーションに取り組もうとされている方は、ぜひディボーションをノートに書くことをお勧めします。初めから上手にいくとは限りませんし、自分勝手な解釈かなと恥ずかしくなることもあるかと思います。しかし、自分で振り返り、皆と分かち合う中で聖霊様が助けてくださり、少しずつ大きく確かな御言葉が聞こえてくるようになると思います。主日以外にも聖書を開き、礼拝と同様に神様と向き合う時間を自然に持つことができるというのはとても幸せなことだと思います。

　私にとってディボーションは信仰生活の骨格にたとえられるように思います。骨格がなくては信仰に堅く立っていられません。でも、ただ骨格だけでは少し躓いただけで折れてしまいます。ですから、骨格を

支える筋肉とたまにはサボっても平気でいられる贅肉を主日礼拝で牧師が取り次がれる説教、主の弟子訓練や兄姉との交わりを通して身に付けたいと思います。主日の恵みとディボーションライフを通して神様に喜ばれる信仰生活をたくましく歩めるようになりたいと思います。感謝。（第7回主の弟子訓練コンベンションでの証し）

2. 主のみことばに従って生きる恵み

日本基督教団　東所沢教会牧師　指方周平

　2018年5月7〜9日、私は、第7回主の弟子訓練コンベンション「みことばと共に生きるディボーションライフの恵み」に初めて参加しました。忙しい時期でしたが、せっかく疋田國磨呂先生からご案内いただいたのだから、1日だけでも出席してみようと出かけたのでした。しかし結果として、私は3日間とも会場の大宮教会に通いました。そして3日目にいたっては、コンベンションに注がれている恵みを自分ひとりの体験にするのがあまりにも惜しくて、シモンを誘ったアンデレのように、妻も連れて行ったのでした。

　最初は、「訓練」という言葉にスパルタ式のイメージを持っていましたが、実際にコンベンションに参加してみますと、教会形成の理論を叩きこまれ、説教の技術が磨かれるということではなく、ただ、みことばに聴き、黙想し、祈り、それを仲間と分かち合い、そして、置かれた現場で、みことばに従う日々を積み重ねる、すなわち「みことばに従って生きる」信仰者の実際の生き方が淡々と具体的に分かち合われるのでした。文字にしてしまえば、「みことばに生きる」とは信仰者として当たり前のことですが、どうしてこの基本に気づかなかったんだろう、どうして誰も教えてくれなかったんだろうと、イスラエルの議員にして教師だったニコデモが主イエスを訪ねた時、聖書に詳しい雄弁家だったアポロがアキラとプリスキラに招かれた時、彼らもこんな気持ちになったのだろうかと、今も時々自分と重ねて思い巡らせるのです。

　「みことばに生きる」とは、どういうことなのでしょうか。ファリサイ派の人々や律法学者たちは、聖書の専門家にして指導者であり、その生き方も正しくあったかもしれませんが、主イエスは白く塗った墓と皮肉られたように、その実際は、律法が文字によって包もうとしていた神

の御心からはかけ離れておりました。また世界には、深い人生経験の中で練られ、紡ぎ出された立派な言葉がたくさんありますが、単に、聖書に共感を覚えたり、励まされたりするだけのことなら、それは人間の言葉と同列です。荒れ野の誘惑において、悪魔さえも聖書を詳しく知っており、自在に切り取って自分の思惑のために利用しました。聖書を知っている、聖書を参考にする、聖書を利用するのではなく、「みことばに生きる」とは、どういうことなのか、それを主の弟子訓練コンベンションに参加して瞭然と示されました。

　信仰生活は主イエスに救われたら終わりでなく、日毎にみことばに従って、主イエスに似た者として成長させられていく生活です。実際に、みことばに従って生かされてこそ与えられる日毎の導きがあり、気付かされる日毎の恵みがあり、日毎に満たされていく力、広がっていく平安があります。「みことばに従って生きる」という単純明快な信仰生活の実際を示された前回のコンベンションに参加してから1年が経とうとしておりますが、説教をするために聖書を勉強するのではなく、主イエスの弟子の1人として、曲がりなりにもみことばに聞き続け、「みことばに従って生きるものにさせてください」と日毎に祈り続け、聖書が語っている命令に従おうとする日常生活の中で、神さまの語られたみことばが真実であることを驚き、味わった1年でした。

　昨年は妻と2人で参加したコンベンションに、今年は私の教会の方々も誘っています。そしてキリストの体である日本基督教団に連なる群れの方々にも、ぜひ、この機会に会場の深沢教会に集まっていただき、全ての教会の頭である主のみことばに従って生きる恵みに共に触れ、みことばに従って生きる主イエスの弟子としての喜びと証しを共に分かち合いたいと祈っています。

　　　　　　　　　　　（第8回主の弟子訓練コンベンションでの証し）

3. ディボーションの恵み
〜ディボーションは“光の武具”〜

　　　　　　　　　　日本基督教団　伊勢崎教会信徒　西谷美和子
　受洗すると、古い自分は死に新しい命が与えられる、と言われます。しかし、私の場合、なんの心構えもなく、信仰告白をどこまで理解して

いたのか？　甚だ心許ない受洗だったから、そのことを悟らされるまで十数年を要しました。連れ合いの家族が通っていた函館教会で、1986年12月21日、渡辺正男牧師に勧められ、洗礼を授けていただきました。時宜にかなった神さまの御計画だった、と今は信じています。あの時、受洗していなかったら、どんな人生を送っていたか……恐ろしくなります。しばらくして私たちは当時住んでいた東京の教会に転会しました。

　小さな教会だったので、月日が経ち、役員に選ばれました。すると不思議なものでボーっと礼拝に出席していた私のような者でも、礼拝のあり方・説教・信徒との交わり・奉仕といった教会生活の営みが形を成して見えてきたのです。いつしか姉妹方から相談を受けるようになりました。しかし当時の私は、さまざまな課題を乗り越えるにはあまりにも未熟でした。『礼拝を豊かに』（今橋朗著）、『教会生活の処方箋』（辻宣道著）等の本を読むようになり、信仰とは何か？　神さま中心とは何か？　と考えるようになりました。人の思いを忖度し、信仰に基づく言葉をもっていないもどかしさを味わいました。イエスさまならどうするのか分からない。ぼんやりと「教会は神さま中心でなければならない」という思いを抱いていました。でも、他の役員の方に「神さま中心とはどういうことか」と聞かれても答えられませんでした。とうとう体調を崩し、渡辺牧師に相談しました。「奉仕はいいから、礼拝に集中しなさい」とご指導をいただき、転会することになりました。

　2002年8月、導かれたのが大宮教会です。転会してすぐに疋田國磨呂牧師からディボーション・トレーナー・スクールへのお誘いがあり、受講しました。なんと「神さま中心とは？」の答えがそこにあったのです！　聖書と向き合う生活、イコール神さまの御言葉に聴く生活、神さまに献げる礼拝、言い換えれば神さまとのおしゃべりで始まる1日と言えましょう。神さまが私たち人間を支配してくださっている、その御手の中で、主の日に牧師を通してメッセージをいただき、人の世に派遣され、次の主の日までの6日間を恵み豊かに生きるためのノウハウを教えていただいたのです。O God SPACE に沿って聖霊なる神さまの助けをいただき、父・子・聖霊なる神さまのみ旨を求める時間が与えられました。こうした信徒一人ひとりの積み重ねが教会の力となり、主に栄光を帰する歩みとなることもディボーションが教えてくれました。ディボーションによって初めて新しい霊的な命が宿り、新しい生活がスタートしたのです。それまでの歩みはこの日のための助走だったのかもしれ

ません。

　受講中に教えられ、ディボーションをする時に戒めていることをお伝えします。ディボーションは、自分と神さまとの祈りの中で導かれる業ですから、自分以外の人を批判・非難してはいけない。たとえば、人間関係につまずいた時、"わたしにしたことを、相手が悔い改めて非を認めるように、などと恨めしい祈りを献げてはいけない"ということです。時には、与えられた聖書箇所を何度読んでも神さまから示されないことがありますが、そういう日にはできる範囲のことをノートに書き込めばよいのです。数人で行う恵みの分かち合いで、人の発言を裁いてはいけません。「隣人を自分のように愛しなさい。」（ローマ 13：9）、「二人または三人がわたしの名によって集まるところには、わたしもその中にいるのである。」（マタイ 18：20）。主にある交わりには、主イエスさまが御臨在され、ふさわしい言葉が聖霊によって口から出るようにしてくださり、父なる神さまによってアガペーの愛が行き交う時間です。神さまに委ねず、人の思いが優先すると、とげのある言葉が口を衝いて出てしまい、結果、人を傷つけ、主にある交わりを壊してしまう、というのです。こうした注意点は、信仰生活のあらゆる場面で私に警告します。人を羨ましく思う時、感情に任せきつい言葉を言ってしまった時。そんな私だから、神さまは最善の人・道を備えてくださる。ディボーションは神さまの恵みに応える道への道しるべなのです。

　2019 年 4 月、連れ合いが主任担任教師となり、私は伊勢崎教会員となりました。期待と不安が入り混じる新しい土地での信仰生活。愛する伊勢崎教会の皆さんと恵みを分かち合うディボーション・ライフを夢見ています。この原稿を書いている 6 月 2 日の聖書日課（新約）は、ローマ 13：1 ～ 14 でした。信仰者と公的権威の関係と信仰者にふさわしい信仰生活について記されており、示された御言葉は、12 節後半の「光の武具を身に着けましょう」でした。1 節「権威はすべて神によって立てられた。」とあり、父なる神さまにひれ伏す恵みを教えられ、生きるすべとして、まさに、ディボーションは私にとって"光の武具"です。ディボーションを通して、毎日、聖霊なる神さまの助けをいただきながら、生かされている幸いを神さまに感謝します。今回の証しの原稿依頼も信仰を増し加えるための強いられた恩寵だった、と。神さまのなさることに驚きつつも、心が躍る私でした。もちろん適用は、御心に適った原稿を書き上げることです。神さま、執筆するこの手に聖霊が宿って御

心にかなった証しが書けますように、アーメン。

4. 故玉漢欽牧師と、彼が命を懸けた「弟子訓練」について

日本基督教団　菴のかご教会牧師　坂本兵部

玉漢欽牧師が 1978 年に開拓した「大韓イエス長老会サラン教会」は、やがて韓国を代表するメガチャーチの一つになったが、彼はもとより、教会の量的成長に無頓着だった。むしろ、信徒数の多さや建物の大きさを誇るような韓国の教会の"虚飾癖"を、彼は終始一貫、蛇蝎のごとく嫌い、主の意図なさった"教会の本質"を、固執と言えるほどの熱心で追求した人だった。

幼少時代に、長老と牧師が激しく争うのを目撃した彼は、どうして主の身体である教会に、世の人々よりも醜い姿があるのかと心を痛め、それが青年時代に牧師として召命を受けた時に、躊躇を覚えた理由になったと言う。そんな彼が神学校を卒業して、某教会の大学部担当の伝道師として働いていた 1970 年前後は、韓国のパラチャーチ・ムーブメントの全盛期で、若者たちがキャンパスの宣教団体には殺到するのに、地域教会の大学部には一向に集わないという現実（当時は韓国全土でそのような傾向があった）に、彼は強い危機感を覚えた。そして、宣教団体が学生たちに行っている「弟子訓練」の現場を調査しながら、「教会には教理があるが、福音がない。プログラムはあるが、育成がない」という現実を、痛切に悟るに至った。そして自ら担当する大学部で、試行錯誤しながら「弟子訓練」を実践し、やがて韓国中の教会が刮目するような実を結んだ。

当時の大学部で彼から「弟子訓練」を受けた若者たちは、その後、韓国社会の諸領域で主の弟子として大活躍している。要するに彼が地域教会で着手した「弟子訓練」とは、"神の国のスター選手は教職者ではなく、世の只中で奮闘する信徒たち一人ひとりである"という信念のもと、牧師が信徒一人ひとりを、自立した主の弟子として最大限に輝く人生に向けて、育て送り出す営みであった。それは、宗教改革者たちが追求した"万人祭司主義"の路線に沿ったものであるはずだったが、現実にはプロテスタント教会が"中世化"して、信徒たちが牧師の"お手伝いさん"の水準に留まっている状況の中で、脚光を浴びたのである。

その後、彼が米国留学を経て、「弟子訓練」に関する神学的確信を握

りつつ、9名の信徒たちと共に開拓した「サラン教会」は、学生たちだけでなく、全ての年齢層の信徒たちから、教職者顔負けの"主の弟子たち"が続々と輩出される共同体となった。彼らが教会の内外で豊かな霊的祝福を解き放つので、その影響を受けた次の信徒たちが、また「弟子訓練」を通して、同じ祝福の道を歩み始めるという、眩しい好循環が続くその牧会現場——それは結果として、数百人の信徒リーダーたちが牧会を共に担い、牧師と長老たちも深い信頼と尊敬の絆で結ばれている、そんな健康な地域教会として、国内外から注目を受けるに至った。

　私は2004年末から4年余り、彼の晩年に、この幸いな共同体に副牧師の一人として身を置いたが、その時期、私は彼を近くで見て感動したことが多くあった。例えば、自分のもとで暫く働いていた副牧師たちが開拓に出る時に、人材面でも資金面でも惜しみなく支援するところには、その若者が自分よりも優れた牧師となることを本気で願う「親心」（第1コリント4：15）が、如実に現れていた。韓国でも日本でも、所謂メガチャーチを志向する牧師たちが、それと真逆の心で「自分の王国」を築いている現実を、散々見て知っていた私には、それは衝撃だった。良く観察すると、彼のそのような無私の姿勢は、信徒たちに対する時も一貫していたが、一方で、牧師がこの世的な価値観で宗教的ショーをしたり、嘘や偽善に流れたりすることに対しては、烈火の如く怒る場面も、幾度も見た。

　彼が某宣教師を通して日本に紹介されたことで、残念な誤解が生まれてしまったが、彼が終生追求した「弟子訓練」とは、決して教会成長のための方便ではなく、主の教会を健やかならしめるための、教会の本質であり、牧師自身も信徒たちと共に主の似姿に変えられ続ける営みであるという点は、強調しておきたい。彼が世を去った後、韓国でも日本でも、彼の人柄を偲び、彼が率先垂範して示してくれた教会形成の姿勢に肖（あやか）ることを願う牧師たちの集いが、細々と持たれて、今日まで11年以上続いている。

VII　結び

　イエスさまの教会に仕えるようになってから、教会の担い手は誰なのかと問われて来ました。どうしたら信徒たちが舟の艪（ろ）を漕ぐことができ

るようになるのか。どうしたら信徒たちが信仰の子どもを産むことができるのか。

「開かれた教会」を求めて問う中に、マタイによる福音書 28 章から、復活の主イエスさまが弟子たちに命じられた御言葉、「あなたがたは行って、すべての民をわたしの弟子にしなさい」を示されました。この御言葉を具体的にどう受け止めるのかが問われて、韓国のサラン教会の玉漢欽(オクハンフム)牧師の「弟子訓練」の学びに至りました。

復活の主イエスさまが命じられたとおりに、信徒を"イエスさまの弟子にする"主の弟子訓練を通して、教会の担い手は誰なのか、教会の霊性をどう生きるかと自ずと明らかにされてきました。

"イエスさまの弟子"とは、イエスさまの御言葉にとどまり、イエスさまから愛されたように互いに愛し合う者となり、聖霊なる神さまの導きによってイエスさまに似た者に成長しつつ、罪の弱さを引きずりながら復活の主イエスさまにお会いするために主の日の礼拝に行く者たちであります。

"イエスさまの弟子"として歩むことの基本は、日々、主の御言葉に聞く、ディボーション・ライフにあります。

聖霊なる神さまと共に御言葉に聞いて歩むことは、「神のかたち」の回復を生きることです。それは霊性の回復とも言えます。「神のかたち」を回復した人々によって形成される教会は、御言葉と共に生きる信徒たち、即ち"イエスさまの弟子"たちによって霊性の回復に生きる群れなのです。聖霊なる神さまと共に御言葉に喜び生きる群れなのです。今日、教会の霊性の回復は、信徒一人ひとりのディボーションを基本とする"イエスさまの弟子"としての信徒訓練、小グループによる教会形成を通してされると確信しています。

ディボーションの大きな特色は、帰納的聖書の読み方であります。その原点は、「聖書は霊感によりて成り」と教団信仰告白に告白しているように、聖書は代々の信仰者が神の霊に導かれて聞いた神さまの御言葉を記したものであります。よって聖書は、権威ある神さまの御言葉として受け止めることです。信仰者にとって本当の権威は神さまの御言葉にあるからです。

一人ひとりが聖書から、神さまからの語りかけに聞きます。そしてノートに書き留め、示された御心に応答して従います。小グループで教師も信徒たちと一緒になって、各自がディボーションを通していただいた恵

みを分かち合います。互いに主の御臨在を覚えつつ、主体的に"イエス
さまの弟子"とされていることの恵みを証しし、主の御業に仕えるよう
になります。そこには指導する者も指導される者もいません。聖霊なる
神さまが指導者なのです。

　また、"イエスさまの弟子"たちは、互いに愛し合い、仕え合いますから、
群れの中にお客さまを作りません。どんなに年老いても、また、体にハ
ンディがあって行いの奉仕ができなくても、その群れの大切なキリスト
の御体の一部として存在するのであります。ディボーションの分かち合
いを通して御体の一部として生かされていること、共に祈り合えること
を喜ぶことができるのです。

　このようにして、信徒たちが教会という舟の艫（ろ）を皆で漕ぎ合うように
なり、信仰の子どもたちを産むようになるのです。

　イエスさまは、「二人または三人がわたしの名によって集まるところ
には、わたしもその中にいるのである。」（マタイ 18：20）と約束され
ています。

　新型コロナウイルス禍のもと、3密を禁じられ、教会の在り方が問われ
れています。しかし、教会の最小単位は、「二人または三人」であります。
二人または三人がイエスさまの名によって集まるところに復活の主イエ
スさまが御臨在してくださることが約束されています。

　二人または三人がイエスのさまの御名によって集まり、そこで主の御
言葉に聞き、互いにその恵みを分かち合い、祈り合って、主の御言葉に
従っていくところに主の御業が展開されていくのです。

　だからイエスさまは「わたしの言葉は決して滅びない」と断言されて
いるのです。

　今日、「教会の霊性」は、イエスさまにつながって、主の御言葉を私
たちの内にとどめて、"イエスさまの弟子"として生きる群れに、より
豊かに満たされます。イエスさまは、次のように約束されています。

　「あなたがたがわたしにつながっており、わたしの言葉があなたがた
の内にいつもあるならば、望むものを何でも願いなさい。そうすればか
なえられる。あなたがたが豊かに実を結び、わたしの弟子となるなら、
それによって、わたしの父は栄光をお受けになる。」（ヨハネ 15:7 〜 8）

　なお、今回の「教会の霊性」についての課題を与えられて、私には無
理とお断りしたのですが、宣教研究所委員会の委員の熊江秀一牧師が、

大宮教会で取り組んで来たディボーションを基本とする信徒訓練が信徒の主体的奉仕の大きな力になっているので、それをぜひ、諸教会に分かち合ってほしいと勧められました。それで、今は大宮教会を辞した身ですが、後任の熊江牧師の言葉に甘えて、大宮教会で取り組んで来たこととして書かせていただきました。

　熊江牧師のお勧めをいただかなかったら、このような取り組みを諸教会と分かち合うことができなかったことを思い、改めて熊江牧師に感謝するとともに、共に取り組んで来てくれた大宮教会の兄弟姉妹に心から感謝いたします。また、"イエスさまの弟子"として共に励みつつ歩んで来た福音宣教の同労者・妻の勝子にも心より感謝いたします。

ひきたくにまろ／本庄教会牧師

参考文献

・『神のかたちに　聖書が語るあなたとは』浅井導著、キリスト新聞社　1993 年
韓国サラン教会・玉漢欽牧師の著書
・改訂版『信徒を目覚めさせよう』〜弟子訓練の理論と実際〜　小牧者出版　2002 年
・弟子訓練テキスト　国際弟子訓練院出版　2005 年
　　『弟子訓練の土台づくり』（弟子訓練 I ）
　　『揺るぎない私の救い』（弟子訓練 II ）
　　『小さなイエスとなる』（弟子訓練 III ）
・『あなたはどんなお祈りをしていますか』定家都志男著、小峰書店　1997 年
・『新しい祈り〜誓約の祈り〜』定家都志男著、小綬鶏社　1984 年
・『日本基督教団年鑑 2020』日本基督教団出版局　2019 年
・『大宮教会 100 年史』大宮教会　2005 年
・『主の弟子として歩む喜び』（ I 、II 、III ）大宮教会長老会編　2013 年

2. 教会のダウンサイジングと持続可能性

コロナ後の世界を見据えながら

深澤　奨

第1章「あぐろげいとーん」で訴えたこと

　筆者は九州教区において主に互助制度の運営に携わる教会協力委員会の責任を 2013 年度から 2016 年度まで 4 年間にわたり担わせていただいた。その間、「九州教区互助通信　あぐろげいとーん」と題する通信物を発行して、教区内の諸教会・伝道所に教会同士の互助と連帯を呼びかけた。小規模教会の多い九州教区において、いかにして教会がますます規模を小さくしつつもその存在と働きを持続していくことができるかということを常に考えながら、各号(第 3 号を除く)の巻頭言を執筆した。本論考のテーマ「教会のダウンサイジングと持続可能性」を考えるにあたり、巻頭言に載せた九つの文章は、教会が今後ダウンサイジングを余儀なくされつつもいかにキリスト教信仰にふさわしい形で持続しうるのかを考えるベースになり得ると思うのでここに再録する。

第 1 号巻頭言
「あぐろげいとーん」
　のうなんかしょう
　『里山資本主義』(藻谷浩介／角川書店) という新書が最近話題のようで、本屋さんには平積みされています。読みますと、これがほんとに面白く、元気の出る本でした。グローバル経済から忘れ去られ、マネー資本主義から取り残されたような田舎の町が、発想の転換ひとつで、加えて志とアイデア次第でめざましく生き返っていく様子を取材した本です。書名の【里山資本主義】とは「かつて人間が手を入れてきた休眠資産を再利用することで、原価 0 円からの経済再生、コミュニティー復活を果たす現象」と説明されています。読み進む内に、九州教区の諸教会が置かれている地方都市や片田舎の町々にも生かしうることがたくさんあると思わされました。
　この本に登場する広島県の山間地、庄原市に住む和田さんは、「私はね、

のうなんかしょうなんです」と自己紹介します。「脳軟化症」とは脳梗塞の別名ですが、その意味ではありません。共通語で「ねぇ、何かしようよ」を僕の故郷でもある広島では「のう、なんかしょう」と言うのです。彼は仲間で集まるたびに「のう、なんかしょう、なんかしょうや」と言って、新しいこと楽しいことをし始め、仲間を引きずり込んでいくというのです。

　この和田さんのエコストーブ普及の取り組みをはじめとして、本の中で紹介される事例の一つ一つは、田舎だからこそ可能なことであり、それは九州教区の諸教会にも大いに参考になり、たくさんの良い気づきを与えるだろうと思います。

　今期の教会協力委員会は、従来の互助献金や緊急援助金献金の呼びかけとその分配に関わる働き以外にも、なし得ることを模索しながら歩んでいきたいと話し合っています。たとえば各地の物産バザー。奄美の物産などはもうおなじみですが、その他にもお手製の最中を作り続けている教会、会堂建築の資金集めにワカメを売っていた教会など、「名物」をお持ちの教会は案外たくさんあるでしょう。教会員の中に何か特殊な技術をお持ちの方がいらっしゃる教会もあるかも知れません。有田焼の陶芸家でもある某教会信徒の方には、骨壺を作って教区の互助のためにご協力いただけないかと持ちかけたりもしています。そうした名物の品物や技術を持ち寄って教区の集会の折にバザーを催せば、楽しくもあり、元気やさらなるアイデアが湧いてくるでしょう。おまけに売り上げの一部を互助献金としていただければ、互助制度の充実も図れるというものです。

　教会補修キャラバンなんていう企画も模索しています。大工仕事や機械の修理が得意な教師や信徒さんでキャラバン隊を組み、困っている教会を回ってお手伝いをする。これも立派な互助でしょう。

　ちなみにわたしは教会の裏庭で日本蜜蜂の養蜂をしています。多くの西欧の修道院も養蜂を営んできましたが、それはさほど手もかからず、うまくすれば蜂蜜と蜜蝋で年間数十万円の収入をもたらします。いや収入など副次的なことで、蜜蜂は生態系の要を担う生物ですから、周辺の農産物の生産を豊かにする効果もあるし、何より教会の子どもたちにもすばらしい共育的効果をもたらします。今後地区・教区の教会に蜂の群を増殖させ、これもまた互助の一助とすることができればと目論んでいます。

このほかにも「のうなんかしょう」の精神で皆さんのアイデアを寄せていただき、教会協力の働きを楽しく豊かに盛り上げていただきたいと思います。

あぐろげいとーん

ところで、この互助通信のタイトル、「あぐろげいとーん」っていったいなんや？とお思いでしょう。また深澤がかっこつけてギリシア語使いよる、とか言わないでください。「あぐろげいとーん」は確かにギリシア語です。ただし聖書には出てきません。「アグロス／田舎、野原、畑」と「ゲイトーン／隣人」は聖書でもおなじみですが、この二つを合成した言葉で、ヨセフスの『ユダヤ古代誌』に出てきます。隣人は隣人でも「田舎の隣人」は「都会の隣人」とは違います。こんな言葉が生まれるということは、古代のギリシャでもそうだったのでしょう。関係が希薄で互いに無関心を装いがちな都会の隣人に比べて、田舎の隣人はその関係自体が財産であり資本だということは先の『里山資本主義』にも明らかです。

互いに分けあい、融通しあい、つながりあう交わりは、田舎ならではのもので、それはわたしたち九州教区に与えられた大切な賜物だと、かつて（もう15年も前ですが）都会の教区にいた者としてもつくづく思わされています。この宝、この賜物にますます磨きをかけて、豊かに用いていくのが教会協力委員会に与えられた使命と心得て、働きを担って参りたいと思います。

わたしたちは「あぐろげいとーん（田舎の隣人）」です。その思い、その心意気をもって共に歩んでいきましょう。Ω

第2号巻頭言
「棚田のような」

九州には棚田がいっぱい

全国棚田百選というのがありまして、百選と言いながら全国134の美しい棚田が認定されています。そのうち6つが長崎県にあります。実は長崎県のみならず九州全体が棚田の宝庫で、百選の134のうち47、実に全国の3分の1以上が九州の7県に存在しているのです。なぜこんなにも多いのか？ 困難な場所で、貧しさと闘い、与えられたものを最大限に用いようとしてきた歴史が、その積み重ねが多くの棚田を生み出したのでしょう。何か無性にシンパシーを感じてしまいます。こうな

ると見て回るよりありません。

　過日、車で走り回って佐賀、長崎の百選に選ばれた 12 の棚田のうち 6 箇所を訪ねました。いずれも壮観。小さな田んぼが何百枚と折り重なる光景は、美しさの背後に先人たちの労苦の跡がにじんで見えてくるようで、深い感慨を覚えます。佐賀県相知町の蕨野の棚田には圧倒されました。千枚以上の田んぼが険しい山肌にびっしりと積み重なり、最も高い石積みは 8.5 m で、日本一の高さだといいます。この石積みの上に一枚の田んぼを築くのに 10 年かかったとのこと。溜め息が出ます。

　しかしこの宝物のような光景が、今や存亡の危機に立たされています。既に 40% の棚田が失われていますが、今後はさらに農村の過疎、高齢化、後継者不足によって、さらには政府の推し進める TPP 交渉の行方次第では経済効率に劣る中山間地の棚田はどこも立ちゆかなくなるでしょう。でもそれでほんとにいいのでしょうか。先人たちが困難な土地で、しかしその土地を愛して努力と工夫を重ねて、一枚一枚築き上げ、積み上げてきた棚田は、経済効率だけでは計り知れない価値を持っているというのに。

棚田ってすごい

　棚田の意義については様々な側面から指摘されています。まず棚田は「小さな治水ダム」の集まりでもあり、山の保水力を高め、水源の涵養、水害の防止に寄与します。絶滅が危惧されるハッチョウトンボやコオイムシ、ゲンゴロウ、タガメ、ドジョウ、様々なカエルなどが中山間地の棚田にはまだ豊富に残っていて、地域の様々な生き物が共に生きる「生物多様性」を棚田は生み出します。こうした棚田の公共的な意義と価値は、棚田米のおいしさに凝縮されます。

　山に降り注ぎしみ込んだそのままの水を引いて育てられた棚田米は、生活排水や工業廃水の混じった使い古しの水で育った平坦地のお米とは、やはり味も栄養も随分違ってくるのでしょう。山間地の朝晩の温度差が味に影響するともいいます。多様な生物が生きる生態系の豊かさももちろん味を引き立てるでしょう。何より先人が苦労を重ねて築いてきた田んぼで育ったことを思うだけで、気持ちの上でも美味しく感じるのかもしれません。

棚田のような教会

　わたしは九州にたくさんある棚田を思うとき、九州教区の諸教会を思い浮かべます。先人たちは困難な土地で、しかしその土地を愛して、苦

労と工夫を重ねて教会を築いてきました。それこそ一枚一枚棚田を重ねるように、伝道の業を積み重ねてきました。

　効率優先、経済優先の視点で行けば、田舎の小規模教会など無理に維持しても意味がないということになるのでしょう。教団の中枢からは、地方の小規模教会を現状維持的に支えるのはもうやめて、これからは教勢がのびる見込みのある教会に集中的に資金を投下すべきだといった声も漏れ聞こえます。

　でもね、経済効率では計り知れない意義と価値が棚田にはあるのと同じように、地方の小さな貧しい教会にも計り知れぬ意義と価値があるのだとわたしは思うのです。棚田米が美味しいように、棚田のような教会で育ったキリスト者のえもいわれぬ味わいをわたしはこれまで何度も味わわせていただきました。

　棚田が失われてはならないように、「棚田のような教会」も失われてはならないのです。困難な場所で、しかしその場所を愛して、先人が苦労に苦労を重ねて築いてきた棚田のような教会。地域の環境に寄与し、地域の生物多様性をもたらす棚田のような教会。少量だけど美味しいお米を実らせる棚田のような教会。それを失ってはならない。それを保ち、その豊かさ、おいしさを分かち合うのが教区と教会協力委員会の、それに連なる皆さんの大事な務めだと思うのです。Ω

第4号巻頭言
「大工の教え」
木を買わず山を買え

　最後の宮大工と言われた西岡常一さんの『法隆寺を支えた木』（NHKブックス）という本を、教区事務所前の古本コーナー（代金は互助献金になります）で買いました。最古の木造建築・法隆寺の伽藍を守ってきた宮大工の間で代々受け継がれる様々な知恵がつまった好著です。

　その宮大工の知恵の一つに「木を買わず、山を買え」というのがあります。大きな堂塔を建てるとき、建築後の狂いやゆがみをなくすためには、上質で均質な材料を揃えればいいというわけではありません。建物には陽の当たるところ当たらないところ、湿気の多いところ少ないところ、風当たりの強いところ弱いところ、重みのかかるところかからないところ、またそれらの要素が複合的に絡み合うところなど、様々な条件の違いがあります。これらの条件を勘案し、建物の条件を木の生えてい

る山の状態に当てはめて、その山全体で必要な木を揃えよというのが宮
大工に伝わる教えだというのです。一つの山に生えている木でも、尾根
と谷、日向と日陰、風当たりの強弱など、生えている場所によって材質
は異なります。聖書時代のギリシア語に「アネモトレフェース／風に育
てられた」という形容詞があります。「アネモトレフェースな木」と言
えば、粘り強く丈夫な木という意味になります。木は成育環境によって
大きさや強さや堅さなどが異なり、概して言えば困難な環境で育つほど、
小さく強く硬くなります。それらがうまく組み合わさって初めて 1300
年以上朽ちも倒れもしない堂塔ができあがるのです。教会や教区もまた
同じでしょう。

杢を生かす

　杢という漢字を知っていますか。木工と縦に書いて「もく」と読みま
す。辞書には「①木で家や器物を作る人。大工。②種々の原因により、
通常の板目・柾目とは異なって木材の表面に表れる木目。瘤杢・玉杢・
鶉杢・縮杢・如鱗杢・鳥眼杢などがあり、珍重される」とあります。大
工や木工職人にとって、まっすぐに木目の通った柾目の板材や角材も重
宝しますが、木目が乱れ、美しく複雑な模様の表れた杢は装飾的な用途
などで特に珍重されます。複雑な木目をもった杢が生まれるのは、成育
環境の厳しさや食害や病気などによるもので、虫に喰われたり、芽を摘
み取られたり、病気にかかったりした部分を木は一生懸命いたわって栄
養を送り、修復しようとします。するとそこに美しい杢が生まれます。
職人はそうして出来た美しい杢の材を用いて世界に二つとない作品を作
り上げるのです。

木は痛みを感じるか

　しかし、樹木の一部が虫に食われたり病気にかかったりしたとき、木
には神経も頭脳もないのに、どうやってそのことを知り、その部分を癒
すのでしょうか。詳しくは解明されていないようですが、ポプラの一枚
の葉を傷つけると、同じ木の別の無傷な葉で遺伝子（DNA）の転写が
起こり、メッセンジャーRNA（特定の細胞の設計図）が作られ、導管
を伝って傷ついた部分に届けられる現象が知られています。頭脳を持た
ない樹木でさえ、一部の痛みを他の部分が察知し、癒したり強めたりす
る物質を受け渡すのです。そして痛んでいた部分には、美しい杢が生ま
れる。そんなふうに造られていることに感動を覚えます。そして同時に
思うのです。わたしたちもまたそのように造られているに違いないのだ

と。

「わたしは葡萄の木、あなたがたはその枝である」。「一つの部分が苦しめば、すべての部分が共に苦しみ、一つの部分が尊ばれれば、すべての部分が共に喜ぶ」。「力は弱さの中でこそ十分に発揮される」。

大工だったイエスやその教えを受け継いだであろう旅のテント職人パウロの言葉が「こだま（木霊）」のように響いてきます。Ω

第5号巻頭言
「小商いのすすめ」
「選択と集中」？

日本創生会議なる有識者らによる政策発信組織が、「2040年までに全国の市町村の半数が消滅する」との衝撃的な「予言」（増田レポート）を発表して大きな波紋を呼んでいます。「増田レポート」は、「すべての町は救えない」として「選択と集中」という論理の下、こんな提案をしています。

> 地方における当面の人口減少は避けられない。この厳しい条件下で限られた地域資源の再配置や地域間の機能分担と連携を進めていくことが重要となる。このためには、「選択と集中」の考え方を徹底し、人口減少という現実に即して最も有効な対象に投資と施策を集中することが必要となる。（中略）そう考えていくと最後の「踏ん張りどころ」として、広域ブロック単位の「地方中核都市」が重要な意味を持ってくる。地方中核都市に資源や政策を集中的に投入し、地方がそれぞれ踏ん張る拠点を設けるのである。（『地方消滅』増田寛也／中公新書）

これに呼応するように政府は、「アベノミクスの温かい風を全国津々浦々に」と銘打って、地方創生に向けた様々な施策を打ち出しています。官邸HPの関連ページには、「『選択と集中』の観点を踏まえ」とか、「新たな『国土のグランドデザイン』を踏まえ」などの文字が躍っています。つまりは国の取捨選択やデザインに従って地方を創生していこうことでしょう。新型の地方交付金となる「地方創生交付金」は、4200億円規模となる模様で、各自治体はこれを獲得するための条件とされる「地方版総合戦略」の策定を、国が例示する12項目の事業に沿う形で進めています。そうやって自治体自らが「選択と集中」を余儀なくされているわけです。

　この新型交付金を管掌する石破茂地方創生相は、本年1月22日、とあるインタビューでこう語りました。「競争しろというのか、その通り。そうすると格差がつくではないか、当たり前だ。努力した自治体としないところを一緒にすれば国全体が潰れる」。要は全体が潰れないために、だめそうなところにはさっさと見切りをつけ、やる気と資金のつぎ込み甲斐のある自治体だけに資源や政策を投入したいのです。しかし、それで本当にいいのでしょうか。

多様性の共生

　これに対して、もちろん各所から批判や反論が沸き起こってきています。中でも注目されるのは、『地方消滅の罠――「増田レポート」と人口減少社会の正体』（山下祐介／ちくま新書）です。著者はこの中で、「選択と集中」への対抗軸として「多様性の共生」を掲げます。

　「選択と集中」は国民の「依存」を孕み、（中略）「依存してよい者」と「依存させない者」との差別を生み、それゆえ「排除」をもたらす。これに対し、「多様性の共生」は「支え合い」を基調とすることで、多様なものの「包摂」を目指すものである。

　こう主張して著者は、現在すでにあちこちで起こりつつある「多様性の共生」に向けての動きに着目します。U・J・Iターン者が増え始めたり、若者の地元志向が指摘されたり、また本誌第1号でも紹介した「里山資本主義」が注目されたりという現象が一つの大きな流れとなってきています。それは地方や地域自らが、自分たちに備えられている豊かさや強みに気づいて、それを活かし始める取り組みです。

　少し古いものですが、『地方の誇り――文化逆流の時代』（辻村明／中公新書）は、その先導ともなるものでした。この本は東京中心の画一的な大衆社会化がもたらす危険に警鐘を鳴らし、地方の独自性や独立性、文化的特質を活かした誇りある地方の復権の大切さを訴えます。「地方文化や地域社会が解体して、全国的な大衆社会化が進行すると、一元的な大衆動員が行われやすくなる」としてナチスによる大衆動員を例に挙げ、地域社会の復権や地方文化の活性化の必要性を迫る著者の言葉は、予言的な響きさえ感じさせます。

時代は小商い！

　『小商いのすすめ～「経済成長」から「縮小均衡」の時代へ』（平川克美／ミシマ社）は、非常に刺激的で示唆的でした。小商いとは、路地裏の駄菓子屋や帽子屋のように、「自分が売りたい商品を、売りたい人

に届けたいという送り手と受け手を直接つないでいけるビジネスという名の交通であり、この直接性とは無縁の株主や、巨大な流通システムの影響を最小化できるやり方です」と定義づけられています。また「端的に、小商いは、存続し続けることが、拡大することに優先するような商いのことです」とも定義づけられます。地域やお客さんと顔の見える関係の中で直接つながって、お金や物や心をやり取りする、そういうスケール、いわばヒューマン・スケールの経済や共同体のあり方。そこに帰って行くべきだと、それが「経済成長」やそれに基づく「人口増加」の条件が失われた今という時代にあってのふさわしい道だと言うのです。

　著者はそれを「縮小均衡」という言葉で示し、それを象徴する言葉として「小商い」を位置づけるわけです。

　ソニーの創業者、キリスト者でもあった井深大が書いた設立趣意書が「小商いマニュフェスト」として、この本の中で紹介されています。

一、不当なる儲け主義を廃し、あくまで内容の充実、実質的な活動に重点を置き、いたずらに規模の大を追わず

一、経営規模としては、むしろ小なるを望み、大経営企業の大経営なるがために進み得ざる分野に、技術の進路と経営活動を期する

（『東京通信工業設立趣意書』井深大）

　これなどまさに、教会にも言い当たることかもしれません。田舎の商店街の帽子屋は一日一個の帽子が売れれば、何とかやっていけたのです。もちろん帽子以外に、家族の誰かが他の小商いを手がけていて、それがまた人のつながりを生み、細々とであっても何とか楽しくやっていた。そのようなあり方は、今でもこの九州では十分可能で、希望の持てることなのではないでしょうか。小さくとも地域や人々とつながりあって、誇りをもって喜びをもって存続し続ける「縮小均衡」の「小商い」を教会も目指すべきではないか、そう思わされています。Ω

第6号巻頭言
「あわいの力」
互助は内臓感覚

　最近注目している出版社、ミシマ社の「シリーズ22世紀を生きる　第二弾」として『あわいの力「心の時代」の次を生きる』が出版され、大いに刺激を受けながら面白く読みました。著者の安田登さんは、本職は能楽師ですが、甲骨文字やヘブライ語、古典ギリシア語などにも造詣が

深く、中国古代哲学や旧・新約聖書にも通じている方です。

　タイトルにある「あわい」というのは、今で言えば「間」という言葉の古語にあたります。三千年以上前の古代においては「心」という言葉や文字はなかったそうで、やがて「心」が発見され、心に発する思想や思考に重きが置かれるようになって久しいけれども、古代においては人間の内にある「こころ」よりも、人間の間にある「あわい」の方が大切だったと、彼は言うのです。その「あわい」、「あっちとこっちをつなぐ不思議な力」に、そろそろ気づいていきませんかと訴える、簡単に言うとそういう本です。

　その主張は、たとえばルカ福音書17章に記されるイエスの言葉、「神の国はあなたたちの間にある」という言葉とも通じ合います。神の国は個人の心の中にあるというようなものではない。あなたがたの間「あわい」にあるのだとイエスは言いました。つまり神の国は個人的に所有するものではない、人と人のあわい、間に生まれるもの、それが神の国だというのです。

　著者はまた、「内臓感覚」というものにこだわります。「心」の感覚としての思想や思考ではなく、「内臓感覚」が大事だと。そこで著者は聖書の中でイエスが抱かれた「内臓感覚」として「スプランクニゾマイ」（※「はらわたをかき回される」というほどの意味を持つギリシア語動詞）について論じます。その主張は我々の「互助」の精神とも重なり合って聞こえてきます。

　大切なものは個々人の心の中ではなく、「あわい」にある。我々が推し進める「互助」とは「あわいの力」を育む作業なのだと思います。イエスが言うように、神の国は、そのあわいに生ずるのだと思うのです。そしてその「あわいの力」の源泉は、心ではなく内臓感覚にある。同じ思想信条だから助け合おうというのではなく、困難の中で苦闘している仲間のことを内臓で感じて、居ても立ってもいられなくなる、その感覚が「互助」を支えているのではないかと思うのです。

　今は鳴らない笛も

　さて著者は聖書のギリシア語やヘブライ語まで取り上げて「あっちとこっちをつなぐあわいの力」を論じてみせるのですが、やはり本職は能楽師です。その本職に関わるお話には、さらに訴えるものがあります。能で用いられる笛や鼓についてこんなことが書かれていました。

　　笛方は、稽古をある程度積み重ねていくと、師匠から、使っていた笛

を譲られます。そういう笛は師匠から弟子へと代々受け継がれてきた名管ですが、弟子が譲り受けて吹き始めても、しばらくは全く音が鳴らないそうなのです。（中略）能の笛というのは、わざと音が出づらいように作られているんじゃないかと思うような構造になっています。しかしだからこそ、稽古を積み重ねた結果いい音が鳴るようになります。（中略）ある笛方の人は「いい笛」を見つけるとすぐに買ってしまうそうです。中には一本100万円以上もするような高価なものもあります。ただ、その笛を買っても、すぐには音が鳴らないことも多いそうです。

　毎日吹き続けていれば、数十年後に鳴り始めるかもしれない。が、ひょっとすると、その人が生きているうちには音が鳴らないかもしれない。じつは全然ダメかもしれない。でも、吹くことをやめたら、その笛が鳴ることは絶対にありません。代々受け継ぎ、何百年後かにようやくいい音が鳴り始めるということもあるかもしれません。本当に「いい笛」なのかどうかは、かなりの時間が経たないとわからないのです。そういう話は能の世界では事欠きません。

　ある方が鼓の革を買ったとき、「この革は今は鳴りません。でも、毎日打ち続けて50年経てば鳴り始め、一度鳴れば600年は使えます」と言われたそうなのです。その方は当時35歳。つまり85歳になってようやくいい音が鳴り始めるということです。85歳まで生きる保証はどこにもありませんし、毎日打てるとも限らない。ひょっとしたら、その鼓がいい音を出すのは100年後、150年後かもしれない。

　でも能の世界ではそれが当たり前の感覚です。自分の力で何かを成し遂げようとか、自分一人でこの楽器の良し悪しを評価しようとかいう思いがあったら、とてもじゃありませんが、こんな世界で生きていくことはできません。目の前にあるものをとにかく次の世代に受け継いでいく。能楽師のその心持ちが、650年続く能の歴史を支えていると思うのです。

　これは能の世界のお話ですが、教会においても全く同じだと思いながら読みました。今はまだ良く鳴らない笛や鼓のような教会が、九州にはたくさんあるのではないでしょうか。伝道を始めてから50年経っても100年経っても、思うような福音の音色を町に鳴り響かせることができない。でも、鳴らないからと言って吹くこと打つことをやめてしまったら、それが鳴り始めることは絶対にないのです。いい音を出すのは100

年、いや 150 年後かもしれません。もしかしたら、わたしたちの代では成し遂げられないのかもしれない。そうであってもあきらめずに、信じて吹き続け、打ち続ける。次の代に引き継いでいく。それができるように互いに支え合い続けるのが、わたしたちの互助の働きだと思うのです。Ω

第 7 号巻頭言
「持続可能（サスティナブル）な教会を」

互助の持続・教会の持続

2016 年度の互助申請が出そろい、現時点では 12 教会に対し約 2020 万円の教師謝儀保障がなされる見通しとなりました。これに教区による人事が進行中の 1 教会を加えると 2200 万円ほどの規模となる可能性もあります。互助負担金と互助献金を合わせた原資が 2100 万円ほどですから、いよいよ支出が原資を上回り、積立金を取り崩しながらの運営という状況を迎えることになります。制度をいかに維持するか、それはとりもなおさず教会をいかに存続させていくかという困難な課題をつきつけられています。

教会をいかに持続させていくか、皆さんもさぞお悩みのことでしょう。わたしも暇さえあれば、これからの教会の歩み方について考えるのですが、絶望も悲観もしていません。今のままの教勢や財政を保ち続けることはどだい無理なことですが、福音にふさわしく楽しんで縮小均衡を保っていくことは案外可能なのではないかと根っから楽観主義なわたしは考えています。

半農半 X

そこで最近わたしが考えるヒントにしているのが「半農半 X」というライフスタイルです。今や「世界の共通語」（藻谷浩介談）ともなりつつあるこの言葉の生みの親、塩見直紀さんは、かつて神学を志したこともあり、座右の書は内村鑑三の『後世への最大遺物』だと言いますから、読んでいてわたしたちの信仰に響く言葉がたくさん出てくるのも、頷けることです。

『半農半 X という生き方【決定版】』（塩見直紀／ちくま文庫）は、消費一辺倒のゆがんだ社会を正し、持続可能な社会をもたらす理想的なライフスタイルとして、農業をしながらそれぞれの与えられた能力を発揮できる副業（福業！）を持つ生き方、「半農半 X」を提案します。半農半著、

半農半芸、半農半ヘルパー、半農半教師など、「X」に当たるものは実に多様で、それは生活に必要な現金収入をもたらすだけでなく、社会との濃密な関わりや、その人自身の生き甲斐をももたらします。

教会も福業を

これを読んで、またもやわたしの悪い癖で、「半農半X」を教会と結びつけて考えてしまいました。農業をやりながら福音伝道をする、ということもあり得るかと思いますが、そういうことではありません。「農」に当たる部分を教会の本来の仕事である伝道牧会と考え、それ以外に何らかの仕事（X）を持つというあり方です。

教会の業は、そもそも農の業と似ています。土地（社会）を耕し、石ころや瓦礫を取り除き、種を蒔き、水や肥料を施して、やがて神の国に刈り取られていくときまでその成長を助けていくのが、わたしたちの福音宣教・伝道牧会の仕事です。しかしその本来の業だけで食べていくのが困難ならば、それぞれの特技や才能を活かしてXを、塩見さんが言うところの「福業」を持つことも必要なのではないかと思うのです。パウロが革細工職人でありつつ伝道者であったように。

月3万円ビジネス

さてそんな思いに火をつける好著が『月3万円ビジネス　非電化・ローカル化、分かち合いで愉しく稼ぐ方法』、『月3万円ビジネス　100の実例』（藤村靖之／晶文社）の2冊です。

「月3万円ビジネス」は、月に3万円しか稼がない（稼げない）ビジネスで、7つの約束を掲げています。「①いいことしか仕事にしない②奪わないで分かち合う③支出を減らす④ノーリスク⑤（月に）2日しかかけない⑥みんなで生み出す⑦インターネットでは売らない」の7つ。もちろん月3万円では暮らせません。だから3つ、4つをかけ持ちする。すると地域の仲間も3倍4倍になる。これは単なる副業ではなく福業でもあり複業でもあります。

ちなみに筆者は「佐世保教会裏庭木工所」と「佐世保教会裏庭養蜂所」の2つの福業を営んでいます。「100の実例」を読むと、あと3つくらい手がけてみたい気持ちにもなります。中世の修道院が葡萄園や養蜂を営んだように、何か教会らしい福業を編み出すことができたら、仲間も増え、認知度も上がり教会の伝道にもまた新たな風が起こるのではないかと思うのです。

これからの時代、教勢低下と財政逼迫に手をこまねくばかりでなく、

あらゆる知恵と手段を尽くして教会の持続を可能にしていきたいと願うものです。Ω

第8号巻頭言
「いけすの網を破って」

　本誌第1号で『里山資本主義』（藻谷浩介著／角川新書）を取り上げました。比較的豊かな自然の残る地方教区にとっての希望をそこで示されましたが、このほどその続編とも言える『里海資本論 日本社会は「共生の原理」で動く』（井上恭介／角川新書）が出版され話題となっています。海に囲まれた九州教区にとって、これもまた良い示唆を与えられる好著でした。

　その冒頭、著者は「海に種をまく漁師たち」について語ります。このタイトルだけでイエスの譬え話のような匂いがしませんか。瀬戸内海ではハマチの養殖が盛んですが、「その養殖の網を破ってみない？」と著者は問いかけます。「瀬戸内海全体を"いけす"だと思って、せっせとハマチが住みやすい海にしていけばいいではないか。（中略）理想的な天然のいけすを目指そうではないか」。実際そういう発想で地道に海底にアマモの種を植えるなどして、めざましい成果をあげ始めている「海に種をまく漁師たち」が次々に紹介されます。そしてその姿は、同じく"漁師"を標榜するわたしたちにとって大変刺激的です。

　教会は自分の囲いの中だけを考えていないだろうか。教会こそ、そのいけすの網を破ってみるべきではないのか、と考えさせられたことでした。自分の教会の中にだけ魚が満たされ、すくすく育つだけで良しとするのではなく、九州全体、社会全体を、あるいは九州教区全体を「大きないけす」として形成する。そういう発想が必要であり、そしてその一つの表れが互助という仕組みなのだろうとも思うのです。

　ところでそういう観点で九州教区を改めて見てみると、まんざら捨てたものではないと気づかされます。下の表（62頁表1）は全国の各教区別に、教区・教団全体の働きのため、特に小規模教会を支える互助などの働きのために、現住陪餐会員1人あたりいくら負担しているかを示しています。教区間互助（教区活動連帯配分金制度）がまだ機能していた2014年度のデータですから、現在はこの数字よりもさらに教区間格差は拡がっていると思われますが、その2014年度でさえ、東京教区の1人あたり負担額は、九州教区の60％弱、北海教区の40％弱に過ぎ

表1：現住陪餐会員1人あたりの負担額

	教区・教団負担金	その他負担金	互助献金	現住陪餐会員	1人あたり負担額
北海	27,000,000	23,500,000		2,586	19,528
奥羽	20,900,000		6,050,000	1,706	15,797
東北	18,700,000	6,007,000		2,454	10,068
関東	40,992,000		12,443,119	6,496	8,226
東京	116,414,490	14,566,000		18,147	7,218
西東京	40,776,000	5,080,900	5,667,979	6,819	7,588
神奈川	58,805,000		2,314,833	8,337	7,331
東海	31,814,800	7,772,000		4,552	8,696
中部	35,189,900	16,440,000		4,943	10,546
京都	33,370,000		5,125,116	3,513	10,958
大阪	48,995,000	7,099,300	1,000,000	7,136	8,001
兵庫	52,958,000		16,558,059	7,324	9,491
東中国	14,440,000		667,886	2,034	7,428
西中国	20,050,000		3,476,519	1,997	11,780
四国	20,400,000		23,364,144	2,604	16,807
九州	43,420,800		9,243,000	4,289	12,279
沖縄	4,815,000	3,600,000		575	14,635

ません。概して言えば、中央から遠い、より辺境に位置する教区ほど、教区・教団・他の教会のために多くを献げ、逆に、中央に近いほど、都会ほど、自分の教会だけになっていく傾向が示されています。

　九州教区は全17教区中で多い方から5番目に位置します。あくまで比較の話ですが自分のいけすの外にも責任的に関わる教区だと言ってもいいでしょう。ただし九州教区の全ての教会がそのような意識と実態を持っているわけではありません。下の表（63頁表2）は、「2014年度の地区別互助献金額と現住陪餐会員一人あたりの献金額」を示しています。全国的に見られるような、都市部の規模の大きな教会ほど自分のいけすの外に興味を持たないという傾向はこの九州においては幸い見られませんが、地区によってかなり大きな格差

表2：2014年度地区別互助献金額と現住陪餐会員
1人あたりの献金額

	互助献金	現住陪餐	1人あたり
北九州	1,182,430	553	2,138
福岡	2,581,838	1,092	2,364
筑後	498,160	134	3,718
佐賀	185,300	92	2,014
長崎	1,536,550	561	2,739
熊本	264,300	468	565
大分	1,152,830	451	2,556
宮崎	865,300	499	1,734
鹿児島	588,200	357	1,648
奄美	222,400	60	3,707
計／平均	9,077,308	4,267	2,127

があります。地区対抗で競い合う必要はありませんが、他の地区のがんばりを励みとし、地区内で呼びかけあっていただければと思います。そして、願わくはひとつひとつの教会が小さないけすを作ってその中にだけ御国を現そうとするのではなく、あの「海に種をまく漁師たち」にならい、みんなが住みやすく生きやすい、大きく理想的な天然のいけすをこの地に作っていけたらすばらしいことだと思うのです。Ω

第9号巻頭言
「坂の下の希望」
「下り坂をそろそろと下る」
　日本を代表する劇作家の平田オリザさんが、このほど興味深い本を書いた。『下り坂をそろそろと下る』（講談社）。本誌でも紹介したことのある藻谷浩介の「里山資本主義」の文化芸術版といった内容の本だが、はっきり言って百倍面白い。
　その書き出しはこういう文章で始まる。「まことに小さな国が、衰退期を迎えようとしている」。これは司馬遼太郎の代表作『坂の上の雲』の最初の一文「まことに小さな国が、開花期を迎えようとしている」をもじったものだ。この坂を登って行けば雲にも手が届くと思い込み猛烈な勢いで駆け上ってきたわたしたちの国が、今あきらかに下り坂に差しかかっていることをオリザさんは指摘する。しかし彼はこれを悲観するでも、さらなる高みを目指すよう鼓舞するでもなく、タイトルのように、この下り坂をそろそろと下ってその下にある希望のありかを示そうとする。
クリエーションの拠点
　兵庫県北部に位置する豊岡市に城崎国際アートセンターという市立の文化施設がある。オリザさん肝いりの滞在型の文化施設である。市民のみならず、国中・世界中から舞台芸術を志すアーティストたちがそこに拠点を置いて、稽古に励んだり、作品作りをしたり、そこで作品を披露したりする。使用料金は無料。「短期的な成果は問わない」というのもいい。作品を作れなくても、「構想中」というだけで最大3ヶ月の滞在が許され、アーティストたちは近くの城崎温泉に浸かりながら、クリエーション、創作活動に励むことができる。HPを見ると、滞在アーティストがずらりと紹介されている。いずれも世界のトップクラスのクリエイターで、多くが滞在期間中に公演や公開稽古を行う。それを見に多くの

人が城崎に集まる。しかも温泉に浸かっていたらあこがれのアーティストに会えるかもしれないのだ。

これを読んで、教会の未来を思った。教会はかつてクリエーションの拠点だった。神のクリエーション（創造の業）に思いを馳せながら、様々なリクリエーションがなされる、文化芸術のセンターだった。そこに立ち返ってはどうか。先日、佐世保教会を会場にダム建設問題を主題とする本格的な舞台を組んだ演劇が行われた。1日3公演、自然を愛し文化を愛する300人近い市民が教会を訪れた。一つの希望を見た思いがした。

共に生きる力

オリザさんは教育の問題にも熱心である。長老派教会によって建てられた四国学院大学で演劇についての教鞭を執る傍ら、彼は大学入試改革にも取り組んでいる。これまでの学校教育は、知識と情報の量を競わせ、いわば、人よりたくさんの知識を身につけ、競争社会を勝ち抜き生き抜いていく力を身につけさせるものだった。しかし人口が減り、働き手が足りなくなる中で、複数のポジションを横断的に担う人材、変化する社会に柔軟に対応できる人材、異なる考えの人と協力していける人材が必要になる。いわば人に勝つ力ではなく、共に生きていく力こそが求められるわけで、その力を計り、伸ばす試験や教育がなされるべきだとオリザさんは言う。文科省でさえその必要を認め、各大学にはその方向での教育改革を求めているのだという。そして本の中に紹介されるその実践は、とても面白く、希望に満ちている。

共に生きていく力を計る試験。教団の教師検定試験もそうあってほしいものだ。異なる考えの人を排除し、一つの考えのみを正解とするような試験はもう終わりにしたい。これから先、一つの町にある教派的伝統の異なる複数の教会を1人の教師が牧することも増えてくるだろう。謝儀だけでは食べていけないので複数の仕事を横断的に担うことも必要になるだろう。共に生きていく力がいよいよ問われることだろう。

「これでいいのだ」

オリザさんはまた、自分に与えられているもの、残されているものを再評価し、最大限に生かして「これでいいのだ」「ここでいいのだ」という自己肯定感をもって自分と現状を受けとめていくことの大事さを語る。これまでいわゆる地方においては、多くの若い人が「上り列車」に乗って故郷を離れ、帰ってこなかった。結果、地方は衰退し、人材も誇りも

失っていった。「上り列車」に乗らなくても、心から「これでいいのだ」「ここでいいのだ」と思えるような、そんな地域や共同体を形作ること、その大切さを思う。

　神は天地創造の業において、お造りになったすべてのものを見て、「良し」とされた、と聖書はいう。神が「これでいいのだ」とされたものを、わたしたちは、ダメだとか無価値だと言うべきではない。良いところを探し、認め、愛し、大事にしていくことの中で、自己を肯定し他者を肯定していく、そういう歩みがこれから求められていくのだろうし、そういう歩みにおいて、下り坂の先にも希望が見えてくるのだろう。それはそっくりそのまま教会にも言えること。教会こそ言わねばならないことなのではないか。そしてわたしたちの教会互助もそういう精神において成り立つのだろう。

　そこには芸術も宗教もあった

　オリザさんは芸術家である。だから文化芸術が人間社会にとってどれほど重要なものであるかを訴える。だけど同時に宗教の大切さにも気づいていて、だから暗に宗教に対しても、教会に対しても発破をかけておられるように感じる。もっとしっかりしてくれよと。

　宮沢賢治の「農民芸術概論綱要」からこんな言葉を彼は引用している。
　曾つてわれらの師父たちは乏しいながら
　可成楽しく生きてゐた
　そこには芸術も宗教もあった
　いまわれらにはただ労働が
　生存があるばかりである
　宗教は疲れて近代科学に置換され
　然も科学は冷たく暗い

そしてオリザさんはこう言っている。

　「二つの三陸大津波の年に生まれ、そして死んでいった賢治の祈りが、今、何よりも切実なものとなっている」。これはわたしたち宗教者に対する、教会に対するオリザさんの叱咤でもあり期待でもあるだろう。

　坂の上の雲を目指して上り詰め、その歩みの中で人を蹴落とし競争に勝ち、さらなる高みを目指す、そういう時代は日本にとっても教会にとっても、終わったのだ。そしてそれは幸いと見なすべきことなのだ。坂の上に神の国はない。そろそろと下っていくこの坂の下に希望を見いだし、共に生きる国、神の国を見定めていきたい。Ω

第 10 号巻頭言
「九州教区における広島カープ優勝の意義について」

　プロ野球のセ・リーグでは広島カープが 1991 年以来 25 年ぶりにリーグ優勝を果たしました。所属選手の年俸総額が 2 倍以上にもなる 2 位ジャイアンツに 17.5 ゲームの大差をつけての圧倒的な優勝でした。広島出身のわたしとしては、嬉しいことこの上ありません。しかしこの優勝は、わたしだけの喜びにとどまらず、この九州教区にとっても大変意義深いものでありました。

　広島を長らく優勝から遠ざけたのは、大都市を本拠地とし潤沢な資金力を持つ人気球団に有利な制度が導入されたことが要因の一つでした。一定期間在籍した選手を他球団がより高額な年俸で自由に引き抜くことができる FA 制度によって、広島の有力選手は資金力の豊かな球団へ次々と買われていきました。買われるばかりで、1993 年の制度開始以降カープは 12 球団で唯一、FA 制度によって一人も選手を獲得していません。また逆指名制度（「希望入団枠制度」に名称変更後 2007 年に廃止）も、地方の貧乏球団を好んで指名する新人が少ないことから、戦力格差を広げる結果となりました。

　そんな中、カネに頼れないカープは、無名の若手を発掘しては伝統の猛練習で鍛え、ファンの熱い応援で育て上げ、地元愛豊かな名選手たちを次々と生み出してきました。四番バッターやエースが他球団に引き抜かれても、いつかきっと帰って来てくれると信じて、涙を飲んで快く送り出し、祈って待ち続けました。大リーグに残れば 20 億円といわれた年俸を蹴って 4 億円で広島に戻った黒田も、阪神から年俸 10 分の 1 の古巣に戻った新井も、数字以上の貢献をして精神的な支柱にもなりました。そんな選手たち、またそれを支えた球団やファンが一丸となって実現した今年の優勝は、「カネ」ではなく、ほとんどそれは信仰にも似た「愛と心意気」のなせる偉業だったと言っていいでしょう。

　貧乏球団カープを語る上で欠かせないのが、「たる募金」です。1949 年創設のカープは、

たる募金

原爆の悪夢から立ち上がろうとする市民にとって、元気と希望の源でした。そのカープが早くも創設の翌年深刻な経営危機に陥り、クジラ球団にコイが呑み込まれる吸収合併話が持ち上がったとき、市民の発案により広島市民球場の入口2カ所に大きな「清酒・福美人」の酒樽が置かれました。その年、当面必要とされた400万円を超える募金が集まり、球団存続の危機は回避されます。この募金は1960年頃まで続き、その後も相次ぐ災害の被災者支援のために、また最近では新球場建設費捻出のためにと、再三にわたり「たる」は「市民の連帯とカープ愛」の受け皿となってきました。

　資金力豊かな大都市の人気球団に有利な諸制度にもめげず、せっかく育てた有望選手が引き抜かれていく悲しみにも耐え、信仰にも似た「愛と心意気」に支えられて、カープはついに地方球団のしたたかな力を見せつけてリーグ優勝を成し遂げました。そして、その力を象徴するのがあの「たる募金」なのだとわたしは思うのです。

　さて、わたしが何を申し上げたいか、もうおわかりでしょう。九州教区が直面している不利な諸制度、困難な諸課題との闘いは、カープが苦闘し勝利した闘いと、ぴったりと重なり合うようにわたしには見えるのです。

　おめでとうカープ！　ありがとうカープ！

　「たる募金」にならい、わたしたちもあとに続いてがんばります。Ω

第2章　ダウンサイジングという潮流

賢く小さくなる

　第1章では、本論考のベースとすべく、筆者が2013年から2016年までの4年間、「九州教区互助通信　あぐろげいとーん」で訴えた文章を再録した。これらの文章の中で、わたしは経済的な困難を克服するために「もっと伝道して教勢を拡大しよう」と呼びかける文章を書いたことは一度たりともない。そんなことは言われる前からどの教会も祈り願い、それなりの努力もしている。中山間地の傾斜地に一枚一枚と棚田を築くように伝道と牧会に励んできた教会に鞭を打つようなかけ声は、何の力にもならない。むしろこの棚田の美しさ、かけがえなさ、そしてこの棚田で作られる米の美味しさを自覚し、感謝し、そこに一層の磨きを

かけることに重きを置いて、これらの文章を書いてきた。このことは、九州教区に限らず、ほとんどの「地方教区」においても当てはまるはずだし、大都市圏の諸教区においても早晩降りかかってくるダウンサイジングという現実の中で、やがて共感しうるようになるだろう。

　今や日本全体が人口減少の流れの中にあり、一部の大都市が一極集中的に人口増加することはあっても、全体として人口減少に歯止めがかかるきざしはない。しかもこのたびのコロナショックが一極集中の恐ろしさを人々に痛感させたこともあり、大都市圏であっても今後は人口増加を見込めなくなるだろう。都市政策の専門家たちも「拡大信仰」はすでに過去のものとなり、人口増加への反転に期待した政策はもはや絵に描いた餅でしかないと腹をくくっている。むしろ「縮小都市」の現実を見据えて「賢く小さくなる」政策研究を進めるべきだと訴えて久しい（『「縮小都市」の時代』矢作弘／角川書店）。とりわけこのたびのコロナショックを踏まえて、「脱成長・自然共生社会」へのパラダイム変革を訴える声は強まっている。

　教会もこうした流れと無縁であるはずがない。とりわけ少子高齢化、人口流出の激しい地方都市にある教会は、町全体が激しく縮小基調なのだから、教会だけ成長するなどということはあり得ないことを自覚せねばならない。いや教会だけは神の祝福の御手に守られ、世界中を神の国にするまでどこまでも成長してゆくのだと考えて、これまでと同じような在り方を続けようとするなら、教会こそ真っ先にガラパゴス化して取り残され、やがて歴史の中から消えてゆくだろう。

　教会はいかにダウンサイジングを受け入れ、ただ縮小するのでなく「賢い縮小」をすることができるか、そのことが問われているのだと思う。そこでここから、世界の多くの国々が、「小農」の価値と役割に注目し、これまで先進各国によって推し進められてきた大規模化・企業農業化の路線から、「小農が舞台の中央に立つ」農業政策へと大きく舵を切ろうとしていることにヒントを得て、教会のこれからの在り方、賢いダウンサイジングについて考えていきたい。小さいものを整理統合して大きく経営する、そういう道を選ばなかった農の世界の先例に学びたいのである。

国連の「家族農業の10年」と「小農の権利宣言」

　今や世界は、小農こそが今後の地球環境と人間社会を持続可能な方向へと導く鍵となることを認識しつつある。日本では、小農学会共同代表を務め「農民作家」とも呼ばれる山下惣一氏（佐賀県唐津市在住）が「小農救国論」（創森社）を著して「多様性のある家族農業・小規模農家こそが立国、救国の礎である」と既にして訴えている。世界においても、2017年の第72回国連総会は、2019～2028年を「家族農業の10年」と定め、農業の大規模化や効率化、企業経営化を促進する従来の政策から小規模な家族農業を重視する政策に大きく舵を切った。また翌2018年の国連総会では、「小農と農村で働く人々に関する権利国連宣言」（略称「小農の権利宣言」）を採択し、国連加盟各国に対して「小規模家族農業が舞台の中央に立つ」政策への転換を求めている。その政策転換のベースにあるのは「SDGs（持続可能な開発目標）」である。世界が持続可能性を失いかけ、このまま行けば滅びしかないような状況に立ち至っていることを認め、滅びを回避するためにはどのような政策的、思想的転換が必要か、あらゆる分野に於いて模索が始まっている。その模索の大きな一つが「小農が舞台の中央に立つ」政策への転換であった。これらの動きの背景と、これらによって目指されていることを理解することが、教会の持続可能な将来像を考える助けになると思われるので、少し遠回りだが論じてみたい。

　現在、世界に5億7千万存在する農場のうち5億以上が家族農家（小農）であり、世界の食糧の70%以上を生産している。教会に目を転ずれば、例えば九州教区の場合、127教会・伝道所のうち、礼拝出席が年間平均で50人未満の中・小規模教会が全体の92%を占め、この中小規模の教会で礼拝を守る人は、礼拝出席者総数の74%である。小農が世界の食糧生産の70%以上を生産し、中小規模の教会の礼拝者が礼拝者総数の74%であるという符合は興味深い。小農が弱体化し潰れていくことが世界に深刻な食糧危機をもたらすのと同様、中小規模教会が疲弊し潰れていくことは教団全体に大打撃を及ぼすという、当然と言えば当然のことをはっきりと認識できるだろう。

　しかし、世界の国々における近代の農業政策は、特に1980年代以降急速に、小規模な家族農業を淘汰して、農地を集約し大規模化・企業農業化したメガ・ギガファームの形成を支援する方向で進められてきた。

結果、自国の小農の離農や農村共同体の崩壊、農村部の過疎化を招くに至っている。最近の統計（農林水産省が発表した2020「農林業センサス」）によれば、「基幹的農業従事者」は136万人で5年前と比べて22.5％39万6千人減少した。65歳以上が占める割合は69.8％、5年で4.9％上昇したという。恐ろしい減少率と高齢化率だが、ここでもわれわれの教会の同比率との符合を感じてしまう。この危機的な状況に対して、国連は従来の小農を整理統合して大規模化・企業農業化する方向ではなく、小農をこそ大事にする方向へと政策転換するように呼びかけるのである。

　ことは日本の農業人口や高齢化率の問題に留まらない。多くの発展途上国においては、かつて家族農業によって農民自身が食料を自給しつつ、地域のニーズに沿った作物を扱って地域の食糧自給率をほぼ100％まかなっていた。ところが多国籍企業が農地を買い占め、森林や荒れ地を開発して大農場を作り、人々は大規模農場の従業員、小作農民として単一作物の生産に従事し、家族や地域に必要な食料は輸入品を購入せざるを得なくなった。そして国際的な価格高騰などの影響を受けて飢餓や栄養不足に追い詰められる事態を招くに至った。

小農の出エジプト

　この小作農民の悲劇から、イエスの譬え話を思い出す。マルコ12章1節以下、いわゆる「ぶどう園と農夫の譬え」である。「ある人がぶどう園を作り、垣を巡らし、絞り場を掘り、見張りのやぐらを建て、これを農夫たちに貸して旅に出た」。物語はイエスの時代におけるユダヤの大土地所有者と小作農たちの現実を描いている。イエスが批判した神殿支配層は、神殿税を払うことができない没落農民たちに対する債権者となり、没落農民たちはその債務として先祖伝来の土地を差し出し、自分の体を農奴（小作農）として差し出し、多くの人々が自営農民から小作農民への転落という道を辿った。没落農民の土地はかき集められて大農場として生まれ変わる。そこで働く小作農民たちは、自分たちの食べる作物ではなく、市場に商品として流通していく作物を大量生産するように命じられた。ぶどう園というのがその代表であった。小作農民たちは、一年中汗水垂らして働いて、ようやく収穫期を迎えたかと思うと、農場主の執事がやってきて賃金と引き換えにごっそりと収穫物を持ち去って

しまう。しかもその賃金も家族を満足に養いうる額ではないとすれば、小作農民が反抗して農場主の執事や跡取り息子を袋だたきにするということも起こりうるだろう。しかし譬え話は、農場主がその反抗的な農民を粛正して他の労働者を雇い入れるであろうと結ばれる。

　教会は長らく、この譬え話を大農場経営者の立場に立って理解してきた。反抗的な小作農民とはユダヤ人のことで、神はこのユダヤ人を粛正して、農場を「ほかの人たち＝キリスト者」に受け継がせたのだと。もちろんそのような解釈もあり得るだろう。譬え話は、聴く者にその解釈が委ねられているのだから。しかしわたしは、本来イエスが語った譬え話は、哀れな没落農民たちから搾り取る大農場経営者（神殿貴族）の横暴を問い、悔い改めを迫るお話だったのではないかと理解している。そのことはトマス福音書の並行記事などからも推測されるが、これ以上は聖書学の議論すべきことなので差し控えよう。

　ともかくイエスは当時の大農場経営者と小作農民の軋轢を譬え話の中に描き、教会は長らく大農場経営者の側に立って、そちらを正当化する視点でこれを読んできたのだった。しかしその教会の従来の姿勢は、いまや世界の新しい潮流となりつつある「家族農業の再評価」や「小農の権利宣言」によって問い直されるべきだろう。

　1980年代以降の急速な農場の大規模化・企業農業化は、小農を圧迫し、食糧の安全保障を不安定化するばかりでなく、化学肥料や農薬、大型農業機械の集中的な投下による土地や水、生物多様性などの自然資源の劣化を招いてきた。成長ホルモン、残留除草剤、収穫後農薬（ポストハーベスト）の大量使用は、農場で働く労働者だけでなく消費者にも健康被害を与え、その莫大な環境負荷は生態系破壊の一大要因となっている。さらには遺伝子組み換えやゲノム編集技術が、農業の工業化、大規模化に拍車をかけ、大企業による種子の支配をもたらした。もう一つ言えば新たなウイルスの出現もまた、農業の工業化や大規模化に起因するものと見なし得る。

　そのような中、2018年から19年にかけて国連が相次いで、農業の大規模化に警鐘を鳴らし、家族農業こそ飢餓や貧困をなくし環境と生物多様性を保全する上で重要な役割を果たすのだと強調し、小農の権利を保全することが世界の持続可能性を向上させる力になると認めたのは、現代社会の大きなパラダイムシフトだと言えるだろう。

　言い方を変えればこれは、「小農の出エジプト」である。農業の大規

模化企業化を推し進めた結果、農民に奴隷的労働が強いられ、生態系の破壊、森林の破壊、砂漠化が進み、バッタの異常発生や異常気象による食糧危機と価格高騰が起こり、飢餓や栄養失調が広がり、おまけに新型コロナのような疫病が発生するという事態は、まさに出エジプトの物語でエジプトに下された数々の禍を思い出させる。そのような禍を経て、奴隷の国エジプトから解放された人々は、神の導きによって乳と蜜の流れる約束の地を目指すのだった。

　残念ながらユダヤ人の歴史においては、エジプトからの解放後、彼らが理想的な土地で解放の主の御心にかなう社会を築けたかと言えば、決してそうでない。むしろ、やがてイエスが譬え話で指摘せねばならなかったような大土地所有者と小作農の軋轢を抱えるようになっていく。しかもイエスの教えを受け継ぎ担うはずのキリスト教会も、前述のように大土地所有者の側に立って譬え話を理解し、反抗的な小作農を戒める教えを共有してきたのではないか。

小農が、そして小規模教会が舞台の中央に

　さて国際社会は小農の出エジプトへと大きく舵を切ろうとしているが、小農が本来地域や生態系の中で果たしてきた重要な役割、世界の持続可能性のためにそれを取り戻すことが期待されている役割について確認しておきたい。それは小規模教会の重要性の再確認とその持続可能性の向上に役立つと思えるからである。

　小農は、地域共同体との関わり合いと助け合いの中で生きてきた。水路を共有して維持し、農道の草刈りを分担し、農繁期には互いに加勢し合い、農閑期には歌や踊りなどの芸能を共にして農村文化を育んできた。時には失業者の受け皿になるなど、社会的セーフティネットとしての機能も果たしてきた。そして小農は基本的に「百姓」である。「百姓」とはかつては「百の姓（職業・技術）」つまりあらゆる職業者を含む一般庶民の意味であったが、現代においては、モノカルチャー（単一栽培）化を避けて多様な農作物を栽培したり、さまざまな農にかかわる仕事を横断的総合的に行うことに誇りをもって「百姓」を名乗るようになってきた。つまり「百の物事に通ずるから百姓」だと。実際、わたしの知る百姓たちの多くは、さまざまな作物を生産するだけでなく、鶏を飼い、蜜蜂を飼い、山菜を採り、イノシシを捕ってさばき、縄をない、木炭や

籾殻燻炭を焼き、木酢液を作り、そうやってあらゆる仕事をなし、百姓同士で道具も労働力も融通しあって、地域共同体を維持し、生態系を維持し、地域にひと・もの・かねの循環を作りだしている。そういった小農＝百姓の果たしてきた機能を取り戻し、離農者を引き留め、新規就農者を、しかも百姓としての気概を持った新規就農者を喚起していくことこそが、人間社会をもう少しましな方向に導き、ひいては地球の持続可能性を高めることになるのだと、今世界は、国連は、認識し始めたのである。

　ただし残念なことに日本ではそういった認識がほとんど進んでいない。それは企業的大規模農業を推し進めてきたアメリカが「小農の権利宣言」に反対したのに追随して、日本政府は国連においてその議決を棄権し、国内的にも国連の動向を伝えることを怠ってきたからである。

　さて遠回りしたが、本論考の目的は、世界や日本の農業政策の動向を扱うことではもちろんない。小農の復権と復興が、疲弊し過疎化の一途をたどる農漁村地域や地方都市を生き返らせ、それによって間接的に地方教会の教勢が回復するかもしれないというような受動的な可能性について論ずることでもない。ここで提起したいのは、教会自身、とりわけ地方の小規模教会自身が、小農＝百姓の生き方や在り方、その機能に学ぶべきではないかということである。「大規模企業型農業」より地産地消型の「小規模家族農業」つまり「小農」を再評価する動きが強まっている世界の動向にならって、拡大信仰を捨てダウンサイジングしながらも持続可能な道を選び取っていくことの重要性を提起したいのだ。

　教会はもう随分前から、教師の生活のため、また地域貢献のため、あるいは広い意味での福音宣教のために幼稚園や保育園などの付帯事業を行ってきた。これからはさらに、モノカルチャー化を避け、そこに連なる教師や信徒や関係者のタラントを活かしながら、地域で求められ、地域を活性化するような、しかもできればそれが聖書的にも意味のあるような事業を、本来の伝道牧会の働きと並行して行うことがますます必要になっていくだろう。あるいはそうしなければ教会そのものを持続させていくことが困難になってくるだろう。

　ではどんなことが具体的に考えられるのか。「あぐろげいとーん」の第5号で書いた「小商いのすすめ」や、第7号「持続可能（サスティナブル）な教会を」で紹介した「半農半X」や「月3万円ビジネス」などがそのヒントである。「月3万円ビジネス」には「7つのお約束」

がある。「①いいことしかしない　②奪い合わないで分かち合う　③支出を減らす　④ノーリスク　⑤（月に）二日しかかけない　⑥みんなで生み出す　⑦インターネットでは売らない」。とりわけ最初の「いいことしかしない」という約束、その仕事が地球にとって、人間社会にとって、地域にとっていいことであると思われることしかしないという約束は教会の行う事業においても非常に重要である。＃7の「インターネットでは売らない」はこの時代案外難しいことだが、要は地産地消、地域の人のつながりをこそ大事にするということで、これも教会のわざとして大事な点であろう。

　教会が副業を持つことは革細工職人として働きながら伝道したパウロの歩みにも通じる。何故革細工職人だったのかについては、『天幕づくりパウロ　その伝道の社会的考察』（R・F・ホック　日本基督教団出版局 1990）などでもさまざまに議論されることだが、ここではこれ以上触れない。しかしパウロの副業が革細工だったのも、きっと理由があってのことなのだ。そしてその理由には先の七つの約束が結構当てはまっていたのではないかと思うのである。

　ともかく、教会のなす、あるいは牧師のなす副業が「福業」として福音を指し示し、地域のさまざまな人々とのつながりを得て、つながりの中で教会がさらに用いられるようになるなら、教会の本来の働きである伝道・宣教も、豊かな広がりや深まりを与えられていくのではないだろうか。

第3章　福業のすすめ

　筆者は、持続可能な教会の在り方を模索し提案しようとするなかで、さまざまな福業を試みてきた。単に教師の生活を維持する目的であれば、割のいいアルバイトで稼げばいいのだろう。しかしそれは副業ではあっても福業ではない。教会の地域における存在価値を高め、教会と地域の面白い人たちとのつながりを作りだすことで教会の関係人口を増やし、神の創造の豊かさを共に味わい、おまけに経済的な恩恵も受け得るような福業が何かないだろうかと、わたしはこの30年近い牧師としての生活の中で常に模索してきた。もちろん本業をおろそかにするつもりは全くなく、そこは人一倍努力した上での話である。

　現在、わたしの名刺の裏面には、「佐世保教会裏庭木工所」と「佐世

保教会裏庭養蜂所」のロゴマークが印刷されている。表の面はもちろん佐世保教会牧師である。木工についてはもう20年来かなり本格的に取り組んできた。イエスは大工だったというし、教会の建物や備品の修理、製作にも重宝され、CSの子どもたちにあれこれ作ってやれば喜ばれるので、牧師の趣味やその延長の福業としては適した業種の一つではあると思う。ただしこれには年季が必要だし、道具をそろえ作業場所を確保するのは案外難しい。名刺には印刷していないが、「佐世保教会裏庭搾油所」も営んでいる。イエスが祈りの場所とした「ゲツセマネ」とは「油搾り」の意味だというのも油搾りを試みた理由の一つだった。使用する道具は、『月3万円ビジネス　100の実例』にも紹介されているオランダのPITEBA社製の手動搾油機。もともと発展途上国の農民の自立支援のため、安価で場所を取らず、壊れにくく、メンテナンスが容易で、効率的にオイルが搾れるといったコンセプトで開発されたものである。貧農の自立支援のためにというコンセプトがいいではないか、と思い1万数千円で購入した。長崎は椿油の産地で、至る所にヤブ椿の原生林があったりして、自由に種を拾うことができる。椿油の他、クルミ油、エゴマ油などをこれまで生産してみた。趣味としてはとても面白く、できた油は木工製品用のワックスとしても重宝するので個人的にはお気に入りの福業だが、経済的にはさほど大きな利益をもたらさない。

　そこで是非紹介したいのは「佐世保教会裏庭養蜂所」が手がけている日本蜜蜂の養蜂である。養蜂は聖書や教会との関わりにおいても長い歴史があり、そのあたりのことから論じてみたい。

聖書における「蜂蜜」

　旧約聖書に「デバーシュ／蜂蜜、蜂の巣」の語は、53回見出される。その多くは「乳と蜜の流れる土地」という表現においてである。その言葉にも表れているとおり、蜂蜜は神の恵みの豊かさを象徴する産物のひとつである。蜜蜂がいれば草花や果樹は受粉を助けられ、豊かな実りをもたらす。草花が栄えれば蜜蜂はさらに蜜源を得て蜂蜜を蓄え、家畜は豊かな牧草を得て乳を出す。蜜蜂はそうやって生態系の豊かな循環を支えている。イザヤの告げるインマヌエル預言の中にも「デバーシュ／蜂蜜」が登場する。「見よ、おとめが身ごもって、男の子を産み、その名をインマヌエルと呼ぶ。災いを退け、幸いを選ぶことを知るようにな

るまで、彼は凝乳と蜂蜜を食べ物とする（イザヤ書7:14〜15）」。この言葉のとおりイエスが蜂蜜を食べ物としたかについては、あとで論じよう。この他、旧約には「ノフェト／蜂の巣」の語が、5回登場する。いずれも新共同訳では「蜂の巣の滴り」と訳され、甘美なもの、魅惑的なもののたとえとして語られる。「主の裁きは（中略）金にまさり、多くの純金にまさって望ましく、蜜よりも、蜂の巣の滴りよりも甘い」（詩編19：10〜11）。

　新約になると、蜂蜜の出番はぐっと少なくなる。「メリ／蜂蜜」は新約に4回、うち2回はバプテスマのヨハネが「いなごと野蜜を食べ物としていた」というくだりで、残る2回はヨハネの黙示録に甘美な物の譬えとして用いられるのみである。しかし興味深いのは、ルカによる福音書24：42である。復活のイエスが天に上げられる直前の出来事。イエスは弟子たちに顕れて「ここに何か食べ物はあるか」と言い、弟子たちが焼いた魚を差し出すとそれを召し上がったという。しかし「ネストレ・アラント　ギリシア語新約聖書」の註を見ると、決して無視できない数の写本に、「焼いた魚一切れと蜜蜂の巣を差し出すと」という異読があることが示されている。もちろん主要な大文字写本が「蜜蜂の巣」を含んでいないので、そちらのテキストがオリジナルであることに疑いはないが、大文字写本のK、N、Γ、Δ、Ψ、小文字写本に至ってはかなりの数の写本が、さらにはビザンチン教会の聖書日課、2世紀の古ラテン語伝承、4〜5世紀のシリア語訳、3〜5世紀のコプト語ボハイル方言訳、また教父の引用ではエルサレムのキュリロス（386年没）、コンスタンティノポリスのエピファニオス（403年没）などが「蜜蜂の巣」を支持していることは決して侮れない。つまり3〜5世紀に於いては、復活のイエスが地上で最後に召し上がった食物は蜂蜜であるという写本及び伝承が一定の力を持っていたことが「ネストレ・アラント」の註からだけでも伺い知れるのである。

　おそらくは蜂蜜の恵み深さを知り、イエス（あるいはヨハネ）と蜂蜜との関わりの深さを知る者たちは、復活のイエスが天に上げられる直前、地上で最後に召し上がった食品として蜂蜜を是が非でも書き加えたかったのだろう。

教会と養蜂

　シュトゥットガルト・アヴェマリア教会の天井彫刻には、アンブロジウス（340〜397）像の隣に蜂の巣箱を頭上に持つ天使が描かれている。「アンブロジウスがまだ幼児の頃、彼が口を開けて眠っていると数匹の蜂が彼の舌の上に止まり、彼を刺す代わりに蜂蜜を垂らした」とは彼の秘書パウリヌスの記録である。アンブロジウスが名説教家となったのはこの蜂蜜の奇跡によるものと言われた。古代教会と蜜蜂の関係を偲ばせる逸話である。

　その後、中世を経て現代に至るまで、農村地方の教会や修道院では盛んに養蜂が行われてきた。神の恵みとしての蜂蜜を採取して販売し、教会や修道院の運営に用いるのであるが、最もありがたい恩恵は蜂蜜の搾りかすから作られる蜜蝋であった。

　一般的な蝋燭は石油由来のパラフィンから作られ、燃やすと必ず黒い煤が出る。しかし蜜蝋から作られた蝋燭はその燃焼効率の高さから煤がほとんど出ないため、聖堂の高い天井やステンドグラスを汚す心配がなく、教会では重宝された。また聖堂に灯される蜜蝋の蝋燭が醸し出す優しい光はライトセラピーとしての効果もあり、礼拝者を癒してきた。

　2019年、パリのノートルダム大聖堂が大規模火災で甚大な被害を被ったのは記憶に新しいが、屋上の片隅に置かれていたミツバチの巣箱が奇跡的に焼失を免れたニュースは案外知られていない。あれほどの大火災だったにもかかわらず巣箱が無事だったこと、そして鎮火の数日後からミツバチたちが蜜集めの活動を再開したことも驚きだが、そもそもパリの真ん中の歴史ある大聖堂で養蜂が行われていた事実こそ驚きであり、教会と養蜂の深く古い結びつきを思わせることであった。ちなみに日本でも大分のトラピスト修道院が最近日本蜜蜂の養蜂を手がけはじめ、ふるさと納税の返礼品にも採用されているようである。

写真説明
https://www.satofull.jp/products/detail.php?product_id=1087847

佐世保教会裏庭養蜂所

　わたしは2012年春から、佐世保教会の裏庭（牧師館の庭）で一群の
日本蜜蜂を飼い始めた。以来8年、一群の時もあれば三、四群のときも
あるが継続して飼育している。蜂飼いの先輩が最初は手取り足取り教え
てくださり、病気で蜂が死に絶えたときには新しい群れを譲ってくれた
りして、続けてくることができた。日本蜜蜂は日本の在来種で、農薬や
環境悪化の影響で減少しているとはいえ、まだまだそこら中の野山に多
く生息している。春になると群に新しい女王が生まれ、数千匹の働き蜂
を引き連れて巣別れをする。その分蜂群を捕まえて新しい巣箱の中に導
入すれば、群れを増やすことができる。佐世保教会はJR佐世保駅すぐ
傍の市街地にあり、近隣に野山があるわけではないが、日本蜜蜂は半径
1キロの範囲であれば、飛び回って街路樹や庭の花壇、家庭菜園や空き
地の雑草まで、どこでも花を見つけて蜜と花粉を集めてくる。最近は東
京の銀座でもビルの屋上で日本蜜蜂を飼ったりしているようだから、周
辺に蜜源植物が多いに越したことはないが、町中でも心配することはな
い。西洋蜜蜂は野生では生きていくことのできない「家畜」なので、レ
ンゲ畑やイチゴのハウスなど、花のある場所に巣箱を持って行って蜜を
集めさせる必要があるが、在来種の日本蜜蜂は放っておいても自分たち
でどこからともなく色々な花の蜜を集めてくれるのである。一般に日本
蜜蜂の蜜は「百花蜜」と表記されて販売されている。百の花のブレンド
蜜なので、本当に芳醇な香り高い蜜になる。一度日本蜜蜂の蜂蜜を食べ
ると、もう市販の西洋蜜蜂の蜂蜜が味気なくなるほどである。
　味もよく量も希少なので、日本蜜蜂の蜜は市場価格が高い。一般には
100g千円から2千円で売られている。一群で順調なら1年間に5、6
キロ、多いと10キロ以上の蜜が採れるので、蜜だけで一群5〜10万
円くらいの利益も可能となる。しかしあまりたくさん蜜を採ると、蜂の
食料が足りなくなって冬を越せないので欲張らないのが大事である。佐
世保教会では100g千円で教会員や関係者に販売しているが、毎年足り
なくなり、翌年まで待つ人もいる。
　蜂蜜だけでなく、蜜蝋も高価で売買される。蜂の巣の搾りかすを煮溶
かして漉した液の上澄みが固まるとオレンジ色の蜜蝋になる。こちらも
100g千円から2千円が相場となる。キャンドルの他にもさまざまな用
途で用いることができ、ハンドクリームやリップクリームなどのコスメ、

木工製品や皮革製品用のワックス、最近はマイクロプラスチックゴミ対策で蜜蝋ラップ（コットン生地に蜜蝋ワックス等を染ませたもの）の用途でも重宝されている。

　決して莫大な利益が上がるわけではない。しかし地域の自然を愛する面白い人たちとの出会いやつながりができ、教会に集う子どもたちにもよい教材となり、何より毎日甲斐甲斐しく働く蜂たちの様子を見ていると、よし今日もがんばるぞという気持ちにさせてくれる。そしてもう少し視野を広げれば、蜜蜂は地域の生態系を豊かに保ち、農作物の受粉を助ける生き物だから、一定の地域貢献にもつながりうる。教会を中心に乳と蜜の流れる土地が広がるなら（さすがに乳はなかなか難しいが）、それもまた福音伝道の一つと言えるだろう。そんなわけで、ヨーロッパでは古くから教会や修道院の業として行われてきた伝統もある養蜂は、日本においても教会の福業として広く用いうるのではないかと思っている。そして、もう少し修行を積んで技術を体得したら、希望する教会にノウハウをお分かちし、福業の輪を広げていきたいとも考えている。

　これはあくまでわたしの試行錯誤と実践に基づく一例に過ぎない。そしてこのような福業を過度に求めることは、地方の小規模教会に対して支援に期待せず自ら働く「自助」を促しているかのような誤解も与えかねない。そうではなく、それ自体が喜ばしいおとずれであるような「福業」を楽しみつつ行うことで、ヒトやモノの循環を生みだし、結果として牧師の生活や教会の運営にも一定の恵みをもたらすようなことを、この例に限らず模索してはどうかと提案しているのである。

第4章　まとめ〜コロナ後の世界を見据えながら

　2020年、世界を襲った新型コロナウイルス（COVID-19）は、世界中の人々に大きな生活の変容、業態変化を余儀なくさせている。教会も例外ではない。移動が制限され、大人数の集まりや会食も難しくなる中、大都市の大教会であるほど、これまで通りの活動が困難になった。一方、地方の小規模教会においては、さほど影響を受けず、ほぼこれまで通りの活動が続いている。先述の農民作家・山下惣一氏は「都会の快適な環境はウイルスにも最適環境だった」「過疎こそが最大の感染症予防」だと言い、この間御自身は唐津の農場で季節ごとの多様な農作業に例年と変わらず従事し、「何の不自由もいささかの痛痒も感じなかった」という。

　文明社会と感染症の関わり合いの歴史を研究する長崎大学熱帯医療研究所の山本太郎教授は、新しい感染症が頻発するようになった背景に成長一辺倒の市場主義が引き起こした生態系の破壊や地球温暖化を指摘し、「環境に配慮した持続可能な開発目標（SDGs）を考えて発展をする必要がある」と語っている。

　あるいはさらに、「人新世の『資本論』」（斎藤幸平／集英社）は、世界が今後持続するためにはSDGsの掲げる目標の達成では全く追いつかないという。経済成長を続けながら環境破壊を食い止め、もうすぐそこまで来ている地球の破滅を回避することはもはや不可能で、「脱成長」こそが唯一世界を持続可能にするであるとの主張は実に示唆的である。斎藤は、最晩年のマルクスの『資本論』未収録文献からマルクスを再解釈し、「脱成長コミュニズム」（平等で持続可能な脱成長型経済）というマルクスの知られざる到達点を鮮やかに描き出している。その論考は、教会にとっても大いに参考にすべきもので、持続可能性という観点から聖書を再解釈し、「脱成長教会論」というべきものを紡ぎ出す必要さえ感じる。

　ともかくコロナ後の教会は、自らの持続可能性を模索するだけでなく、世界の持続可能性をも視野に入れて、今後のあり方を考えていかねばならない。

　2012年のことだからもう一昔前になるが、教団常議員会のもとに設置された伝道方策検討委員会が9項目からなる「基本提言」を発表した。そしてそれ以降、教団はこの基本提言に沿って「伝道推進室」を設置し、「伝道資金」制度を発足させるなどの施策を進めてきた。しかしそこから間もなく10年が経過しようし、その間世界では2015年以降SDGsが盛んに叫ばれるようになり、そして2020年には未曾有のコロナ禍を経験して、現代社会の人間のあらゆる営みや様態を根本から見直す必要を迫られるに至った。このような状況にあって、なお教団が10年前の「基本提言」の路線に固執するのは愚かなことであり、早急の見直しが必要と思われる。機構改正の取り組みも進められてはいるが、多くは事務局の経営的困難を打開するための組織スリム化の域を脱しておらず、もちろんそれは必要なこととして行った上で、もっと根本的な見直しが図られねばなるまい。

　そこで特に見直しを求めたいのは、「中核教会への人事や資金の集中」という発想である。ますます運営の厳しくなってくる地方の中・小規模

教会をこれ以上支え維持していくことは非効率的だとして、むしろ統廃合止むなしと考えたり、これからは中核となる教会に集中して肩入れすることをこの「提言」は主張する。例えば「基本提言」の9項目の1つに「教師の人事の強化」があるが、そこではこう謳われている。「教団として教勢全体が奮うよう地域の中核教会の活性化を念頭に置いた積極的人事を行う」。「地方の教会では、人口減少、高齢化で先行き厳しい状況にあり、容易には受洗者を生み出すことが出来ない厳しい状況にあります。そんな現状の中で考えられることの一つは、歴史的に、また活動の面で地方の中核を担う教会の働きは一層大切になっているということです。そのことを鑑みて今後、地方の中核を担う教会が受洗者を生み出せるような教師人事が何よりも大切なことと思わされます。教団は、人事の窓口を設けて該当教会、教区との連携を取りつつ牧師の推薦を果たせればと思います。それ故に、教団四役が上記中核教会に対する人事を担当し、中核教会に対する積極的に受洗者を生み出す伝道体制を構築することを目指します」。

　中核教会の人事を教団執行部が掌握し差配するというのも大いに問題であるが、もっと根本には、大きな規模の教会をより活発に安定的にしていこうという方向性こそが問われねばなるまい。もちろんこの論理を提唱する者は、中核教会がより力をつけ活発になることで、その周辺の小さな教会を支える責任を果たし、やがて全体が力を取り戻していくという道筋を考えているようだが、このいわゆる「トリクルダウン」の理論が成功した事例をわたしは少なくともキリスト教界においては寡聞にして知らないし、今後も起こり得ないだろう。この国の経済界においても富める者の利益は内部留保されるかさらなる富を生み出すための投資に回され、貧しき者に滴り落ちることがないのと同じように。むしろ中核教会に人事や資金を集中するという発想は、一極集中、末端の切り捨てと疲弊をもたらす。この国の農政においても、経営力のある生産者がより大規模に効率的に農業を行うことを奨励し支援してきた結果が何をもたらしたのか、2章で述べたとおりである。そして世界の国々がその反省に立って、いまや世界全体のサスティナビリティという見地から「小農が舞台の中央に立つ」政策を模索し始めたことも述べたとおりである。そうであれば、SDGsが叫ばれる今日、コロナショックを経験し、トリクルダウンの幻想にも気付いた教会が取るべき道は明らかなように思われる。

　すなわち小規模教会こそ、「棚田のような教会」こそが活かされる道である。その際、中規模・大規模の教会も拡大信仰を捨てダウンサイジングしながらも持続可能な道を選び取っていくことが求められるだろう。豊かな人材を与えられている都市部の教会は、志のある若者を地方教会へ派遣するのもいいだろう。リモートワークの体制整備によって、現在の仕事を続けながら地方に居住する選択も可能になってきた。通勤時間に割いていた往復の数時間を農作業に当て、創造の豊かさを味わい分かち合いながら生きていくような、そんな選択を教会の若者こそが選択しうるように促すことも、都会の教会の大事な働きになるのではないか。かつては地方の多くの若い人が「上り列車」に乗って故郷を離れ、結果、地方は衰退し、人材も誇りも失っていった。地方教会もまた、前途有望な青年を都会の教会に涙と祈りをもって送り出し、そのほとんどが帰ってくることはなかった。しかし今度は逆の流れを作り出していくのだ。教団においても、まず財政的な面では、伝道資金などの連帯のための財源を可能な限り地方の小規模教会存続のために割いていくことを求めたい。また人事の面でも、より有能な人材が都会の大教会に上りつめていくような「すごろく方式」を廃し、経験豊富なベテランの牧師を、あるいは柔軟性とバイタリティのある有望な青年牧師を小規模教会に赴かせるような大胆な方向転換があっていいはずである。

　そして何よりも地方の中・小規模の教会においては、これからもなおしばらくの間は少子高齢化や過疎化による人口減少には歯止めがかからず、教会はさらなるダウンサイジングを余儀なくされるだろう。教団教区の互助的な資金にもそれほど多くを期待できまい。しかしそのことを受け入れつつも、3章で示したような福業を楽しみつつ、地域と共に生き、創造の豊かさを味わい分かち合い、世に証していくような存在として、持続可能な世界のモデルとなるようなあり方や生き方を共有する拠点として存続し続けていくことを期待したい。

　最後に、「あぐろげいとーん」で訴えたことを繰り返して終わりにしたい。

　棚田が失われてはならないように、「棚田のような教会」も失われてはならない。困難な場所で、しかしその場所を愛して、先人が苦労に苦労を重ねて築いてきた棚田のような教会。地域の環境に寄与し、地域に生物多様性をもたらす棚田のような教会。少量だけど美味しいお米を実らせる棚田のような教会。それを失ってはならない。それを保ち、その

　豊かさ、おいしさを分かち合うのが教区・教団の、それに連なる皆さんの大事な務めだと思うのだ。

ふかさわしょう／佐世保教会牧師

参考文献
・『里山資本主義　日本経済は「安心の原理」で動く』藻谷 浩介、NHK 広島取材班　角川書店　2013 年
・『法隆寺を支えた木』西岡常一　　NHK ブックス　1978 年
・『地方消滅　東京一極集中が招く人口急減』増田寛也　中公新書　2014 年
・『地方消滅の罠「増田レポート」と人口減少社会の正体』山下祐介　ちくま新書　2014 年
・『地方の誇り〜文化逆流の時代』辻村明　中公新書　1984 年
・『小商いのすすめ〜「経済成長」から「縮小均衡」の時代へ』平川克美　ミシマ社　2012 年、『あわいの力「心の時代」の次を生きる』安田登　ミシマ社　2014 年
・『半農半 X という生き方【決定版】』塩見直紀　ちくま文庫　2014 年
・『月 3 万円ビジネス　非電化・ローカル化、分かち合いで愉しく稼ぐ方法』藤村靖之　晶文社　2011 年
・『月 3 万円ビジネス　100 の実例』藤村靖之　晶文社　2015 年
・『里海資本論　日本社会は「共生の原理」で動く』井上 恭介、NHK「里海」取材班　角川新書　2015 年
・『下り坂をそろそろと下る』平田オリザ　講談社　2016 年
・『「縮小都市」の時代』矢作弘　角川書店　2009 年
・『小農救国論』山下惣一　創森社　2014 年
・『国連家族農業 10 年　コロナで深まる食と農の危機を乗り越える』農民運動全国連合会・編著　かもがわ出版　2020 年
・『よくわかる　国連「家族農業の 10 年」と「小農の権利宣言」』小規模・家族農業ネットワーク・ジャパン編　農文協　2019 年
・『だれでも飼える日本ミツバチ』藤原誠太　農文協　2010 年
・『人新世の「資本論」』斎藤幸平　集英社　2020 年

3. 日本人の宗教性とキリスト教

保科　隆

はじめに

　日本人の宗教性とキリスト教について考えるに際して日本基督教団の38総会期常議員会に提出された改訂宣教基礎理論、第2次草案の一部を引用します。

　Ⅳ　宣教の対象　2、異教国日本に生きる同胞たち
①日本人の宗教心の根底には、広くアニミズムや祖先崇拝があると言われます。また、神社は日本人の生活のさまざまな局面に影響を与えています。他方、多くの日本人が漠然と「自分は仏教徒だ」と考えているほど、仏教は日本人の救済観、死生観、美意識の根底を支配しています。おそらく、これらの伝統的宗教に対して教会は真正面からその固有のメッセージ、特に超越的な神が一人一人を無限に愛しておられることと永遠の生命（神の国）の希望があることとを語り続けるより他にないでありましょう。
　　—————————
④福音とすでに存在している日本宗教や日本文化との関係性は、「土着化」の問題として論じられてきました。しかし、この土着化の問題は、日本人の古くからある宗教心に福音を同化させるという発想法によっては、解決は得られません。なぜなら、この方法は結局、日本人の古くからある宗教心に聖書の福音を上乗せし、それによって福音を変質させるだけだからです。結局、日本人のキリスト教への回心の問題も、土着化の問題も、福音を聴き、心の底からキリストの方へと向くようになることによってしか、解決されないと考えます。そのためには、教会が罪の赦しの福音を純粋に説くことが大切です。

　教団として常議員会に提出した後、議案として教団総会に提出されず

現在は総幹事預かりの状態になっている改訂宣教基礎理論の第 2 次草案（以下、草案）のⅣ、宣教の対象から①と④を引用しました。ここでは宣教の対象としての日本は異教国と理解されています。具体的には①で日本人は根底にアニミズムや祖先崇拝を持っていると指摘されます。さらに自分は漠然と仏教徒と考えているから日本人は異教徒ということになるのです。結論として伝道はキリスト教固有のメッセージを粘り強く漠然と仏教徒と考えている日本人に語り続けるしかないとなります。④では福音の土着化の問題の危険性が指摘されます。日本人の古くからある宗教心の上に聖書の福音を上乗せするような土着化論は福音の変質をもたらすに過ぎないから、結論としては①と同じであって日本人が心の底からキリストへと向きを変えるようになるために教会固有の罪の救しの福音を純粋に語ることが求められると言われます。しかし、そのような結論で「異教国日本に生きる同胞たち」という時の同胞の理解がどれだけ深まるのでしょうか。

　かなり以前に草案が私の仕えていた教会に送られてきて、これを読んだときに宣教の対象としての日本を異教国と捉えていることに問題を感じました。日本は異教国といえば異教国です。しかしその場合の異教とはどのような異教なのでしょうか。ただ外から眺めて異教とか異教徒と考えるだけで日本の伝道を展開できるかと疑問を持ちます。また、草案では簡単に日本人の宗教心の根底にはアニミズムや祖先崇拝があると言っていますが、日本人の宗教の中にどのようなアニミズムや祖先崇拝があるのでしょうか。祖先崇拝と氏神と氏子関係の下で成立する神社信仰も考える必要があります。ただアニミズムというなら世界のいたるところに見られます。また日本人が自分を漠然と仏教徒と思っていることや、日本人に古くからある宗教心はどのようなものかを分析し明らかにすることも大切です。その宗教心は変えられるものなのでしょうか。それとも変えられないものなのでしょうか。その問いは、今もこれからも問い続けることが求められています。神学的には弁証学を踏まえた問いとなるべきものです。草案は「改訂にあたって」のところで「宣教についてのもっとも本質的な理論のみに自己限定した」と述べていますが、宣教理論であっても指摘したような異なった立場と対話する弁証学的な切り口が弱いことは否めないと思われます。日本人の宗教性を考えつつ弁証学的な視点を持ちたいと願いながら伝道してきた牧師の一人との自

己認識を持っています。地方伝道の現場で考えた実際的な問題について
草案を読んだうえでいくつかの問いを立てながら日本人の宗教性とキリ
スト教の問題を考えたいものです。

I．石原謙の対談集『キリスト教と日本』

　日本人の宗教性とキリスト教について考えるときに思い出すのは教会
史家の石原謙と松村克己、中川秀恭の 3 人の対談集『キリスト教と日本』
です。回顧と展望、と副題がついていますが、日本の教会史を踏まえた
うえでの対談です。日本人の宗教性とキリスト教の関係について考える
ときに読む価値のあるものです。

　3 人の対談の中で石原が弁証学の営みは長い間、日本の教会の中にな
いと言いつつ、それに類するものがないか、と問いかけているのに対し
て、松村克己は、「私はやはりないと思いますね。それはなぜかと言い
ますと、自分の立場を動かさずにおいて、そして他を批判する、という
ような意味でのアポロゲーティクはアポロゲーティクにならないと思う
のです。やはり違う立場の人の意見をよく聞いて、自分でもう一遍考え
てみて、自分の立場そのものがどういうものであるかという自覚から出
てこないとアポロゲーティクというものが、人に響くというものになっ
てこない。そこまでいっていないのではないかと思いますね」[1]と語っ
ています。ここで松村克己の言う「違う立場」は草案で言う「異教国日
本」の異教であり、さらにアニミズムや祖先崇拝の思いを強く持つ日本
人の宗教性と置き換えることができるかもしれません。自分の立場はも
ちろんキリスト教です。ただ、松村克己が対談の中で言うように日本人
の宗教性はキリスト教の固有の福音とはなじまないものであっても、そ
れがどのようなものなのか、またどうしてそのようになっているのかを
考えることが大切です。そうでなければ「違う立場の人の意見をよく聞
いて」になりません。つまり、日本人の宗教性の深い所を何も知らずに
草案が言うようなキリスト教固有のメッセージだけを一方的に説いて
も、弁証学的な深まりは生まれません。そうであれば、松村克己が言う
ように日本人の心に響かないのです。松村克己はさらに語ります。

　　アポロゲーティクというものは今申しましたような個人の魂を作
　りかえた福音に生かされて、家庭の中に、社会の中に、国家の中に

信仰の告白というものを具体的にやっていく中で、学問的な領域でも、そういうことができなくてはならない。
　だからアポロゲーティクというのは単に神学の領域だけではこれはできないので、その人が全体的な人間として、あるいは本当の日本人として生きるのでなければ、アポロゲーティクというものが書けないのではないかと思うのです[2]。

　「本当の日本人として生きるのでなければ」と松村克己は語りますが、本当の意味で日本人キリスト者としてこの国に生きるのでなければ、ということではないでしょうか。そうでなければ弁証学は書けないはその通りです。例えばキリスト教と親鸞の浄土真宗の教えが似ているというようなことでは弁証学は書けないのです。しかし、一方では聖書の語る福音の固有メッセージを大切にして福音を聴くものが分かると分からざるとにかかわらず福音を水増しすることや割り引くことをせず日本人にひたすら語ればよいとの考え方は草案によって示されるだけでなく、多くの牧師たちが共通して考えてきたところです。今までに在任した教会の地域の牧師会での学びの時に「日本の仏教や神道を含む宗教や柳田国男が研究の対象にした民間伝承などを学ぶことも大切ではないのか」と発言したことがあります。すると「そんなものは学ぶ必要はない。牧師が教会に固有の福音を喜んで語っているならば自然と教会に人が多く集まり教会が大きくなっていく。それが一番大切だ。それが伝道するということだ」と語る牧師たちが多かったことを思い出します。草案の立場と同じです。福音だけを純粋に語り続けることが大切というのです。それはそれでよいとしても、次のような考え方はできないでしょうか。いわゆる贖罪論などは草案も指摘しているようにキリスト教固有のメッセージと考えられるかもしれませんが、親鸞の弟子の唯円が書いた『歎異抄』の中に展開される「悪人正機」説と贖罪論を比較した上でその違いを思索してみることは意味のないことでしょうか。そのような思索をすることが日本人の宗教性を考えながらキリスト教弁証学をつくる営みになるのです。親鸞の善人でなく悪人こそが往生するとの考えと比較したうえでキリスト教の贖罪論の立場をもう一度考え直してみることが松村克己の言う弁証学につながります。カトリックの神学者、門脇佳吉編『親鸞とキリスト教』などの書物も出ていますが、まえがきに書かれているように「どんな罪人でも信仰によって救われることを説いてやまな

かったのは、イエス・キリストであり、親鸞だからである。なぜなら、『悪人正機』を説く親鸞の姿、そして、すべての罪人のために十字架にかけられたキリストの姿は、心のすさんだ現代人を感動させずにはおかないからである」[3]との視点から書かれたものです。今、2020年はコロナ禍の中に置かれておりウイルス感染の不安の中にあります。その点で先のことが見通せない現代人を感動させることも大事です。しかし別な視点もあってよいのです。親鸞の言葉と対話しながらキリスト教の贖罪論における罪の意識との違いを考えてみることです。その思索が弁証学をつくるのではないでしょうか。

さて、石原謙、松村克己、中川秀恭の3人の対談は加藤周一の『日本文学史序説』の日本文学の特徴について語ることから始められており、草案が問題にしている「土着化」についても論じられています。この対談の中で加藤周一の着眼点は「土着化」ではなく「日本化」であるとしたうえで石原謙は次のように語ります。

外来の思想に対して取った態度、その時から外来の思想をそのまま素直に受けないで、それを「日本化」しているから、土着したのは外来の思想が日本に来て、日本に植えつけられたのではなくて、「日本化」した。つまり日本が変わったのではなくて、仏教を変えてしまったのだということ。キリスト教に対しても同じことが言えるのではないかと思います[4]。

石原謙の指摘は日本の明治以来のキリスト教は日本化されているとの理解です。キリスト教だけに限らず仏教も日本化されているものと考えられます。江戸時代に多くの学者を輩出した儒教もそうだとの考えもあります。石原謙は日本の明治期のキリスト教は近代化が西欧化という形で結びついていると考えます。「和魂洋才」もその一つの形です。その場合のキリスト教は日本化されていると同時に一種のロマンティシズムに過ぎないものであり、横浜バンドなどの公会主義はロマンティシズムだと言います。だから明治から大正にかけての時代はロマンティシズムのキリスト教にあこがれて感激をそそるものとして福音が説かれることはあったとしても弁証学までには至らなかったと考えています。唯一の例外は植村正久の『真理一斑』であってその後はそれに類するものは書

かれていないと言います。すでに記したように松村克己も同じ立場です。果たしてそうでしょうか。書かれたものとしての弁証学は今日まで残されていないかもしれませんが、牧師たちの幾人かは礼拝の説教の中で弁証学的な問いを持ちながら福音を語ってきたのだと思います。書かれたものとして残されていないからといって日本の教会における弁証学的営みが植村正久の『真理一斑』以後一切なされていないとは言えません。

Ⅱ．草案へのいくつかの問いかけ

　草案を読んで示されるいくつかの問いを記します。一つ目の問いは「仏教は日本人の救済観、死生観、美意識の根底を支配しています」とありますが果たしてそうでしょうか。つまり、日本人の救済観や死生観や美意識を深い所で支配しているのは仏教なのかとの問いです。また日本人が漠然とした仏教徒というならば、どのように漠然としているのでしょうか。弁証学の視点を持つならば仏教について多くの日本人と同じような常識的な理解にとどまることなく、もっとよく仏教を各宗派の宗旨をも含めて知らねばなりません。日本思想史の研究者、阿満利麿は『日本人はなぜ無宗教なのか』の中で日本人の宗教心を分析する点で大切な考えは、「創唱宗教」と「自然宗教」の区別であると記しています。阿満利麿は、「創唱宗教」は特定の人物が特定の教義を唱えてそれを信じる人たちがいる宗教、例えばキリスト教、仏教、イスラム教、そして新興宗教。それに対して「自然宗教」はだれによってはじめられたかも分からない、自然発生的な宗教と考えています。そのうえで「無意識に先祖たちによって受け継がれて今に続いてきた宗教」[5]と記し、さらに、「無宗教」という概念を示して日本人の「無宗教」は「創唱宗教」を否定することでなく自分は「自然宗教」を信奉していますとの態度表明のようなものと受け止めればよいと考えています。

　草案で考えている漠然とした仏教徒は阿満利麿の言葉で言えば「自然宗教」のようになってしまっている仏教の信仰のことです。仏教学者たちが各宗派の宗旨を中心にして学問的に論じ知的に整理し理解した仏教だと考えるならば「創唱宗教」です。それが日本人の救済観や死生観に大きな影響を与えているとは思えません。日本人の宗教性の問題として仏教を取り上げるなら「自然宗教」のようになってしまった仏教です。ある意味で日本化して日本に土着化した仏教とも言えます。さらには広

く庶民大衆に受け入れられてきた神仏習合した仏教です。神仏習合では鎌倉時代初期から現れてくる本地垂迹説に注目する必要があります。仏が神という仮の姿で現れたとする考えです。一つの例は八幡神社に祀られる八幡神に菩薩の名前を付けて八幡大菩薩と呼んでいることなどです。お寺からすると八幡大菩薩で神社からすると八幡菩薩宮というのだそうです。お互いに自分がよいと考える呼び方で呼んでいます。したがってお寺の中に神社が建てられることになりました。神宮寺という寺の出現です。まさに神道を入れ込んで日本化した仏教の姿です。一般に葬式仏教などという言葉も用いられますが、これも誰がはじめたのかもわからないような仏教の日本化されたあり方です。阿満利麿が「創唱宗教」と区別している「自然宗教」のように誰がはじめたのかもわからないような習俗と同化し混交している姿が葬式仏教の中に認められます。葬式の時のお焼香は何回するなどというのは決まりがあるようなないようなものです。浄土真宗本願寺派の『真宗の葬儀』の中では「阿弥陀様へのお敬いの心を現すものだから一回のお焼香でよい」[6]と書かれています。2回するべきとか3回するべきとかの決まりはないようです。

　草案から導かれる問いとして、日本人の心を支配しているのは神仏習合しつつ生き延びてきた寺を中心にした仏教の他に、日本に固有の宗教と考えられる神道はどのようなものかのという問いもあります。日本思想史の研究者の石田一良に『カミと日本文化』があります。そこに記される「神道着せ替え人形説」は神道を考える興味深い見方です。少し紹介します。石田一良は次のように記します。

　　しかし、神道の歴史には他の宗教には見られないものがあるように思われる。仏教や儒教やキリスト教などは、それらの原初的形態から今日の状態へ、他の宗教と思想の影響を受けて、発展してきた過程においては、前代の思想・宗教の影響を保存しつつ、さらに次代の宗教・思想の影響をも受け入れて――それらの影響を積み重ねて――来たように思われる。ところが、神道の展開は、前代の他の宗教・思想をすっかり払拭して、言わば改めて原質の上に新時代の宗教・思想の影響を受け入れるかの如き貌で行われてきた。神道の原質と時代時代の宗教・思想の関係は『着せ替え人形』における人形と衣裳との関係のようなものと喩えられるかもしれない[7]。

　石田一良はその例として「徳川時代に神道は仏教の影響を完全に払拭して儒教を受け入れて儒教神道となり、ついで儒教の影響を払拭して国学の影響を受けて古学神道になり」と書いています。この説に立つと日本のキリスト教も神道という原質を持つ人形が着ている一つの衣装にすぎないものになります。だから石田一良は「神道の神道たる所以は原初的な原質が時代時代に異なる『衣裳』をつけ、または『すがた』をとって、その時代時代に歴史的な働きをするところにあるから、神道の歴史的働きを捉えただけでは、いわば神道の衣裳調べになって神道の原質を見落とす恐れがあろう」[8]。と言っています。それではその変わらないものとしての神道の原質とは何でしょうか。人形としての原質がなぜ変わらないのでしょうか。そのような問いが生まれます。その原質こそが日本人の宗教性の根本をなすものです。

　さらにもう一つの問いは、草案で書かれている「日本人の古くからある宗教心」とは何かです。その点を明らかにしないままで、福音を同化させるとか、聖書の福音を上乗せすると言っても、「のれんに腕押し」です。この点については本論で柳田国男が明らかにした氏神信仰や祖先崇拝、来世観などを通して考えてみたいと思います。また日本最古の書物とされる古事記冒頭の「天地初発」の言葉の問題やそこで語られる神の概念について考えたいのです。

　さらには日本人の宗教心の根底にあるものを草案がいうように、「アニミズムや祖先崇拝」という言葉でかたづけてよいのでしょうか。日本人の宗教におけるアニミズムとは何でしょうか。「動植物その他無生物に至るまで人間と同じようにそれ自身の霊魂をもっており、何らかの意味で生きて作用しているものという考え方である」[9]。

　また日本人の宗教を一言でアニミズムといってもその在り方は多様です。祖先崇拝についてもなぜ祖先が崇拝の対象になるのか、祖先とはだれなのか、など様々な問いが派生します。私は都会で生まれ育ちましたが、長年地方教会で伝道してきました。アニミズムに限らず「日本人の古くからある宗教心」を持っている人々の中で、また自分の中にもそのような考えがあることに気づきながら、それを自覚し聖書の福音に聴き、さらに聴いた言葉を語り、語るだけでなくその言葉を生きるものとなりたいと願いながら歩んできた者です。地方での伝道の経験を踏まえ、また仏教、神道、民俗学など様々な書物と出会いながら日本人の持つ宗教性とは何か、またそこで伝えられるキリスト教の福音とはどのようなも

のであるべきかについて考えてきたことを、ここに記したいと思います。

Ⅲ．民俗学者、柳田国男による日本人の宗教性の考察

1．常民の概念について

　後藤総一郎は、『柳田国男伝』の中に「〈郷土〉へと眼を向けるとき、柳田にとって問題なのは、決して地理地形や気候風土といった生活の外貌ではなく、その上で人びとが繰り広げている具体的な〈生〉のすがたであった。だから、柳田の眼は、たえず〈郷土〉の内側へ、内側へと入り込もうとする。それはまた、郷土人の心の奥の〈郷土〉を凝視めることでもあった」[10]と記しています。

　柳田民俗学には日本人が思い描く郷土を地理地形という外側から観察するだけでなく内側から見る視点があります。また次のようにも後藤総一郎は記します。

> 　柳田は、郷土へと定位し、郷土を内側から捉えることによって、人々の心の奥の〈内なる郷土〉を発見したのだということができる。それは、村落の内部に生きるふつうの農民たち——柳田が〈常民〉と呼んだ人びと——が共に暮らし、生活するなかから作りあげてきた心的な共同体の総体であり、また、人びとをともに包み込み、その〈生〉に具体性と固有性とを与えている共同の力であった。その意味で、個々の常民は、それぞれの〈郷土〉で生きていると同時に、それぞれの＜郷土＞を生きてきたのだということができよう。柳田にとって郷土研究とは、そうした常民たちの〈生〉の体系としての、〈郷土〉の解明を意味していた[11]。

　柳田が村落で生きる普通の農民たち、すなわち柳田が常民と呼んでいる人たちはどのような人たちでしょうか。柳田の郷土研究の対象となる人たちと言ってよいでしょう。柳田と同じく民俗学者の宮本常一に『庶民の発見』があります。庶民は次のように記されます。

> 　まず、明治時代以前において文字を解するものは極めて少なかった。今日の歴史学は多く書かれたものを対象としているけれども、

　　江戸時代末期三〇〇〇万の大衆のうち、文字を解するものは一〇分
　　の一にも達していなかったと推定せられる。今日、村々の経済調査
　　をやってみると、江戸時代の数字が全くでたらめと言っていいほど、
　　実数とくいちがっているのは、単に租税のがれのためのみではなく
　　て、文字を持つ世界と一般農民の世界とはその生活のあり方につい
　　て別個なものを持っており、異質なものを農民生活の中へ立ち入ら
　　せようとしなかったからだと思う[12]。

　宮本常一にとっての庶民とは文字を解することのできない人々です。
江戸時代末期に3000万人いたとされる人の10分の9は文字を解する
ことのできない庶民だったというのです。計算すると当時の人々の9
割の2700万人もの人たちが文字を解することができなかったとなりま
す。これが宮本常一の言う庶民です。柳田国男の言う常民も同じ人々と
考えてよいでしょう。江戸時代末期に生きていたほとんどの人たちと考
えられます。今日では文字を解するものがほとんどになっていると思わ
れますが、「心的共同体の総体としての」郷土に生きる庶民や常民がい
なくなったとは思えません。2011年3月の東日本大震災と福島の原発
事故後に、福島県浜通りの20キロ圏内地域に出されていた強制避難指
示が一部解除されてすぐ、それまでの立ち入り禁止区域に入る目的は自
分の家の墓参りであったことはその実例を浪江町で目の当たりにしまし
た。普段は行かなくても何かあったら家の墓参りに行くとの意識を持ち
ながら今日の日本の社会に生きている人は、文字が書けるとしても意識
的には柳田国男の言う常民と考えてよいのではないでしょうか。先祖の
墓や先祖伝来の土地と結びついた「心的共同体」がそこに生きているの
です。自分の家の檀家寺の宗旨を何も知らなくても問題を感ぜず、自分
は漠然と仏教徒だと思っている人たちも心の中は常民の意識です。自分
が生まれた郷土に深く結びつき何かあったら自分の家の墓参りを忘れな
い日本に生きる人たちが、教会の宣教の対象であることを忘れてはなり
ません。

2.　常民の来世観

　柳田国男の晩年の著作に『故郷七十年』があります。その中に次のよ
うに記されています。

　生きている間にいろいろな仕事をした人間というものは、もう一度生まれ直そうという感じはないようである。しかし、若くして死んだり、二十歳ぐらいで腹を切ったりした者は、どうしてもそのままでは満足できず、必ず生まれかわって来ると信じられていたらしい。老人自らが大いに積極的に話をしなければ、この来世というものに対して日本人がどういう考えをもっていたのかということが、実は判らなくなってしまうのである。しかし、多くの人は生まれる話はいいが、死ぬ方の話はどうもということになってこの問題は今迄等閑にされてきた感じがある。

────────

　日本人の信仰のいちばん主な点は、私は生れ更りということではないかと考えている。魂というものは若くして死んだら、それっきり消えてしまうものではなく、何かよほどのことがない限りは生まれ更ってくるものと信じていたのではないか。昔の日本人はこれを認めていたのである。かえって仏教を少しかじった人たちや、シナの書物を読む階級が、はっきりしなくなったので、文字のない人たちは認めていたのである[13]。

　ここに文字のない人たちと書かれているのは、常民のことです。常民の持つ宗教性の根底にある来世観は死後の生まれ更りを信じることだと柳田国男は考えています。この生まれ更わりの信仰は仏教の輪廻思想とは異なるものです。仏教の輪廻思想は「解脱しない限り、生ある者は迷いの世界である三界六道（もしくは五道）を輪廻しなければならないと考えられていた」[14]。

　尚、六道とは地獄、餓鬼、畜生、修羅、人間、天、の六つの世界のことで、この間を生まれ変わり死に変わりするとの考え方が六道輪廻です。しかし、柳田国男の言う生まれ更りとは人間が死んですぐにまた人間に肉体を持って生まれ更ることであり仏教の輪廻の考えとは違います。[15]

　大楠公と呼ばれている楠木正成が七生報国と言ったのは有名です。七回生まれ変わって国のために尽くしたいとの考えです。人として死後に生まれ変わることが基本になっています。新しいこととしては2019年に神奈川県相模原市にある障碍者施設の「津久井やまゆり園」で利用者19名が殺害され職員を含む26名が重軽傷を負わされた事件がありました。2020年になってからはじめられた横浜地裁の裁判の記事が載っ

た新聞記事を読みました。そこには息子を殺された家族が調書として述べた言葉が記されています。その一つとして「生まれ変わってもわたしの息子で生まれてほしい」という犠牲者の母の語る無念な思いを込めた言葉がありました。柳田国男が日本人の信仰として語る「生まれ変わりを信じる信仰」は今日でも無残に息子を殺された母の心の中に生きていると言えるのではないでしょうか。2020年10月の新聞には「生まれ変わったら日本人になりたいか」とのアンケートの集計が記事になっていました。「はい」と答えた人が77％もいるというのです。「いいえ」は23％です。なぜ「はい」なのかと言えば、「日本は治安・秩序が保たれている」からだそうです。また日本人の普通の会話のなかにも「もし生まれ変わったら何になりたい」というようなことが普通に語られるのも、はっきりした意識はなくても漠然とした考えとして死後の生まれ変わりが信じられているのです。

　しかし、聖書には人間が死後に肉体が生まれ変わるという考えはありません。生まれ変わりではなく「新しく生まれる」または「復活」です。ヨハネによる福音書第3章に記される主イエスとニコデモの対話の記事を読むと、主イエスはニコデモに語りかけています。「はっきり言っておく。人は、新たに生まれなければ、神の国を見ることは出来ない」（ヨハネ福音書3：3）。ニコデモに語り示すのは聖霊によって新たに生まれることであって、死後に人として肉の体で生まれ変わるのではありません。また、洗礼者ヨハネが牢の中から自分の弟子たちを送り「来るべき方はあなたでしょうか」と尋ねさせた時に、主イエスは答えています。「死者は生き返り、貧しい人は福音を告げ知らされている」（マタイ福音書11：5）。ここでの「死人は生き返り」は柳田が指摘する日本人が古くから持っている死後の来世観としての「生まれ変わり」とは違います。死人の復活のことです。ヨハネの弟子たちに死人の復活のことをヨハネに伝えるようにと命じられたのです。死人の復活の信仰は、「自然の命の体が蒔かれて、霊の体が復活するのです」（Ⅰコリント15：44）とあるように霊の体の復活です。柳田国男のいう死者の生まれ更わりは、もう一度母親から生まれてくることです。

3.　常民の幸福観

　『山の人生』の中に次のような言葉があります。「家から家へまたは母

から娘へ、静かに流れていた信仰には、別に中断せられた証跡もない以上は、古いものが多く伝わると見てよろしい。それというのが信仰の基礎は生活の自然の要求にあって、強いて日月星辰というがごとき荘麗にして物遠い所には心を寄せず四季朝夕の尋常の幸福を求め、最も平凡なる不安を避けようとしていた結果、夙に祭を申し謹み仕えたのは、主としては山の神荒野の神、または海川の神を出でなかったのである」[16]。

　柳田国男が見ている日本人が持つ幸福感とは生活の中で身近なところにある山の神や海や川の神を祭ることにあって、それは四季朝夕の尋常の幸福として感じられるものです。それでは尋常の幸福とはどのようなものでしょうか。誰がいつどのようにはじめたともわからないような海や川の神を祭ることにあったのです。それこそ阿満利麿のいう「自然宗教」です。柳田国男は常民の持つ尋常の幸福感の中に常民の抱いていた信仰を見ているのです。

　『郷土生活の研究法』の中においては、民俗資料の分類の仕方として、住居、衣服、食物などの有形文化、諺、謎、童言葉などの言語芸術、知識、生活技術、生活目的などの心意現象の三項目を挙げてとくに心意現象の大切さを論じています。心意現象の中でも生活目的については人生の意味付けや生きがいを扱うものとしています。この点については「なほその奥に何か大きなものがあったかも知らぬが、だいたいに人は幸福とか家を絶やさぬといったようなことを、目あてに生活したのではなかろうか[17]。」と記しています。尋常の幸福も家の永続を願うことにおかれ、それ以外のことは言わず語らずのうちに暗黙に了解されるようなものだったのでしょうか。幸福が家の永続への願いに置かれていることについていえばあとで触れる氏神信仰につながるものです。各家の中に氏神を祀る場所を定め、また氏神を祀る自分も死後には何年か過ぎて氏神として祀られるものとなることに幸福を見出していたと考えられます。

4.「先祖の話」と「魂の行くえ」

　柳田国男は戦後すぐの1946年に『先祖の話』を出しています。『海上の道』などと並んで柳田が戦後に書いた代表作の一つです。次のような言葉が記されています。

　　「日本は神国なり。こういう言葉を口にしていた人が、昔は今よ

りもさらに多かった。私は実はその真意を捉えるのに苦しんだ者だが、少なくともこの一つの点、すなわち三百年来の宗旨制度によって、うわべは仏教一色に塗り潰されてから後までも、今に至ってなおこれに同化し得ない部分が、この肝要なる死後信仰の上に、かなり鮮明に残っているということに、心付いたのは嬉しかった。もとよりこの争われない一国の特質を容認しても、なお布教を進めて行く道はあるのであろうが、ともかくも末派の人たちはそれを試みず、今までは極力その固有のものを抑え退け萎し薄めようとしていたのである。それにもかかわらず、現在もほぼ古い形のままで、霊はこの国土の中に相隣して止住し、徐々としてこの国の神となろうとしていることを信じる者が、たしかに民間にはあるのである。そうして今やこの事実を、単なる風説としてでなく、もっと明瞭に意識しなければならぬ時代が来ているのである。信じると信じないとは人々の自由であるが、この事実を知るというまでは我々の役目である」[18]。

　柳田国男がここで述べているのは、石田一良が「神道着せ替え人形」説として述べている脱ぎ捨てられる衣裳ではなく変わらない原質の部分に当たるものです。それは何かといえば江戸時代から今に続く仏教の300年に及ぶ宗旨制度によって圧力がかけられようとも日本人の心の中に仏教に同化されないものがあるとの考えです。日本人が古くから持ち続けている宗教性は、作られた宗旨制度や上からの圧力や時代の変化などによっては変わらないものがあるということです。
　日本人の変わらない宗教性は「魂の行くえ」にも示されます。

　　自分が世に送った『先祖の話』という本には、古来日本人の死後観はかくのごとく、千数百年の仏教の薫染にもかかわらず、死ねば魂は山に登って行くという感じ方が、今なお意識の底に潜まっているらしいと説いておいた。これにはそう思わずにはいられない数々の根拠があり、決していい加減な空想ではなかったのだが、何分にもその一つ一つの証拠力が弱く、日頃耳に馴れている天上地底の後生説を、打ち消してしまうには足りなかった。これからさき我々がどちらを信じてよいかの問題とは関係なく、かつてこの国の住民の多数が、どう思い込んでいたかは事実なのだから、二つとも本当だ

ということはないはずである[19]。

　日本に外から仏教が入ろうと道教が入ろうと儒教が入ろうと、日本人が死後の魂の行方について信じていたものは、死ねば変わらずに魂は山に登っていくことだったというのです。日本人の生まれ更りの信仰についても『先祖の話』の中で触れています。「人生は時あって四苦八苦のちまたであるけれども、それを畏れて我々が皆他の世界に往ってしまっては、次の明朗なる社会を期するの途はないのである。我々がこれを乗り越えていつまでも、生まれ直して来ようと念ずるのは正しいと思う。[20]

　生まれ直すとは生まれ変わることと同じと思われます。生まれ変わって死後の魂がこの世へと戻ってくることを信じるところに未来の希望があると柳田国男は見ていたのです。

　この世へと死者の魂が戻ると言えば8月の「お盆」のことが思い出されます。『日本文学史序説』を書いた加藤周一は次のように言っています。「たとえば『盆』に典型的な祖先崇拝の理由も、おそらくは、他界における祖先の霊への関心ではなく『ここ』の出来事に係わり、毎年『ここ』へ帰ってくる霊への関心であろう」[21]。

　加藤周一は日本の文化を「いま」と「ここ」への関心の強さにおいて考えているので民俗学の柳田国男とは立場が異なりますが日本人の祖先崇拝についての一つの見方です。

5.「氏神信仰」について

　柳田国男が問題としている氏神信仰とは、草案で「祖先崇拝」と言われるものです。日本人の氏神信仰の起源については『神道と民俗学』や戦後になって『祭日考』や『山宮考』そして『氏神と氏子』などの著作を通して明らかにしています。まず、『祭日考』から引用します。

　　氏神とはどういう神社をいうのかということである。これはいちおうは読んで字のごとく氏族の神、氏を同じくする者の共に拝む神と解せられ、また確かにそうであった時代もあるのだが、現在はとにかくはなはだ区区になっている。例えば東京から五里八里の近い田舎では、普通の各農家の屋敷の隅に一つずつ、いたって小さく祭っている氏神がある。個々の屋敷に氏神を祀る風習は、広く東北地方

にも及び、あるいは稲荷とか地の神とか呼ばれているものと、ちが
うのは名だけでありまたはどちらでも通用する。そうしてこれにも
また二月と十一月とに、祭りをしているのが少なくないのである。
その次にはこれよりはわずか大きく、十戸十五戸の一門の家が共同
して、本家で二季の祭りを経営している一家氏神というもの、これ
が何だか上代史上の氏神と最も近いように思われるのだが、やはり
石なり木なりの祠ができたのは近頃のことで、もとは多くは毎年の
新しい藁で、仮屋をしつらえてその中で自祭をし、従って今いう神
社の中には算えられていなかった。第三には大小の部落にほぼ一つ、
多数の住民が共同に祭っている氏神、これは皆神社である。その数
は現在十万五千の神社の約三分の二、七万くらいかと私は思ってい
るが実際はどうであろうか。鎮守というのは幾分か性質が違うかも
しれぬが、この他に産土社といいまたはただ明神さんというのも、
区別はほとんどないから同じものと思われるが、これを加えると計
数はまた大きくなる。つまりは今日村社といい無格社というものの
大部分がこの種類であるのに、今日普通の神社観なるものは、これ
を除いた残りの少数のまた一部分の千か千五百の大きな神社の特質
のみを見渡して、中央において作り上げられたものなのである[22]。

　柳田国男は氏神を三つに区分しています。まず各家の片隅に小さく祭
られているそれぞれの家の氏神があります。これが氏神の基本となると
考えてよいでしょう。次に十、十五戸の一門の家が共同して祭っている
氏神があります。最後に大小の部落ごとに多数の住民が共同に祭ってい
る氏神があるというのです。このような三つの氏神の祀り方があるとし
て、なぜそのようになるかを問わねばなりません。日本の古代社会の集
落は、大家族制のもとに同じ氏を持っている者によって成り立っていま
した。中央では蘇我氏や物部氏や大伴氏や中臣氏などの豪族と呼ばれる
氏の大家族があり、それぞれの氏神が神社となり祀られていたようです。
茨城県にある鹿島神宮は中臣氏の氏神が祀られています。また、大豪族
でなくとも今でも地方のある地域に行くとほとんどの人の苗字が同じで
あったりするのも氏神信仰と結びつくものです。柳田国男が考えていた
氏神も最初は各家の片隅で祀られていました。さらに少数の家の集合と
して共同で祀られるようになり、最後に集落全体で祀られ氏神の神社が
建てられるようになったのです。柳田国男によればこのような集落で多

くの人によって祀られる氏神と「村の鎮守の神様の今日はめでたいお祭り日」とうたわれる鎮守の神は同じものとされています。その点については『神道と民俗学』から引用します。

　　鎮守と氏神と又ウブスナ様と、この三つのものは同じか、はた又どこがちがうかということは、始終我々の間では問題になっております。確かなことはまだ言えず、とりわけウブスナ様は名の起こりすら不明でありますが、本居又は産土の文字をそう訓ませてあるのを見ると、これはただ生まれ在所というまでで、そこの神ならば元は氏神だけであった時代が考えられますので、またとにかく現在この二つを、一つに考えている人が最も多いのであります。これに反して鎮守はよほど新しい語でありました。氏との関係よりも土地全体を護って下さるという考えから、採用した語であることが想像せられます。この管内の住民を、氏子ということもすでに公認せられ、かつ現実に二つを同一視している地方もかなりあるのですが、なお両方を別々にしている処、列挙すれば少なくないので、本来一つのものとは見がたいのであります。数からいうときは、氏神を兼ねぬ鎮守様はよほど少なく、またその管轄は、城や寺伽藍の鎮守のごとく居住者の少ないものも稀にはありますが、だいたいに広く大きく、従ってまた頭屋の家を祭場とする場合が少ないのであります。日本で今日問題としなければならぬのは、何と言っても全国の御社の大多数を占め、同時に国民のほとんど全部が今でも氏子となっている氏神様と、これを意味するところの鎮守様であります。これが他の一方の純然たる鎮守社の影響を受けて、内にも外にも最も大いなる変化を遂げ、またさらに変化しようとしているのであります。今度の大戦役は稀有の機会であって、やや埋もれかかっていた古い信仰が復活しました。[23]

　柳田国男は 1945 年に第二次大戦が終わることによって古い信仰が復活したことを喜んでいるようですが、その復活した信仰とは「氏神様とこれを意味する鎮守社」の信仰のことです。しかし 2021 年の時点で考えると柳田国男が復活したと喜んだ氏神や鎮守の社への信仰が生きたものとして残っていると言えないと思いますが、無意識の中には残っているかもしれません。何かの時には出てくることがあるからです。

　一つここで考えておきたいことがあります。すでに述べたように柳田国男は死後の日本人の来世観として人間は死後すぐに生まれ変わると述べていました。それが日本人が昔から信じ続けたものだと言います。しかし他方で人間は死後に氏神としてそれぞれの家族単位の家で祀られるとも考えています。そのためには死者の魂が清められる期間が必要であったとも言っています。そうなるとその関係はどのようになるのでしょうか。たしかに柳田国男は晩年の著作『故郷七十年』の中で「魂というものは若くして死んだら、それっきり消えてしまうものではなく、何かよほどのことがない限りは生まれ更ってくるものと信じていたのではないか」[24]と言っています。この点に関しては柳田民俗学の研究者である川田稔が次のように述べています。

　　柳田によれば、氏神信仰では、死に臨んでなおこの世において人々のために何ごとかのことを成しとげたいとするつよい願望があるとき、その意志によって、死後清浄な霊となり氏神に融合していく前に、その家系の新生児に生まれかわることができると考えられていた。したがって、死者の霊は、ある期間内に人間に生まれかわるものと、そのまま氏神に融合していくものとが想定されていたわけである。日本人が子供をことに大切にする感覚は、それが次代をになうものであることにくわえて、この生まれかわりの観念から、もしかすると先代の霊がたちかえって子供にやどっているかもしれないという考え方が、なおかすかに伝わっていることにもよっている[25]。

　確かに柳田国男が死者の霊の行く道は二通りあって一つは同じ家系の子どもとして生まれ変わるケースがあり、もう一方では死後に氏神として先祖に融合していく霊があると考えていたとすれば納得がいきます。つまり死後に魂の行き先が二つに分かれるのです。とはいうものの死後に同じ家系に生まれ変わったものもやがては先祖の霊と融合して氏神として祀られていくのです。そのことに変わりはないと思われるのです。柳田民俗学に対する批判として「一国民俗学」と言われることがありますが、柳田国男の民俗学がこのような氏神信仰を中心にして構築されているものとすれば一国民俗学にならざるを得ないのではないでしょうか。むしろ氏神信仰を基本にすえた柳田民俗学は一国民俗学であって当然なのです。

IV. 古事記に記される日本人の宗教性

　古事記は書物として書かれた歴史書としては日本最古のものです。奈良時代の初期、712 年に成立しました。古事記を撰録した太安万侶の古事記序文に示されている日付によって明らかです。序文には和銅五年と書かれていますから西暦では 712 年です。

　上、中、下の三巻あります。上巻がいわゆる神代史です。古事記はどのような言葉で書かれているのでしょうか。またどのような神が語られているのでしょうか。まず、古事記の言葉の分析から見えてくる日本人の宗教性について考えます。

1. 和化漢文体で書かれている古事記

　古事記は、和化漢文体で書かれています。この点について古事記研究者の西宮一民は次のように記しています。

　　　日本上代の文章は、すべて漢字で書かれている。それで、それは「漢字文」と名づけてよい。その漢字文は、A「漢文体」B「和化漢文体」（「変体漢文体」といわれてきたもの）、C「和文体」の三文体に分かれる。――
　　　Bの和化漢文体は、一つには漢文体がうまく書けなくて、つい和臭の強い漢文体になってしまったという場合と、もう一つには漢文体が下敷きにあって、その上に和文体で加味する場合と二種がある。前者は不知不識の間のできごととして、このBから除くことにする。なぜなら、意図としてはAの漢文体だからである。それに対して、後者は、読んだ結果が日本語文たらしめようとする意図的なものである。すなわち、下敷はAの漢文体であるが、実のところ、「鬼と会えば返る」式の語順が漢文体であり、また視覚的に効果のある助字を置くぐらいを利用して作文し、その上、止むを得ない字音語は別として、個々の漢字は「和訓」で訓めるようにして、結果的に日本語文として訓読されることを意図して書かれた文体である[26]。

　西宮一民は、古事記の序文は漢文体で書かれているが、本文については和化漢文体で記されているとしています。本文は変体漢文体です。問

題は、その先にあると思います。それなら、なぜ漢文体を下敷きにして、その上に和文体を加味して和訓で読めるようにしたのかです。「鬼と会えば返る」は鬼はヲニのことで漢文訓読法の返り点のことです。古事記が和化漢文体で書かれていることについては、720年に成立した日本書紀の文体と比較するとよく分かります。日本書紀は漢文体で書かれているからです。江戸時代の国学者の本居宣長によれば日本書紀には漢意（からごころ）があり古事記には大和心（やまとごころ）があるということになるのですが、それはそれとして古事記が和化漢文体でなぜ書かれたのかを問うことは大切です。和化漢文体とは要するに漢文を訓読して読むということです。杜甫の詩の「春望」の冒頭で「国破山河在」を「国破れて山河あり」などと送り仮名をつけて読んでいくのです。

　長谷川三千子の『からごころ』に訓読について次のような言葉が書かれています。

　　　訓読は普通の意味での「翻訳」ではない。普通の翻訳は二つの自然言語の間に行われる操作であるのに対して、訓読では自然言語は唯一つ、日本語しか認められていないからである。この一見些細な相異は、実は重大な意味を持っている。と言ふのも、まさにこのことによって、我々の祖先は、漢文の中から「異言語の支配」といふ危険な要素を取り除くことに成功したのだからである[27]。

さらに長谷川三千子は次のようにも書いています。

　　　訓読の成功は、ひとえに、漢文が中国語であることを見ないことにかかっている。ひとたびそれを見てしまったならば、その認識と闘ひ、それをはねのけはねのけ訓読をつづけてゆく、などということは出来るものではない。ここには「悪戦苦闘」はあってはならないのであって「悪戦苦闘」となったならば、その瞬間に訓読は失敗なのである[28]。

　古事記の研究者の西宮一民とはかなり違う訓読についての見解です。西宮一民は、漢文を下敷きにして日本語として読めるものにしたのが訓読法と考えるのに対して、長谷川三千子は漢文が中国語であることを見ないことで訓読法が成り立っているとの見方です。長谷川三千子には飛

躍があるのではないでしょうか。しかし、外国語である漢文を日本語にして読んでしまう技術は長谷川三千子の言うようにはなれわざなのかもしれません。言語の、はなれわざをやってのけるところに日本人の宗教性が示されているのではないでしょうか。

　また長谷川とは別の訓読法の見方もあります。柄谷行人です。次のように日本語の表記法について記します。

　　日本では漢字と平仮名、さらに片仮名を交ぜて書くという形態が発展しました。しかし、この二重三重の表記法は、たんに技術的な事柄ではありません。というのも、制度や思想というものは、文字言語として存在するからです。たんに、ある制度やある思想が文字によって表記されるのではなく、むしろこうした表記法自体が一つの制度として、あるいは思想としてあるのです。おそらく、こうした文字の形態が根本的に、「日本人」の心理・思考の形態を規定していると思います。世の中には、いろんな「日本人論」があります。日本的心理とか、あるいは日本的な思考といった事柄があれこれいわれていますが、そういうものは重要ではないと、私は思っています。むしろ、それは、漢字仮名交じりという表記法に由来する問題だと思うのです[29]。

　柄谷行人の考えは、日本語の表記法としての訓読法こそが日本的心理や日本的思考やひいては日本人の宗教性までも規定しているとの主張です。そして、その始まりは太安万侶が古事記の本文を和化漢文体で書いたことによると言えるのかもしれません。この問題を考えているのが書家の石川九楊です。石川九揚は日本語は二重言語と考えています。『二重言語国家・日本』の中で次のように述べています。

　　日本文化は特異である。世界のどの文化よりも特異である。その特異な文化を絶えず再生産しているのが、漢字、平仮名、片仮名の三種類の文字からなる、世界のどこの言葉とも異なる日本語である。
　　漢字とハングルの二種類の文字を用いた場合の朝鮮語を除けば、世界の言語は、一語いずれも一種類の文字からなる。ところが、日本語は、漢字と平仮名と片仮名の三種類の文字を用いる。三種類の文字をもつということは、単に一つの言語を記述するための文字が

三種類あるということではなく、一つの言語の中に三種類の原理が入り込んでいることを意味する。三種類の原理が入り込んでいることをたえず確認しながら言葉を使わざるを得ない構造が、特異であるということである[30]。

　石川は日本語に三種類の原理が入り込んでいると述べていますが、2020 年春以後の新型コロナウイルス感染拡大のもとにある日本社会では、ステイホームとかソーシャルディスタンスとかパンデミックとか英語がそのまま発音され広く用いられています。漢字、平仮名、片仮名に加えて英語まで日常会話で使いこなす四重言語の国として日本があると言えないでしょうか。だから、日本語を廃止してフランス語にするべきだと作家の志賀直哉が戦後すぐの 1946 年に述べたことも理由のあることなのです[31]。

2.　古事記冒頭の言葉から見えてくるもの

　古事記の上巻の冒頭は次の言葉です。「天地初めて発りし時に、高天の原に成りませる神の名は、天之御中主神。[高の下の天を訓みてあまと云う。下此れに效へ。]次ぎに高御産巣日神、次ぎに神産巣日神。此の三柱の神は、並独神と成り座して、身を隠したまひき。」カタカナにしてみます。「アメツチハジメテオコリシトキニ、タカアマノハラニナリマセルカミノナハ、アメノミナカヌシノカミ。[タカノシモノテンヲヨミテアマトイウ。シモコレニナラヘ。]ツギニタカミムスヒノカミ、ツギニカムムスヒノカミ。コノミハシラノカミハ、ミナヒトリガミトナリマシテ、ミヲカクシタマイキ。」

　古事記には歴史の概念がないことが冒頭の言葉から読み取れます。天地は神によって創造されたと書き始める聖書の冒頭とは大きく違い「天地初めて発りし時」と書き出しています。「天地初発」の「発」をどのように読むかで学者の間に意見の違いがあります。本居宣長は古事記伝において「初発」を一緒にして「はじめ」と読みます。これを「はじめてひらくる」と読んではならないと書いています。[32]中国の天地開闢の考えを否定する立場に本居宣長は立っているからです。しかし、すでに引用した西宮一民も含めて今日の多くの学者は「発」を「おこりし」と

読みます[33]。古事記研究者でも神野志隆光は例外的に「あらわれし」と読みます[34]。

「天地初発」について加藤周一は次のように記しています。

「神代記」は「天地初めて発けし時」の一句で始まる。「序」には「乾坤初分」とあり「発けし時」は天地の分かれた時を意味するだろう。その時、天上に天之御中主神をはじめとして三神が「成った」という。その後も次々に「なれる神の名」を列挙する。これは『旧約聖書』の『創世記』とは著しくちがう。天地の分かれる状況は、まったく語られていない。しかも天地は「分れた」ので、誰かが「分けた」のではない。天地はそこで創造されたのではなく、一体化していたものが分離したのである。同時に最初の三神が成った。しかしその性質は人の目には見えない。(「身を隠したまひき」)ということの他に何もない。その行動も記述されない。現にその次に出現した神々も彼らが生んだのではなく、彼らと独立に成ったのである。かくして一度成ったアメノミナカヌシは、再び『古事記』の記述にあらわれることがない。「神代記」の冒頭を天地創造の神話とみなすことはできず、そこに時間の出発点を見出すこともできないだろう。そこに反映しているのは、歴史的時間の始まりという意識ではなく、単に無限の時間をさかのぼっての遠い昔という考えにすぎない。大和の王朝は、自らを正統化し、権威づけるために、その起源を遠い昔にさかのぼらなければならないという考えを、大陸から学んだのであろう[35]。

太安万侶が記した古事記の序文に記されているように古事記の編纂には壬申の乱を平定して中央集権的な国づくりをしたいと願う天武天皇の意思が働いていたのです。その意志は天武自身の天皇としての権威の正当化です。そのためにはその権威がいつから始まったかをはっきりさせないことが有利と考えたのかもしれません。そこには始まりがあり終わりのある歴史の意識はありません。いつからともなく始まりいつからともなく終わっていくのです。そういえば日本の古典の中の古典というべき紫式部の源氏物語の最初の巻の「桐壺」の冒頭も「いづれの御ときにか」で始まります。そのように「どの帝の御代であったか」という漠然とした時の指定がなされて書き出されています。古事記の冒頭の「天地初発」

と共通するものがあるように思えてなりません。時の捉え方が、いつ始まったか分からないぐらいに昔の事という捉え方です。世界はいつの間にか自然に始まっていくのです。神が自然に現れては消えていくのです。「天地初発」のそのような時間の捉え方については丸山眞男が次のように記しています。

　「天地初発」という中国古典ではなじみのうすい表現を太安万侶がなぜここにもってきたか、そこにはそれだけの意味があるというのが私の考えなのです。「発」という字の意味は、出発するの「ハツ」であり、旅立つ、あるいは煙立つの「タツ」です。それから勃発というような「オコル」という意味もあります。要するに、ある時間又は空間の地点から、「発する」こと、これが「発」なんです。大事なことは、これは一方向性だということです。━━━
　いつも「いま」が天地初発だ、という意味での未来志向型で、一方向性を持っている。未来志向型ということは摂理史観のような、歴史の目標という考え方とはちがうのです。未来志向型ということは、今日から明日に向かうということであって、明後日以後の遠い目標の設定にはならない。したがって日本の思想史をみますと、強い復古主義もなければ、逆にユートピア思想もない。中国的自然法思想だと復古史観になるわけです。「尭舜」の道とか、「周礼」が理想化される結果として堕落史観になり、新しい状況への適応は非常に困難になる。それからクリスト教の場合にはちょっと話がややこしくなりますけれども、少なくとも「千年王国」のようなユートピア思想の「原型」がある。歴史というのは、ある目標への時間的な経過だと考える。日本には復古史観もなければ、目標史観というのかユートピア思想もなく、絶えず瞬間瞬間のいまを享受し、その瞬間瞬間の流れにのっていく。したがって適応性はすごくある。そのヴァリエーションはいろいろな形で現れるんです[36]。

　石田一良の「神道着せ替え人形」説を思い出します。丸山眞男の言う「ヴァリエーションはいろいろな形で現れる」と同じことのように思えます。石田のいう変わらない人形は、丸山眞男の考え方では「瞬間瞬間の流れにのっていく」ことです。昔は昔、今は今であって過去の事にはこだわらず過去を水に流してその時その時を「ガンバロー」とみんなで

叫びながら生きていくことこそ日本人の持つ宗教性につながるものだと思われます。丸山眞男は古事記冒頭の「天地初発」は「ロケット弾みたいなものです。ものすごいエネルギーで何か訳の分からないところからバッと出てきた。そうすると発の字ですね」[37]。と記しています。

3. 古事記に記される神観念

本居宣長の『古事記伝』のなかに神の語義についての宣長の考え方が示されており日本人の神観念がどのようなものであるかが示されています。

> さて、すべて神とは、いにしえの御典等に見えたる天地もろもろの神たちを始めて、其れを祀れる社に座す御霊をも申し、また人はさらにも云わず、鳥獣木草のたぐい海山など、其のほか何にまれ、世の常ならずすぐれたることのありて、かしこきものを神とは言うなり[38]。

まさにアニミズムの神観念が明確に示されている宣長の神理解です。またそれは日本人の神理解と言ってもよいのです。まず、いにしえの御典等に見えたる天地もろもろの神たち、例えば古事記や日本書紀に記される神のことと考えられます。具体的には大国主命を祀る出雲大社に祀られている御霊、人間、鳥獣木草、海山、その他どんなものでも、「世の常ならずすぐれたることのありて、かしこきものを神とは言うなり」です。日本には実に多くの神がいることになります。これを八百万の神々というのです。あまりに多くて数え切れないというべきです。ある統計では稲荷神社が全国に一万九千か所、八幡神社が一万四千八百か所あると言われます。今の実数は分かりませんがこれにお寺の数を加えなければなりません。私が以前いたことのある富山県高岡の教会の周辺にはいろいろな宗派のお寺があったのを思い出します。それはともかくとして日本人にとって神とは何か。宣長に従えば「世の常ならずすぐれたることのありて、かしこきもの」であればすべて神と呼ばれるのです。この点について『日本人の信仰』の著者の梶村昇は次のように言っています。

> 宣長の言う神理解の中で、もう一つ大切なことは「可畏き物」という感情である。これは実にすばらしい指摘であったと思う。宣長

は、あらゆるものに神を認めようとする日本人の心情を「可畏き物」
という感情によって把握しようとしたのである。「可畏し」という
ことばにはいろいろな意味がある。恐ろしい、おそれおおい、もっ
たいない、貴い、はなはだしい等々であろうが、それらを総合した
ような感情において神を考えるということであろう[39]。

　すぐれるというのは、梶村のいうように実に多様な意味においてすぐ
れることです。よきもあしきも優れていればよいのです。これが日本人
の神観念です。

Ⅴ．親鸞に示される日本人の宗教性

1．『歎異抄』における悪人正機と本願ぼこり

　1262年の親鸞の死後30年近く過ぎて、弟子の一人の唯円によって
書かれたとされる『歎異抄』第3段を引用します。

　　　善人なをもて往生をとぐ、いはんや悪人をや。しかるを世のひと
　　つねにいはく、悪人なを往生す、いかにいはんや善人をや。この条
　　一旦そのいはれあるににたれども、本願他力の意趣にそむけり。そ
　　のゆへは、自力作善のひとは、ひとえへに他力をたのむこころかけ
　　たるあひだ、弥陀の本願にあらず。しかれども、自力のこころをひ
　　るがへして、他力をたのみたてまつれば、真実報土の往生をとぐる
　　なり。煩悩具足のわれらは、いづれの行にても生死をはなるること
　　あるべからざるを、あはれみたまひて、願をおこしたまふ本意、悪
　　人成仏のためなれば、他力をたのみたてまつる悪人、もとも往生の
　　正因なり。よて善人だにこそ往生すれ、まして悪人はと、おほせさ
　　ふらひき[40]。

　『歎異抄』は唯円が師の親鸞の教えと異なる教え（異義）が門徒内に
広がっていることを嘆き、それをただすために書かれたものです。親鸞
自身が書いたものではありませんが親鸞の教えを記したものとして広く
読まれています。親鸞が書いたものの代表は『教行信証』です。あるい
は『三帖和讃』といえるかもしれません。『歎異抄』の異は異議のこと

です。嘆は嘆きです。唯円が記した『歎異抄』の序文と一番最後に記されている後序と呼ばれるところに書かれています。後序には「一室の行者のなかに信心ことなることなからんために、なくなくふでをそめて、これをしるす。」とあります。一室の行者といわれる門徒たちの中にどのような異義がひろがっていたのでしょうか。異義を考えると日本人の宗教性で見逃すことのできない人間の心のありようが示されます。『歎異抄』の第13段がこう記しています。

　　弥陀の本願不思議におはしませばとて悪をおそれざるは、また本願ぼこりとて、往生かなふべからずといふこと。この条、本願をうたがふ、善悪の宿業をこころえざるなり[41]。

『歎異抄』は大きく2つに分かれます。前半の10段までは師訓篇といわれ唯円が聞き取った親鸞の語録です。後半の8段が異義篇といわれ唯円が門徒内の異義を厳しく批判する言葉です。したがって「善人なをもて往生をとぐ」と始まる第3段は親鸞が唯円に語った言葉であり、第13段は第3段の親鸞の言葉を踏まえて唯円が異義を嘆く言葉になっています。どのような異義でしょうか。「本願ぼこり」という異義です。第13段の「本願ぼこり」を考える前に第3段の「悪人正機」についてですが、これは『親鸞辞典』が参考になります[42]。
　それでは、「本願ぼこり」とはどのような考えでしょうか。これも『親鸞辞典』からです。「阿弥陀仏の本願は一切の念仏の衆生を摂取し、本来は地獄におちるべき悪人をこそ救いの正しい対象とする（悪人正機）ということから、悪行をなしてもよい、悪をなすほうがより救われるという曲解をした信仰をいう」[43]。まさにその通りで親鸞の教えを曲解したのが「本願ぼこり」です。だから親鸞の教えを守る唯円はそれを異義とするのです。「本願ぼこり」とは悪人こそが救いの対象であれば安心して悪いことができる、進んで悪いことをすればするほど救いは確かになるとの考えです。それは異義です。唯円はそれが親鸞の教えではないと言って嘆くのです。このような異義を生み出した親鸞の「悪人正機」をパウロのローマの信徒への手紙第5章20節「律法が入り込んできたのは、罪が増し加わるためでした。しかし、罪が増したところには、恵みはなおいっそう満ちあふれました」と比べたうえで、悪と罪で言葉は違うけれども同じことを言っているという人がいます。カトリックの国

分敬治です。その著作で次のように記しています。「悪人正機ということは神の側からの論理ですから、受け取る我々にとってはただありがたいということ以外にはなにも起ってこないということです」[44]国分敬治は神の側と仏の側を混同しています。神と仏は本来違うものです。仏というのは仏教の基本的な立場ですが、「衆生本来仏なり」（白隠禅師座禅和讃）とあるように衆生なのです。だから草木成仏とか即身成仏との考えが生まれます。アニミズムであり汎神論です。そのような本来は仏である人間とキリスト教の神を混同してはなりません。パウロと親鸞を宗教体験のレベルで並べて同じものという考えは良くなされますが違うように思います。親鸞の信心は親鸞の個人的な宗教体験から生まれるものではなく、浄土教の七祖と呼ばれる人たちの教義を受け継いだものです。インドの龍樹、世親、中国の曇鸞、道綽、善導、日本の源信、法然の七人です。特に法然については直接的に親鸞が師と仰いだ人です。『歎異抄』のなかに「よきひと」と記されるのは法然のことです。したがって、親鸞の悪人正機の教えは法然などの師と仰いだ人の教えを受け継いだものです。重松明久はその点を『日本浄土教成立過程の研究』で詳細に述べています[45]。

2. 自然法爾（じねんほうに）ということ

親鸞の「末灯鈔」の中につぎのような言葉があります。

> 自然といふは、自はをのづからといふ、行者のはからひにあらず、然といふはしからしむといふことばなり。しからしむといふは、行者のはからひにあらず、如来のちかひにてあるがゆへに法爾といふ。法爾といふうは、この如来の御ちかひなるがゆへに、しからしむるを法爾といふなり。法爾は、この御ちかひなりけるゆへに、おほよす行者のはからひのなきをもて、この法の徳のゆへにしからしむるといふなり。すべて、ひとのはじめてはからはざるなり。このゆへに義なきを義とすとしるべしとなり[46]。

「尊号真像銘文」の中にも同じような言葉があります[47]。この尊号真像銘文は「末灯鈔」と同じ86歳の親鸞が書き残したものです。どちらも90歳まで生きた親鸞が最後にたどりついた境地がどのようなものであ

るかを示しています。また、「正像末和讃」には、「義なきを義とすと信知せり」[48]とあり、「末灯鈔」の言葉との類似が見られます。「正像末和讃」も86歳のものです。ここで親鸞が自と然についてどのように語っているでしょうか。「自はおのずから」といい、「然というはしからしむるということばなり」です。自はおのずからに注意します。自はおのずからとも読みますが、みずからとも読みます。相良亨は『日本人の心』において「『おのずから』は無限定な究極的なるもの、『の、おのずから』であるとともに、その『の、おのずから』にある物『の、みずから』でもあるのである。いわゆる宗教的自然観の自然はこのような仕方において存在するのである。そして、このような『おのずから』の意味は、自然観と離れてもいえる。端的に『おのずから』という時、それは究極的なものとのかかわりにおいて『おのずから』であるとともに、『おのずから』存在としての万物の『みずから』でもあるのである。『みずから』あることが、実は『おのずから』あることなのである。」[49]と述べています。

この相良のいう自然の自は「おのずから」であるとともに「みずから」でもあることは、まさに古事記の冒頭の「天地初発」と深く関わり、また日本人の宗教性とも深く関わっていると思えるのです。すでにふれたように古事記の冒頭に記される神々はいつの間にか現れいつの間にか消えていきます。それはおのずから消えていくことであり、また自ら消えていくことでもあります。親鸞の持つ宗教性と古事記の神話世界の宗教性には共通するところがあります。真実の「おのずから」を求める営みとは何でしょうか。相良はそれについて語っていません。日本人としての宗教性を大切にして生きることかもしれません。宮井義雄は著書のなかで親鸞の教えは、「平凡な社会生活をいとなむ、一般大衆のための仏教である。」と述べています[50]。

「尊号真像銘文」には、「如来よりちかひをたまわりぬるには、尋常の時節をとりて臨終の正念をまつべからず」、「すでに尋常のとき信楽をえたる人をいふ也、臨終のときはじめて信楽決定して摂取にあずかるものにはあらず」とあります。要するに、親鸞の教えは、「本願ぼこり」などの異義に陥る危険性はあるものの「三帖和讃」に代表される分かりやすい言葉もあって一般大衆のものということです。柳田の言葉でいえば布教の対象は常民です。古事記の「天地初発」の書き出しとも通じるものがあると思われます。

VI.　隅谷三喜男の弁証学的な提言　『〈日本の信徒〉の「神学」』

　　隅谷三喜男の『日本の信徒の「神学」』は巻末の解説を書いている古屋安雄によれば「先生の遺言として読むべきもの」であるだけでなく「アポロゲティークの一つが、先生が『遺言』として残された二番目の神学的な問題、――『〈日本の信徒〉の「神学」』に他ならない」[51]とされています。石原の対談集で植村正久の『真理一斑』以後に書かれたものとしては皆無と言ってよい日本における弁証学としての取り組みが晩年の隅谷三喜男によってなされたということです。この本の中におさめられている論文の「〈日本の信徒〉の「神学」」が古屋安雄によれば弁証学とされているのですが、この論文は序章だけが残されていて、編者註によれば「かねてより出版予定のあった『〈日本の信徒〉の「神学」』のため、隅谷先生が書き下ろされた『序章』部分と思われるものである。未完ながらも多くの問題提起を含んだ本稿は、書斎の机上に置かれてあった、いわば遺稿である」[52]。

　　さらに、もう一つ「〈日本の信徒〉の『神学』」と題する短い論文もあり、こちらは、隅谷が召される前年の 2002 年『福音と世界』に掲載されています。まず 1 のところで、日本の信徒の特質が書かれます。知識層を核とする教会、青年期の入信などです。次に 2 として、日本の教会のことが書かれます。大都市を基盤とする教会、伝道の教会、です。3 には、日本の信徒の信仰生活として、日本の教会と信徒、〈二階建て〉の教会と信徒、4 では、〈家〉の衰退と〈信徒〉が論じられています。〈日本の信徒〉層の変質、〈日本の信徒〉の課題などいずれも興味深いものです。

　　隅谷三喜男の専門は、社会科学の労働経済学です。『〈日本の信徒〉の「神学」』を書くに当たってはクレーマーの『信徒の神学』を読み感銘を受けたと記されます。しかし、クレーマーは神学者であるのに対して、自分は一介の社会科学者と謙遜しています。そしてはしがきで次のように記します。

　　「昨今、日本のキリスト教会は危機に立っているのではないかとの所見をしばしば見るが、その立入った考察は殆んど見られない」[53]。2002年に隅谷三喜男が見ていたキリスト教会の危機は 2020 年の今の私どもが遭遇している教会の危機的状況と同じ面があると同時に違う面もあると思われます。隅谷三喜男は 2020 年に教会が遭遇したコロナウイルス

感染を防ぐために教会の礼拝を今までとは別の形にした現実を知りません。教会はこの危機を礼拝をリモート配信にしたり主日に礼拝を小人数にして二回守ることなどで何とか切り抜けようと努力を重ねています。経済的に拝観料の収入に頼っている観光地のお寺とは異なるところです。しかし同じ危機との認識に立つときに次の言葉に注目したいものです。

> 教団は、更に広く教職者は、一般に聖書の記すところについて、更にはそれをめぐる神学論争等の勉学については熱心であるが、日本の信徒がいかなる問題を持ち、日常生活の中で苦闘しているのか、換言すれば、信徒の信仰生活の悩みについて、更には日本の教会を取り囲んでいる問題——それは欧米の教会の問題とはかなり異質の問題——については、深く、広く神学的に問われているのではないか。
> 日本の教会と信徒は最初に記したように、青年期に洗礼を受け、やがて異教的伝統を持つ社会の中に入り込んで苦闘せねばならないが、基本的に欧米神学の影響下に進展している日本の神学では、この問題を解くことは、不可能に近い[54]。

日本の教会の現状を教会史の視点からではない別の視点からよく見て、またよく考えていると思われます。私などが受けた神学校の教育に対しても批判の言葉となっているように思われます。ここにも異教的伝統を持つ社会として日本を理解する見方が示されますが、そこで生きることにおいて信仰的に悩み苦しんでいる信徒に共感する視点が隅谷にはあります。その共感は自分が信徒の一人との認識から生まれるものと思われます。隅谷には、『〈日本の信徒〉の「神学」』を書く以前に『近代日本の形成とキリスト教』や『現代日本とキリスト教』などの著書があり、一貫して日本におけるキリスト教の伝道についての社会科学者としての信徒の立場からの考察を続けています。そしてその思いは、『現代日本とキリスト教』の中でも示されています[55]。

1．二階建ての日本の教会との考え

また、隅谷は『福音と世界』に掲載された「〈日本の信徒〉の『神学』」

の中の〈二階建て〉の教会と信徒」の項目においては率直に次のように
述べています。

　　日本の教会の姿に言い直せば、二階はカール・バルトやニーバー、
　トレルチ、更にはカルバンか女性解放の神学か、となる。勉強家の
　牧師であればあるほど、説教の準備にそうした著作を参考にし、頭
　において、説教の核となる聖書の周辺を彩るのではないであろうか。
　それは立派なことである。だが問題は、それが、日常的な営為の中で、
　信徒が悩み苦しんでいる所とどうつながるかである。勢いの赴くと
　ころ、説教は二階で準備され、その準備によって説教が語られる。
　それを聞く信徒は、異教的あるいは無宗教的な思考と行動に毎日の
　ように追い立てられ、主の御言葉を聞こうという願いをもって集
　まった信徒である。それはまさに二階建てであって、信徒は階段の
　途中まで上がるのがせいいっぱいである。誠実な牧師であればある
　ほど世俗から距離を置こうとする。信徒の方は与えられた任務に忠
　実であろうとすれば、牧師の説教との隔たりを覚えるのであろう。
　それが日本のキリスト教の二階建ての姿である[56]。

　さらにはこんなことも述べています。「日本の神学者は、よくドイツの
神学を勉強して、それは正しく理解しようとして努力しています。それ
は高く評価しなくてはいけませんが、それがここで言う一階の生活とど
う関わるかということには殆ど触れないのです。神学者たちは、二階だ
けで生活しているのではないか。信徒の方は一階で生活しているのです
から、私はこれから声を大にして『神学者だって一階の生活を持ってい
るのですから、一階に下りてきて一緒に考えてみてください』と言おう
と思っているのです」。そして、さらに「神学者は二階にいて勉強して
いる。信徒は日曜日だけ二階に行って、あとは一階で生活している。両
者がこの辺で問題点を互いに指摘し、生活様式にまで踏み込み、問いか
けながら、時には戦っていかなくては展開はないのではないかと思いま
す」[57]。
　隅谷三喜男は一階で生活している信徒の生活様式にまで踏み込んで牧
師が説教を考えることを勧めていますが、すでにこの文章を書いてから
20年近くを経過しています。逆に牧師が一階ばかりで考えていて二階
に上がらない問題もあるのではないでしょうか。どちらにも分断がある

ように思え危機的な状況があります。ただ私としては柳田国男がいう「常民」の人たちの存在を見ていたいと思います。意識して見ようとしなければ見えない人たちです。名前など残ることのない人たちです。草案の言う異教国日本に生きる同胞たちなのです。

Ⅶ　結び

　すでに記したように今日、教会を取り囲む状況は様々に変化しており多様な課題が山積しています。隅谷三喜男が言うように牧師と信徒の意識の差としての二階建ての構造が問題とだけ言っておられません。隅谷三喜男の分析では教会には若者が多いとされていますが、今は若者がほとんどおらず高齢者が教会の中心の働きを担っています。高齢になった信徒が一人で支えている教会もあります。東北教区内のある教会の牧師就任式に出席した時に教会員の誓約をした信徒は１名でした。都会や地方によって違いがあるかもしれませんが教会の役員のほとんどが高齢者になっています。信徒だけの問題ではありません。教師も神学校に入学する時点で高齢者になっている場合があります。若くして牧師として生きる召命観を与えられ生涯をかけて伝道者として生きるのではなく人生の晩年の何年間を牧師として生きる召しを受けたのです。そのような形での献身も尊いことです。しかし、その場合に具体的なこととして高齢の教師を迎える教会の側も赴任する教師の側も、若い教師を迎えるのとは違う覚悟が求められるのではないでしょうか。隅谷三喜男が言うような牧師も時には二階から一階に降りてきて一階で生活する信徒の悩みや苦しみを一緒に考えてほしいというだけではすまない別な課題があります。教会の礼拝に高齢者が出るための送迎の取り組みも求められるでしょう。信徒のかかえる信仰上の問題も20年前とは違ってきていると思われます。家族の構造が変わってきています。核家族から単身家庭になっています。単身ですから家族とは言えないとの考えもあるでしょう。2030年になると教団の教会は少子高齢化や人口の減少によって現在の教会の数が半減するとの予測も立てられています。私の属する東北教区でも2020年度の教区総会で二つの教会が一つに合同しました。2012年には三つの教会が一つに合同しています。2019年には一つの伝道所が廃止になりました。教会が合同した理由は、このままでは教会が消えていくのを見るだけになる、というのです。その前に手を打たねばと考

えた末の合同です。また教会や伝道所の名前が残されているだけで主日
礼拝が守られていない教会もあります。その教会で礼拝を守る信徒がい
ないのです。教会の建物だけが残っています。教会の危機です。その危
機は深い所で教会の霊性の危機でもあります。そのような中で教団の教
会の「宣教の未来」を考えねばなりません。その考える視点の一つが日
本人の宗教性と向き合いながら伝道に取り組むことです。掛け声だけで
はありません。その考えは柳田国男が生涯をかけて明らかにした日本人
の中の常民の意識との対話から生まれます。親鸞が「和讃」を作って本
願他力の信心を伝えようとした大衆を見る視点です。古事記の冒頭の「天
地初発」に示される時間の意識との対話でもあるでしょう。それを考え
るのは日本人論の分野かもしれません。加藤周一は『日本人とは何か』
で「日本人とは、日本人とは何かという問を、頻りに発して倦むことの
ない国民である。」[58]と述べています。日本人とは何かを問いかけなが
らキリスト教弁証学からの日本人論を考えることです。当たり前のこと
ですが日本人が持つ宗教性を受け入れるところもあり、反面で対決する
ところもあります。パウロの言葉を思い出します。「ユダヤ人に対しては、
ユダヤ人のようになりました。ユダヤ人を得るためです」（Ⅰコリント9:
20）言い換えるならば日本人には日本人のようになるということです。
日本人を得るためです。それには弁証学的な視点を持つことが求められ
ます。キリスト教とは何か、の問いへの答えではなく、なぜ日本人であ
りながらキリスト教なのかへの答えです。キリスト教への素朴な昔から
の問いかけは「日本には優れた宗教があるのになぜ外国の宗教のキリス
ト教なのか」との問いがあります。このグローバルな時代にいまさら何
を言っているのかです。コロナ禍などの危機の時代だから改めて基本的
な問いかけから考えて良いかもしれません。石原謙の対談集『キリスト
教と日本』の中で中川秀恭の発言として次のように記されています。そ
れは熊野義孝が『教義学』第一巻を出したときに書評を書いてそこに「日
本の文化、特に思想との対決をしていただきたい」と記したそうです。
すると熊野義孝から返事が来て「自分もそのような対決は是非したいと
言っておられました」[59]というのです。『教義学』を書いた熊野義孝も
日本における弁証学的な思索をする必要を感じていたということではな
いでしょうか。
　ニーバーの祈りといわれている言葉を思い起こします。「変えること
のできるものと、変えることのできないものとを、見分ける知恵を授け

給え」。日本人キリスト者として生きることは日本人であることをやめることだという考えもあるかもしれません。しかし一方で日本人でありながらもキリスト者として生きる道もあると信じます。しかし、その場合には変えることのできるものとできないものがあることを見分ける知恵を与えてくださいとの祈りが求められています。この祈りこそが日本の「宣教の未来」を考える力の源ではないでしょうか。

ほしなたかし／福島教会牧師

注

1　石原謙　聞き手、松村克己、中川秀恭『キリスト教と日本回顧と展望』日本基督教団出版局　1978年　95頁

2　同上、106頁

3　門脇佳吉編『親鸞とキリスト教』創元社　1984年　まえがき

4　石原謙、他　前掲書　44頁

5　阿満利麿『日本人はなぜ無宗教なのか』筑摩書房　1996年　11頁

6　浄土真宗本願寺派『真宗の葬儀』本願寺出版局　2000年　42頁

7　石田一良『カミと日本文化』ぺりかん社　1988年　11頁

8　同上　12頁

9　小口偉一、堀一郎監修『宗教学辞典』東京大学出版会　1973年　8頁

10　後藤総一郎監修『柳田国男伝』三一書房　1989年　778頁

11　同上　778頁

12　宮本常一『庶民の発見』宮本常一著作集 21　未来社　1976年 219頁

13　柳田國男「故郷七十年」『柳田国男全集』21　筑摩書房　1997年　312頁以下

14　中村元、福永光司、その他、編『岩波仏教辞典』岩波書店 1989年　837頁

15　中村元、福永光司、その他、編　前掲書　566頁に中有という項目が記されている。中有は中陰ともいう。次のように記される。「前世での死の瞬間から次の生存を得るまでの間の生存、もしくはそのときの身心をいう。その期間については 7日、49日（77日）、無限定などいくつもの説がある。」浄土真宗本願寺派　前掲書　45頁に「お釈迦さまがお説きになられたお経には、中陰という考え方はありません。これは、中国の十王思想から来たもので、死者がお浄土へ参るまでに 49日間を要し、その後に仏さまになるというものです」。49日を経過すれば浄土に生まれ変ると考えているのではあるまいか。

16　柳田國男「山の人生」『柳田國男全集』4　筑摩書房　ちくま文庫　1989年　233頁

17　柳田國男「郷土生活の研究法」『柳田國男全集』28　ちくま文庫　1990年　243頁

18　柳田國男「先祖の話」『柳田國男全集』13　ちくま文庫　1990年　195頁

19　柳田國男「魂の行くえ」同上　700頁

20　柳田國男「先祖の話」同上　206頁

21　加藤周一『日本文化における時間と空間』岩波書店　2007年　3頁

22　柳田國男「祭日考」『柳田國男全集』14　ちくま文庫　1990年　255頁

23　柳田國男「神道と民俗学」『柳田國男全集』13 ちくま文庫　1990年 506頁

24　柳田國男「故郷七十年」『柳田國男全集』21　筑摩書房　1997 年　313 頁

25　川田稔『柳田国男』吉川弘文館　1997 年　150 頁　川田は続けて次のように記している。「だが、他方で、生まれてすぐの幼児は、まだ魂が入っておらず、産屋の忌あけの宮参りによって、はじめて氏神にいれてもらうのだとする考えもあり、その間の乳幼児の状態は不安定なものとみられていた。」

26　西宮一民「古事記の訓読」『古事記の言葉』古事記研究体系 10　古事記学会編　高科書店　1995 年　1 頁

27　長谷川三千子『からごころ』中央公論社　1986 年　41 頁

28　長谷川三千子　同上　42 ページ

29　柄谷行人『〈戦前〉の思考』講談社学術文庫　講談社　2004 年　138 頁

30　石川九揚『二重言語国家・日本』日本放送出版協会　2001 年　93 頁

31　志賀直哉「国語問題」『志賀直哉全集』第七巻　岩波書店　1974 年　341 頁以下で次のように述べている。「そこで私は此際、日本は思い切って世界中で一番いい言語、一番美しい言語をとって、その儘、国語に採用してはどうかと考えている。それにはフランス語が最もいいのではないかと思ふ。(略)フランス語を想ったのは、フランスは文化の進んだ国であり、小説を読んでみても何か日本人と通ずるものがあると思われるし、フランスの詩には和歌俳句等の境地と共通するものがあると言われているし、文人達によって或る時、整理された言葉だともいふし、さうふう意味で、フランス語が一番よさそうな気がするのである」

32　本居宣長「古事記伝」『本居宣長全集』第九巻　筑摩書房　1989 年　123 頁

33　西宮一民校注　『古事記』　新潮社　1993 年　26 頁

34　神野志隆光　『古事記』日本放送出版協会　1996 年　59 頁

35　加藤周一『日本文化における時間と空間』岩波書店　2007 年　28 頁以下

36　丸山眞男「日本思想史における古層の問題」『丸山眞男集』第十一巻　岩波書店 196 頁以下

37　丸山眞男『丸山眞男話文集』2　みすず書房　2008 年　358 頁　以下次のように述べている。「例えば言語学者の大野晋氏なんかは「煙立つ」の「立つ」と同じだと。僕はこのほうが正しいと思うんです。煙り立つとか、旅立つの立つ、出発の発。『日本書記』では、比較的比重の薄いものが上がって天になり、重いものが下がって地になった、すでに二元的になっています。「天地初発の時」というのは、そうじゃないんですね。ある猛烈なエネルギーがあって、バアッと発射されて、その瞬間に天地ができちゃう。だから、一方向なんです。これが歴史意識にとって非常に重要だと僕は思うんです」

38　本居宣長　前掲書 125 頁　更に「くず花」『本居宣長全集』第八巻　158 頁には以下のように記されている。「神は聖人とは又大に異なる物にて、甚奇く霊しく坐まして、人の智のはかり知ることあたはざる處おほく、又善も悪も有て、その徳もしわざも、又勝れたのものもあり、劣れるも有、さまざまにて、さらに一準に定めがたきもの也、」

39　梶村昇『日本人の信仰』中公新書　中央公論社　1988 年　56 頁

40　増谷文雄編『親鸞集』日本の思想 3　筑摩書房　1968 年　353 頁

41　増谷文雄編　前掲書　368 頁

42　菊村紀彦編『親鸞辞典』東京堂出版　1993 年　4 頁以下「悪人こそが仏の救済の対象であるということ。ここでいう悪人とは、道徳的、法律的、社会的な意味での悪人ではなく、宗教的な意味における悪人である。すなわち、自己の力によって善を積み成仏す

ることのできない者を悪人といったのである。阿弥陀仏の本願は、一切衆生を救おうと
するものであるから、その救済の対象に善悪の差別は本来ないのであるが、自己の能力
をもって善を行ない、自己の力によって仏と成ることができる善人は、阿弥陀仏の本願
に全面的に帰順しようとする心が薄いから、なかなか仏の救済を喜ぶことができない。
これに対して、自己の能力に絶望している悪人は、仏の救済を最も信受し易いものであ
り、このような者こそまさしく阿弥陀仏の救済の目あてでなければならない。——「悪
人が往生できるのだから善人は往生できるのは当然だ」、という一般の通念に対して、「善
人さえ往生できるのだから、悪人が往生できないはずはない」、という立場を語ったも
のである。

43　菊村紀彦編　前掲書　199 頁

44　国分敬治『パウロと親鸞』法蔵館　1984 年　67 頁

45　重松明久『日本浄土教成立過程の研究』平楽寺書店　1975 年　511 頁「念仏往生の本
　　願の対機は悪人であるという意味の「悪人正機の思想」は、親鸞や歎異抄の著者をまつ
　　までもなく、浄土教に固有のものでさえあることは明らかである」

46　金子大栄編『親鸞著作全集』法蔵館　1972 年　587 頁

47　金子大栄編　前掲書　483 頁「『自致不退転』といふは、自はおのづからといふ。おの
　　づからといふは、衆生のはからひにあらず、しからしめて不退のくらいにいたらしむる
　　となり。」

48　金子大栄編　前掲書　451 頁

49　相良亨『日本人の心』東京大学出版会　1984 年　225 頁

50　宮井義雄『親鸞の大地　教行信証と古事記』春秋社　1988 年　265 頁

51　隅谷三喜男『日本の信徒の「神学」』日本キリスト教団出版局　2004 年　236 頁

52　隅谷三喜男　前掲書　197 頁

53　隅谷三喜男　前掲書　206 頁

54　隅谷三喜男　前掲書　222 頁

55　隅谷三喜男『現代日本とキリスト教』新教出版社　1965 年　37 頁「伝道の畑としての
　　日本は不毛の地であり、日本伝道は不毛の地に種をまいているようなものだ、というの
　　が外国のミッションの日本伝道観だ、ということである。われわれも伝道の現実を直視
　　する限り、不毛の地日本というこの結論を一応肯定しなければならない。イエスのたと
　　えにしたがえば、「土の薄い石地」であり「いばらの地」である。同じ考えは遠藤周作『沈
　　黙』新潮社 1966 年　194 頁で、「不毛の地としての日本」は次のように示されている。「こ
　　の国は沼地だ。やがてお前にもわかるだろうな。この国は考えていたより、もっと怖ろ
　　しい沼地だった。どんな苗もその沼地に植えられれば、根が腐りはじめる。葉が黄ばみ
　　枯れていく。我々はこの沼地に基督教という苗を植えてしまった」。

56　隅谷三喜男『日本の信徒の「神学」』前掲書　216 頁以下

57　隅谷三喜男　前掲書　53 頁

58　加藤周一『日本人とは何か』講談社　講談社学術文庫　1984 年　8 頁

59　石原謙、他　前掲書　140 頁以下

4. 教会と付属施設—幼稚園の場合

坂下道朗

1. はじめに

　与えられた課題は「教会と付属施設」である。教会に付属している施設にはどのようなものがあるだろうか。まず今回の考察対象である幼稚園をはじめとして、幼稚園類似施設[1]、保育所・保育園[2]、幼稚園と保育所の機能を併せ持つ認定こども園[3]が主なものであろう。それ以外にも教会が主体となって運営されている施設や、すでに別法人となってはいるが教会との関係を密接に保っている施設もあるだろう。多種多様な付属施設すべての状況を踏まえた考察は難しいと思われる。そこで今回は、委嘱を受けたわたし自身が幼稚園長を兼務する牧師であることから、教会と幼稚園の関係について取り上げることにする。幼稚園と保育所は対象とする子どもの年齢層が重なり、両者に共通する課題も少なくはないが、やはり保育所には保育所独特の課題があろうかと思う。わたし自身が保育所に関わった経験がないこともあり、今回は幼稚園（幼稚園から認定こども園に移行した園も含む）を対象として扱うことにしたい。幼稚園がわかればすべてがわかるわけではないが、教会と幼稚園の関係を考えることが、教会とその他の施設についての考察に寄与するのではないかと思う。

　教会と付属施設としての幼稚園についての考察だが、ここにもいくつかの視点があると思う。

1. 教会から幼稚園との関係を見た場合と、幼稚園から教会との関係を見た場合では、まったく違うものになる。今回はあくまでも「教会」を主体として、教会から見た幼稚園について考える。
2. 教会関係幼稚園[4]といっても、学校法人を設立し、宗教法人である教会とは切り離された別の組織が設置者となっている園が非常に多い。むしろ東京都（東京教区と西東京教区、ただし東京教区には千葉県が含まれる）や神奈川県（神奈川教区）のように、学校法人立でない園

⁵が多く残っている地域の方が例外かもしれない。学校法人は、当然のことだが宗教法人とは別組織である。教会関係幼稚園といっても別法人によって運営されている以上、その関係がいつも、いつまでも良好であるとは限らない。

　学校法人化された教会関係幼稚園と、もともとの設立母体である教会（宗教法人）は今、どのようにかかわり、どのような交流があるのだろうか。別法人でありながら、多くの教会が今なお、学校法人化された幼稚園を自らのミッション（宣教、伝道、使命）の一部とみなしているであろう。両者の意識にずれはないのだろうか。宗教法人立の教会付属幼稚園においても、教会の祈り、願い、思惑と幼稚園の実態との間に隔たりはないのだろうか。幼稚園を通して果たそうとしているミッションは果たされているのか、また果たされていると考えているのだろうか。

3. 教会と幼稚園の関係を考える際に重要なことの一つは、園長をだれが担うかということである。教会関係幼稚園の園長は、多くの場合、教会の牧師が担ってきた歴史的経緯がある。もちろん各園の成立事情や伝統によって、必ずしも園長＝牧師というわけではないのだが、多くの（今回のアンケートでは3分の2）教会関係幼稚園では、今でも園長を牧師が務めている。現場からの意見は追々紹介していくが、牧師が担うべきとの意見が根強くある一方で、もはや牧師が担うのには限界があるという意見も相当に多い。この問題には正解はないのであって、各園が、また教会が主体的に選び取っていくしかない。さまざまな意見を紹介することで、園や教会が議論しつつ選び取るための材料を提供できるのではないかと考えている。

　それではまずこの考察のために依頼したアンケートの内容と回答を紹介することから始めたい。教会と関係幼稚園の実態を踏まえなければ、今回の考察は机上の空論となるだろう。そして、できるだけ多くの回答を紹介したい。それが現場から発せられる正直な声だからである。回答者の多くは牧師であるが、寄せられた回答からはさまざまな苦労がにじみ出ている。課題と格闘する姿も見ることができる。一方、その先にある希望の光も望み見ることが許されるだろう。

注

1　「幼稚園」と名乗ることができるのは認可された園のみであるため、認可外の施設に対してしばしば使われる名称。教会付属の場合、そのほとんどは認可園と遜色のない保育が行われていると思われる。

2　法律上の名称は「保育所」。認可はもちろん、認可外でも「保育所」や「保育園」を名乗ることができる。

3　認定こども園には、幼保連携型、幼稚園型、保育園型の3つの類型がある。

4　設置者が宗教法人たる教会である場合は「付属」幼稚園だが、学校法人化されている場合は「関係」幼稚園であろう。文中、『日本基督教団年鑑』にならって「関係幼稚園」と表記する。文中、必要に応じて「宗法」「学法」と書き添えることとする。

5　旧学校教育法第102条に規定されていたため「102条園」と呼ばれている。現行の学校教育法では附則第6条に規定されているので、現在は「附則第6条園」と呼ばれるべきなのかもしれない。

2．アンケートのまとめ

　まずアンケートの結果を紹介したい。2020年4月初旬「日本基督教団教会関係幼稚園」334園[1]の関係教会に対し、アンケートを送付した。6月末日までに112教会からの回答が届いた（回答率33.5%）。回答方法はGoogle Formまたはファクスとしたが、郵送で届いたものもある。アンケートの内容と回答をまとめておく。ただし自由記述回答については、第3章以下の考察の中で紹介することにしたい。

　ちなみに1969年6月に開催された「日本基督教団第6回全国教会幼稚園園長会」のために行われたと思われるアンケート調査結果[2]がある（以下「69年アンケート」）。この考察でもしばしば引用し、50年前との比較もしてみたい。

第1部　教会と幼稚園について基本的な情報を教えてください。

◎教会名、幼稚園名、回答者名は省略。
◎教区別回答教会数

教区	回答教会数	回答全体に占める割合（%）	教区内幼稚園数に対する割合(%)	内学法	内宗法
北海	7	6.3	24.1	7	0
奥羽	7	6.3	58.3	7	0
東北	4	3.6	20.0	3	1
関東	9	8.1	45.0	7	2
東京	15	13.5	39.5	1	14
西東京	11	9.9	68.8	2	9
神奈川	8	7.2	32.0	5	3
東海	3	2.7	20.0	3	0
中部	7	6.3	25.0	6	1
京都	2	1.8	16.7	2	0
大阪	4	3.6	26.7	2	2
兵庫	7	6.3	31.8	5	2
東中国	1	0.9	20.0	1	0
西中国	7	6.3	50.0	7	0
四国	5	4.5	27.8	4	1
九州	15	13.5	45.5	11	4
沖縄	0	0.0	0.0	0	0
合計	112			73	39

◎回答者の属性

	人数	回答者に占める割合（%）
主任担任教師	92	82.1
幼稚園担当役員	20	17.9

◎設置者別回答数

	園数	回答に占める割合(%)
宗教法人	39	34.8
学校法人（単独）	61	54.5
学校法人（複数園）	12	10.7

　『日本基督教団年鑑2020』の「日本基督教団教会関係幼稚園」によると、宗教法人立は全体の（休園中と社会福祉法人立などを除く）26.6％、学校法人立は73.4％である。今回のアンケートに、より積極的に答えて

くださったのは宗教法人立園を持つ教会ということが言えるだろう。またこれは推測に過ぎないが、学校法人立園の関係教会が幼稚園に対して持っている意識の薄さを暗に示しているとも言えないだろうか。

◎園の敷地

	園数	回答に占める割合(%)	内学法	内宗法
教会と同一	65	58.0	32	33
教会と隣接	28	25.0	24	4
教会とは別	18	16.1	16	2
教会が園の施設を借用	1	0.9	1	0

◎だれが園長を務めているか

	園数	回答に占める割合(%)	内学法	内宗法
主任担任教師	75	67.0	41	34
主任以外の担任教師	4	3.6	4	0
教会員	29	25.9	24	5
他教会員	4	3.6	4	0
キリスト者ではない	0	0.0	0	0

第2部　牧師と園長の関係について教えてください。

1. 主任担任教師が園長でない場合

1–A　主任担任教師が園長でない場合、園における主任担任教師の立場はなんですか。（複数回答）

理事長	14
理事	9
宗教主任・主事	6
チャプレン	11
その他	10（無牧など）

1–B　「その他」の具体的立場を問うた設問（省略）

1–C　教会の視点でお答えください。主任担任教師が園長でないことのメリット（良い点）、デメリット（良くない点）を教えてください。

2. 主任担任教師が園長である場合

2–A　牧師が園長を担うことのメリットはありますか。あるとすればどのような点でしょう。

2–B　牧師が園長であることに、どのような難しさ、困難がありますか。

2-C　回答者個人の意見で結構です。園長はだれが担うことが望ましいと思いますか。また、その理由は何ですか。

主任担任教師（牧師）	40
信徒（保育者、役員）	30
牧師または信徒	6
ケースバイケース（園や教会の条件によって）	7

第3部　幼稚園が教会にとってどのような存在であるか。幼稚園の子どもや保護者と教会のつながり、幼稚園の教職員と教会のつながりについて教えてください。

3.　付属（関係）幼稚園が教会の宣教に大きな役割を果たしていますか。（「宣教」が何を指すのかは回答者に委ねます。）

	回答数	割合（%）
果たしている	85	75.9
どちらともいえない	17	15.2
果たしていない	10	8.9

4.　教会として付属（関係）幼稚園に期待する役割は何ですか。（複数回答）

保護者への伝道（求道者、受洗者となることを期待）	65
保護者に広い意味で教会の理解者となってもらう	93
子育て支援等による地域への奉仕	67
その他	35

4-A　その役割を果たしていると思いますか。

	回答数	割合（%）
果たしている	77	68.8
どちらともいえない	25	22.3
果たして（果たせて）いない	10	8.9

4-B　果たしていない、果たせていない理由は何だとお考えですか。

5.　在園児の内、何パーセントの子どもが教会学校（日曜学校、子どもの教会など）に来ますか。（年に1回でも出席がある園児の割合と考えてください。厳密な割合でなく、お答えいただく方の感覚でかまいません。）

割合（%）	回答数
0	13
0.1 〜 0.5	2
1 〜 2	13
3 〜 4	5
5 〜 9	15
10	22
13 〜 15	6
20	9
22 〜 25	2
30	7
40 〜 50	2
60 〜 70	4
80	5
90	3
99	1
回答無し（教会学校等休会中）	4

「5 〜 10％」のように幅のある回答は多い方の数字で集計した。

5-A　その数字は教会として（あるいは牧師として）満足ですか。

	回答数	割合（%）
満足している	19	17.0
満足していない	78	69.6
その他（無回答含む）	15	13.4

　Google Form では選択肢が「している」「していない」の2つしかなかったが、ファクスなどで寄せられた回答には、さまざまな表現や付記された文言がある。2つの選択肢に当てはまらなかったものはすべて「その他」に計上している。第3章以下で紹介したい。

5-B　園則上、日曜日を保育日としていますか。

	回答数	割合（%）
している	11	9.8
していない	101	90.2

6. 卒園した小学校一年生の内、何パーセントの子どもが教会学校（日曜学校、子どもの教会など）に来ますか。

今回のアンケート

割合（%）	回答数	回答に占める割合 (%)
0	18	16
0.01〜0.5	6	5
1	8	7
2	6	5
3〜4	4	4
5	11	10
7〜8	2	2
10	19	17
13〜15	3	3
20	12	10
23〜25	4	4
30	2	2
40	3	3
50	5	4
60〜99	5	4
他	4	4

参考「69年アンケート」

割合（%）	回答数	回答に占める割合 (%)
0	2	1
10	62	29
20	35	16
30	29	14
40	12	6
50	18	8
60	10	5
70	8	4
80	18	9
90	7	3
100	3	2
回答無し	7	3

6-A　その数字は教会として（あるいは牧師として）満足ですか。

	回答数	割合（%）
満足している	16	14.3
満足していない	87	77.7
その他	9	8

7. 在園児や卒園して間もない保護者の中で求道する人、受洗する人はどのくらいいますか。（厳密な数でなくてけっこうです。）

求道	回答数	割合(%)
年に2人以上	12	10.7
年に1人くらい	18	16.1
2〜3年に1人	16	14.3
それ以下	66	58.9

受洗	回答数	割合(%)
年に2人以上	1	0.9
年に1人くらい	5	4.5
2〜3年に1人	4	12.5
それ以下	92	82.1

8. 専任教職員の内、信者の割合はどのくらいですか。

今回のアンケート

信者割合 %	回答数	回答に占める割合（%）
0	17	15.2
1〜4	5	4.5
5〜9	4	3.6
10〜19	19	17.0
20〜29	23	20.5
30〜39	13	11.6
40〜49	5	4.5
50〜59	9	8.0
60〜69	5	4.5
70〜79	3	2.7
80〜89	2	1.8
90〜99	0	0.0
100	3	2.7
未記入など	4	3.6

参考「69年アンケート」

信者割合 %	回答数	回答に占める割合（%）
0	1	0.5
10	6	3.0
20	14	7.0
30	12	6.0
40	8	4.0
50	25	12.0
60	29	13.0
70	21	9.0
80	20	9.0
90	1	0.5
100	71	34.0
他	3	2.0

9. 教職員（信者含む）は教会の礼拝に出席していますか。

	回答数	回答に占める割合（%）
よく出席している（月に3回以上）	45	40.2
わりとよく出席している（月に1〜2回程度）	39	34.8
あまり出席しない（2ヶ月に1回程度）	13	11.6
ほとんど出席しない（年数回程度）	10	8.9
まったく出席しない	5	4.5

参考「69年アンケート」教師は教会の礼拝にいつも出席していますか。

	回答数	回答に占める割合（%）
出席	190	90.0
欠席	2	1.0
ときどき	10	5.0
出席時々と両方	6	2.5
回答無し	3	1.5

10. 教職員の内、信者でない方は礼拝に出席していますか。

	回答数	回答に占める割合（%）
よく出席している（月に3回以上）	9	8.0
わりとよく出席している（月に1〜2回程度）	38	33.9
あまり出席しない（2ヶ月に1回程度）	22	19.6
ほとんど出席しない（年数回程度）	32	28.6
まったく出席しない	11	9.8

11. 教職員と教会との関係で、難しいこと・困難なことがあれば教え
　てください。

注
1　『日本基督教団年鑑2020』に収められている「日本基督教団教会関係幼稚園」の内、
　休園中の園、すでに廃園になった園を除いた。アンケートの対象はそれらの関係
　教会。
2　アンケート結果は『明日の教会幼稚園の課題（教会教育パンフレットシリーズⅢ）』
　（1970年1月10日、日本基督教団教育委員会発行）に掲載されている。なお「69
　年アンケート」は469通発送され、211通の回答があったとのこと。回収率は
　45％である。

3．教会が幼稚園に期待すること

①何を期待しているか
　教会は関係幼稚園に何を期待しているのだろうか。アンケートでは「付
属（関係）幼稚園に期待する役割は何ですか。」という問いに、選択肢
を4つ用意し、複数回答可とした。やや曖昧な表現の選択肢で、回答
に迷った人もあったかもしれない。選択肢は「保護者への伝道（求道者、
受洗者となることを期待）」「保護者に広い意味での教会の理解者となっ
てもらう」「子育て支援などによる地域への奉仕」「その他」である。わ
が子を教会幼稚園に入園させた保護者が、礼拝に出席し、求道者となり、
さらには洗礼を受けて教会員となってくれることを期待している教会が
多いのではないかと推測した。結果はその通りであって、「保護者への
伝道」を選んだ教会は65（58％）にのぼった。次の「理解者となって
もらう」は、継続的に礼拝に出席したり、求道者となるところまではい
かないけれども、教会のサポーターとでもいうべき人を増やしたいとい
う選択肢である。教会が地域にあることを良しとし、何かきっかけがあ
れば教会に協力し、教会の立場を理解し、教会の側に立ってくれる人を
増やすことは、教会にとって大切なことだと思う。この選択肢を選んだ
教会は93（83％）にのぼった。また「その他」の自由回答において、
この選択肢と相通じる回答を寄せている教会もある。たとえば「潜在的
なキリスト教ファンを作る」（北海教区、学法）、「地域との信頼関係の

醸成」（兵庫教区、学法）、「教会が地域に受け入れられるために幼稚園
の存在が役に立っている」（東北教区、学法）といった声は、広い意味
で教会の理解者になってもらいたいという願いであろう。次の「地域へ
の奉仕」は教会が幼稚園を通して、言い方は悪いが下心なしに純粋に地
域に仕える姿勢をこの選択肢に込めた。これを選んだ教会は 67（60%）
であった。そもそも幼稚園は「子育て支援センター」としての役割を担
うことが行政から求められているが[1]、教会がそのことを自覚して地域
に仕えていくことは、意味のあることだと思う。

　「その他」に書かれた「役割」の中に少なからずあったのが「子ども
への伝道」という回答であった。不明を恥じるしかないのだが、選択肢
の一つとして挙げておかなければならなかった。「在園児および卒園児
への伝道」、「みことばの種まき、芽生え、育って、実を結ぶことを祈り
つつ」、「子どもにキリスト教信仰の継承」。さらに具体的に「教会学校
への子どもの参加」、「CS につなげていく」、「教会学校（幼稚科のみな
らず小、中、高）への招き」、「園児や卒園生が教会学校に出席すること」、
「園児、卒園生と教会学校へのつながり」と、在園児や卒園児が教会学
校につながることを切に願う回答が少なくなかった。さらに少し気の長
い話だが、「園児から子どもの教会のリーダーを生み出す」という願い
も記されている。

　また直接的な伝道というよりも、園児たちの人間形成、人格形成に幼
稚園のキリスト教保育が一定の役割を果たすことを願う回答も多い。「子
どもを愛される主に倣う。小さな命を大切に育む」、「子どもたち自身が
『愛されている』ということを体で感じてほしい」、「園児がキリスト教
保育によって養われて人間形成を行う」、「キリスト教精神による人間の
教育」、「キリスト教の価値観（世界観）を理解し、その考え方を備えた
子ども（人格）と保護者（大人）を育てること」といった回答である。

　一方次のような回答もある。「園児への寄与。教育活動に徹する」、「幼
児教育・保育は幼児教育・保育のみが目的であってほしい」。教会が関
係幼稚園に信仰的な期待を負わせないという意味だと理解した。だから
といって関係幼稚園でキリスト教保育が行われないわけではない。これ
までの回答と必ずしも矛盾するものではない。教会関係幼稚園ではどの
園でも礼拝が行われるだろう。園長をはじめ教師や園児は祈り、さんび
かをうたい、聖書の言葉が語られたり、子どもたちは暗唱するに違いな
い。園児や保護者の中に、教会の礼拝や教会学校に出席する人もいるだ

ろう。しかし最初からそのことを期待して教育・保育をするのではなく、あくまでも結果として生じる（与えられる）ことだという意識ではないか。次のような回答も同じことを指しているのではないかと思う。「『伝道』は前に出さないが、結果、教会の中心に卒園児の親がいる事実。神がなせる業！」。教会は伝道することをいつも考えている。主イエスの宣教命令にしたがって、一人でも多くの人たちを主の弟子にしたいと願っている。しかし伝道が、目的ではなく、結果として実っていることに目を向けたい。

②幼稚園が宣教の役割を果たしているか

　アンケートの問い3「付属（関係）幼稚園が教会の宣教に大きな役割を果たしていますか。」への回答を見てみよう。ここで「宣教」が何を指すのかをこちらで定義することはせず、回答者に委ねることにした。幼稚園に何を期待するかは教会ごとに異なるだろうと思う。だから、これはいわば「満足度」を計る問いだと受け止めていただきたい。「果たしている」という回答は85（76％）、「果たしていない」は10（9％）、「どちらともいえない」は17（15％）である。その次の問い4は「教会として幼稚園に期待する役割は何ですか」であり、その後改めて4－1「その役割を果たしていると思いますか」との問いがある。ここでは「果たしている」が77（69％）、「果たして（果たせて）いない」が10（9％）、「どちらともいえない」が25（22％）となっている。双方の回答に大きな違いはない。幼稚園に期待しているさまざまな役割を果たしていると感じている教会が多いのである。しかし、「子どもたちへの伝道」「保護者への伝道」という期待についてはどうなのだろうか。まず「子どもへの伝道」について見てみたい。

　在園児の場合

　問い5「在園児の内、何パーセントの子どもが教会学校に来ますか」。必ずしも厳密に統計をとってもらう必要はなく、どのように感じているかということで、年に1回でも出席がある園児の割合を念頭において答えていただいた。なお、教会学校などが休会中という教会がいくつかあった。関係幼稚園がある教会ならば子ども向けの礼拝や活動があるに違いないと思い込んでいたが、奉仕者がいないなどの理由で休んでいるとのことである。教会には教会ごとの事情があることを知らされた。

　さて、在園児の内、どのくらいの人数が来ていると感じているのだろうか。90％以上という教会が4、80％が5、60〜70％が4、40〜50％が2、40％未満の教会が圧倒的に多く（94教会）、その内10％以下が70教会である。最も出席者が多かった99％の1教会、90％、80％、70％、60％の内のそれぞれ1教会は、園則上日曜日を保育日としている園の関係教会である。出席者が多いのもうなずける。しかし逆に言うと90％の内の2教会、80％の内の4教会などでは、日曜日を保育日としてはいないにもかかわらず高い出席率で園児が来ている。一方、日曜日を保育日としていながら0％、2％、3％という教会もあり、多くの教会で幼稚園を通して教会学校などへの参加を呼びかけてはいるのだろうが、思うようにいかない現実がある。

　教会として（あるいは牧師として）出席率をどのように受け止めているか、単純な選択肢で申し訳ないが「満足している」「満足していない」の二つから選んでもらった。回答は「満足している」19（17％）、「満足していない」78（70％）、「その他」15（13％）という結果だった。7割の教会がもっと出席してほしいと願っていることが明らかである。ファクスや郵送での回答にはさまざまな文言が書き添えられているので、それらを「その他」としてまとめた。そこには、耳を傾けるべき言葉が少なくない。Google Formで回答してくださった方にも自由記述の余地があれば、もっと多様な声が集まったかもしれない。

　たとえば次のような言葉である。「満足ですが、数ではなく、一人ひとりを大事にしている質を重視します」（出席率13％）、「割合については興味がない」（同80％）、「（満足している）一人を大切に思うから」（同10〜20％）、「どうでもいい」（同10％）。これは子どもへの伝道に限らず、教会の伝道全体に言えることだが、わたしたちはどうしても数字に囚われてしまう。人数を数えるのが悪いわけではない。しかし数が多かった、少なかったと礼拝や教会学校の出席者数に一喜一憂してしまうのである。人数は少なくても、「○○ちゃん」が教会に来ることを喜びとする姿勢は大切なことである。ただ、やはり教会が幼稚園に期待するのは「それなりの人数」であることが、回答に正直に現れている。なにしろ「満足していない」が回答の7割なのである。「満足できる数字ではない」（出席率0.5％）、「もう少し来て欲しいと思う」（同5％）、「もう少し増えてほしい」（同5％）、「もう少し多ければ、と願っている」（同10％）、切なる願いである。また諦めにも似た「満足はしていないが仕

方ない」（同 2-3％）という声も聞かれる。現実は厳しい。

卒園児の場合

　今度は卒園児の場合を見てみよう。問い6「卒園した小学校一年生の内、何パーセントの子どもが教会学校などに来ますか。」こちらも在園児の場合同様、感覚的な回答である。なぜ一年生にしたのかというと、在園中に来ていた子どもは引き続き出席することが多いだろうし、小学生になったのを機会に出席するようになる子もいるのではないかと思う。人数が最も多い学年が一年生ではないかと考えたのである。

　回答を見ると、在園児より卒園児の方が多い教会もあれば、横ばいの教会もあり、減少する教会もある。少し意外だったのは増えている教会（22）よりも、減少している教会（45）の方が多いということである（横ばいは39）。幼稚園では保育日に設定されていたから日曜日も行ったけれども、卒園したら出席は任意なのでもう行かない、という家庭もあるだろう。同様に在園中は園の勧めで行ったけれども、卒園したらもう行かないという家庭もあるに違いない。キリスト教とのつながりがない多くの家庭における教会学校などの位置づけを垣間見ることができるのではないだろうか。

　この出席率に対する「満足」「不満足」の分析はもはや不要だろう。ただ、在園児20％で満足しているが、卒園児20％で満足していないという教会があった。ここに「卒園したら教会学校へ」という「期待」が込められていると見ることができる。

求道者や受洗者が与えられているか

　アンケートでは主に在園児や卒園児の保護者を念頭において、求道者や受洗者がどのくらい与えられているかを尋ねた（問い7）。子どもたちの場合同様に、保護者が教会につながるのも難しい。「求道する」の定義をせずに尋ねているので、回答者の受け止め方によるのだが、少なくとも定期的に礼拝に出席するようになる人と理解してよいだろう。「年に2人以上」が10％、「年に1人くらい」が16％、「2〜3年に1人」が14％で、半数以上の教会では「それ以下」、つまりめったに保護者の中から求道する人が現れないということになる。受洗者については当然のことだがさらに少なくなる。「年に2人以上」が1教会（東京教区）あったが、これには驚いた。本当は驚いていてはいけないのかもしれないが、

他の教会の数字を見る限り、極めて稀なことだといわざるを得ない。「年に1人くらい」が5教会（東京、西東京、神奈川、兵庫2）あった。都市部に多いことがわかる。

50年前との比較

「69年アンケート」にも今回同様「幼稚園が教会の宣教に大きな役割を果たしていますか。」という問いがある。回答は「いる」71％、「いない」13％、「回答なし」16％である。「69年アンケート」では「期待する役割」をこの問いの中で「宣教の役割の内容は」という仕方で尋ねている。主な回答として「地域への接近、地域社会、家庭と教会の掛け橋的役割」（回答数65）、「園児の父兄（原文ママ）の受洗」（同38）、「園児がCSに結びつく」（同45）、「卒園児の受洗」（同25）がある。今回のアンケートとほぼ同内容の「役割」が期待されている。そして「役割を果たしていますか」に対する回答は今回のアンケート3および4-Aの結果とそれほど大きな違いはない。ちがうとすれば4-Aでは「どちらともいえない」が多くなっているということくらいだろう。幼稚園が教会の宣教に一定の役割を果たしているという意識は、50年前と現在とで、あまり変わっていないのである。しかし、「卒園児の何パーセントが教会学校に来ますか。」の回答を見ると、出席率が減っていることは一目瞭然である。出席率が（おそらくは出席者数も）減っていてもなお、「宣教に大きな役割を果たし」続けているである。それは教会学校出席者数が減っていることに慣れてしまっているだけなのかもしれないが、それだけではないように思う。

確かに「父兄の受洗」や「園児がCSに結びつく」ことへの期待は小さくないし、現在でも「保護者への伝道」「子どもたちへの伝道」を期待しているだろう。けれどもアンケート結果を見てわかるのは、「広い意味での教会の理解者となってもらう」ための役割や「地域への接近」という役割を期待するという回答が非常に多いということである。つまり、出席者が減ろうが、出席率が少なくなろうが、「幼稚園がある」ということが教会にとって大きな意味を持っていることを、教会は知っているのではないか。教会が期待するようには子どもたちや保護者が教会につながらない現状は残念ではあるが、それだけが幼稚園の存在意義、存在理由ではないことを物語っている。

③なぜ果たして（果たせて）いないのだろうか

　問い4-B「果たしていない、果たせていない理由は何だとお考えですか。」は直接的には4-Aを受けて尋ねているのだが、似たような問い3や5-A、6-Aとも関連するように思う。問い3と4-Aについては「果たしている」という回答が多いのだが、CSへの出席者数への満足度を尋ねた5-A、6-Aは「不満足」が多い。期待される役割は概ね果たしているのだが、各論、特に人数のことになると不満足になるということだろう。

　さて、果たしていない、果たせていないと思っている、あるいは感じている理由としてどのようなものがあるだろうか。自由記述で回答してもらった。代表的な回答は、教会にその力がないというものである。「そもそも教会が伝道の働きを負えていない。教会の働きの充実が先。教会員が高齢化。教会の維持すらむずかしくなりつつある現実。保護者が仲間に加わってくれるととてもうれしいのだが」（関東教区）、「教会員が少ない」（奥羽教区）、「教会の体制的に無理。教会学校自体無い」（九州教区）、「教会員の積極性（のなさ）」（兵庫教区）という現実がある。

　努力はしているのだが思うようにいかないという声もある。「十分とはいえないが、それぞれの立場で努力している」（西中国教区）、「幼稚園児やその保護者を日曜の教会主日礼拝に招き、合同礼拝を年に3回行ったり、ＰＴＡ集会で牧師が聖書の話をし、できうる限りの努力をしているが、求道者にはならない。なぜなのでしょうか？」（大阪教区）。保護者自身が幼稚園にキリスト教を求めていないという現実もあるのではないか。次のような回答はそのことを物語っている。「今一歩、保護者との関係、保護者の欲する点がつかみきれていない」（関東教区）、「地域に幼稚園が一つしかなく、子育て支援という点では十分にその役割を果たしている。しかし同時に、保護者には他の園を選ぶという選択肢がないため、キリスト教保育を行っているからという理由で（当）幼稚園に子どもを預けているわけではない。そうした理由から、保護者の関心がキリスト教、あるいは教会に向きづらい傾向がある。もちろん、園としてはキリスト教に基づくメッセージは発信しているが、なかなかそれが届いていないのが現状である」（北海教区）。届けたくとも届け手がいない（少ない）、届けたいものはしっかりと持っているのだが、相手が受け止めてくれない、どのようにしたら届けることができるのか、受け取ってもらえるのか、手探りでの努力がなかなか実らないもどかしさが

感じられる。

　別の章で考えることになる教職員と教会の関係ともつながるのだが、教会の願いと教職員の意識のずれも少なくない。「教会と牧師の努力不足もあると思うが、園教職員のキリスト教教育、保育についての理解が十分とは言えず、臨時職員も増加する状況においては、徹底も難しさがある。教会側も幼稚園への関心を深めていくことが必要」（西中国教区）、「園に勤める教職員が教会に繋がらない。礼拝出席を自主性に任せている。強制はできないのでむずかしい」（奥羽教区）。保護者を一足飛びに教会につなげるのが難しいとすれば、まずは幼稚園の教職員が教会、キリスト教への窓口になってほしいところだが、園長や主任など限られた人たちだけがキリスト者であって、その他の教職員が教会につながっていなければ無理な話である。

　しかし希望が無いわけではない。「日々、その役割を少しでも担えるように努めている。自分を園に、神に、こどもに、隣人に捧げる熱情が必要」（神奈川教区）。この熱情をもって、少しずつであっても変わっていく園もある。「過去にキリスト教的な要素を徹底的に幼稚園より排除した歴史があり、宣教的な活動を目的に教会の人間が関わることについて潜在的に抵抗が大きい。前任と現任の牧師が園長になって園児への聖書のお話しと、保護者会での聖書のお話しを始め、教会との関係を保護者にも伝えることができるようになった。また、イースターやクリスマスなどには50人程度の園児と家庭が集まるようになったが、多人数を迎えるために十分な教会の奉仕者を得られない」（西東京教区）。千里の道も一歩からなのだろうが、「多人数を迎えるための奉仕者を得られない」というところになると、教会に力がないという回答に戻ってしまう。

注
1　「学校教育法」第24条および「幼稚園教育要領」（2017年改訂）第3章2。

4. 教職員と教会

　「幼稚園に期待すること」の「その他」に記入してもらった自由回答の中に、教職員との関係について触れたものが少なからずあった。「教職員への伝道」（東海教区）、「教職員への伝道や教職員に教会の理解者となってもらう」（東北教区）、「園児・職員が愛されることを沢山体験すること」（神奈川教区）。幼稚園には園児や卒園生、その保護者だけでなく、教職員への伝道が期待されている。「保護者だけでなく、教職員へも広い意味で教会の理解者になってもらえる（約50名の職員）」（九州教区）。おそらくパートも含めてだろうが、50人もの教職員の内わずかでも教会を身近に感じてもらうことができたら、大きな意味があると言えるだろう。

　教職員の中には、採用前からキリスト者であった人もいるだろうが、幼稚園に就職し、教会に導かれ、受洗に至ったという人もそれなりにいるのではないだろうか。アンケートでは、専任教職員の中で信者が占める割合を尋ねている。キリスト者割合が0％まったくいないという園も17ある（九州4、東京3、北海2、奥羽、東北、西東京、神奈川、東海、中部、兵庫、西中国各1）。園長がキリスト者でないという園はなかったので、園長だけがキリスト者だということだろう。100％、専任教職員が全員キリスト者という園も3ある（神奈川、東京、西東京）。10％台の園が19、20％台が23、30％台が13，このあたりが最も多い。0％の園は九州教区と北海教区に多いが、都市部だからといって必ずしもキリスト者の教職員がいるわけではない。

　「69年アンケート」を見ると、キリスト者割合0％の園は1園だけ。100％の園が何と71，回答数の34％にも及んでいる。50％以上の園が概ね回答数の約8割となっている。今回のアンケートでは50％以上の園は約2割である。キリスト者教職員の割合を尋ねているので、単純に人数に置き換えることはできないが、この50年でキリスト者の教職員が圧倒的に減っているということは確かだろう。教職員への伝道、教職員に教会の理解者になってほしいという願いは、かつてはそれなりにかなえられていたのだが、今ではかなえられないものになりつつあるというのが現実である。

　教職員の礼拝出席状況はどうだろうか。「月1から2回程度」が「わりとよく」なのか、と選択肢に対する異論はあるかもしれないが、大ま

かな傾向を調べたものなのでご容赦いただきたい。「信者を含む」場合は、「よく出席している」が40％、「わりとよく出席している」が35％となっている。これは当然といえば当然だろう。一方、信者でない教職員の礼拝出席は、「よく出席している」が8％、「わりとよく出席している」が34％、逆に「ほとんど出席しない」が29％、「まったく出席しない」が10％となっている。ちなみにキリスト者教職員がまったくいないという17園の状況を見ると、次のようになっている。「よく出席している」1園、「わりとよく出席している」7園、「あまり出席しない」4園、「ほとんど出席しない」4園、「まったく出席しない」1園である。前出の「職員が約50人」という九州教区内の園では、専任の内キリスト者は10％だが、信者でない職員は「わりとよく出席している」との回答であった。

　アンケート問い11で「教職員と教会との関係で、難しいこと・困難なことがあれば教えてください。」と尋ねた回答で多かったのが、「礼拝に出席してほしいけれども、強制できない」というニュアンスのものである。前項のアンケート結果からわかるように、教会としては、教会幼稚園で働く以上、聖書やキリスト教信仰について学んでほしい（あるいは知ってほしい）し、できれば求道者となり、いずれは洗礼を受けて教会員となってほしい、その上で働き続けてもらうのが一番だという願いがある。「教職員にはまことの信仰を持って子どもたちの前に立ってほしい、お話やお祈りをしてほしい、キリスト教保育を実践してほしいと願い、祈るばかりです」（九州教区）。しかし現実には「日曜日の出席は、体力、気力共にキリスト教に初めてふれる人たちには要求できないのが実情です」（関東教区）。

　また最近、避けて通ることができないのが、労働法を遵守しなければならないという社会の要請である。幼稚園の教職員もまた労働者であることは確かであり、雇用者である教会や学校法人は労働者の権利を守らなければならないのである。日曜日に、たとえば教会学校の奉仕をしてもらおうと思えば、本人が自発的に手を上げてくれるのを待たなければならないということになる。就業規則で日曜日の出勤が定められ、労働法が求める仕方で休日が与えられていれば別だが、就業規則にない仕事を奉仕の名の下に強制することはできないのである。あるいは形の上で「お願い」したとしても、園長からの「お願い」の仕方によっては、立場上断ることができずに強制されていると教職員が感じることもあるだ

ろう。そして労働基準監督署に相談されれば、場合によっては指導の対象になる。

　かつて多くの教会幼稚園では、先生になったら日曜日に礼拝に出るのは当たり前、教会学校で奉仕するのは当たり前、礼拝後の教会の働きを担うのも大切なことだと考えていたのだろう。そして今なお、その価値観から自由になれない牧師や教会員も少なくないようである。「年配の教会員（特に元教職員）が、未信者の教職員が礼拝にあまり出席していないことを声高に危惧していると語ること」がある（大阪教区）。あるいは「教会の方々に高齢者が多いので、幼稚園の若い教職員を労働力と考えている」（九州教区）ということもある。昔の考え方を貫こうとすると、労働法と衝突することが多くなるのである。

　教会が幼稚園の先生たちの奉仕を期待し、先生たちも半ば仕事と思って教会の奉仕を担うという構図は、必ずしも好ましいものではない。奉仕は本来自らの意思で、喜びを持って担うものであり、半ば強制的に担わなければならないものを奉仕とは呼ばない。表面的には自発的に、喜んで担っているように見えるかもしれないが、牧師園長や教会員である園長、主任といった上司の評価を気にして奉仕しているケースもあるのではないだろうか。このような場合には、教職員が教会や教会に集まる人たちとよりよい信頼関係を築くことは容易ではないだろう。

　しかし一方、教職員と教会とがよりよい信頼関係を築くことができる場合もある。「園を使用する大きな行事の時には協力してくれている。時々、わが子を連れて教会学校に参加してくれている。未信者に魅力のある教会の在り方が課題である」（奥羽教区）、「教会行事などではこちらが頼まずとも積極的に奉仕してくださるので、希望は大きい」（四国教区）、「教会が小さいため、教会の諸行事に教職員が積極的に参加してくれている」（九州教区）といった教会もある。黙っていても礼拝に出席し、さまざまな形で行事に参加したくなるような「魅力のある教会」であればよいのかもしれない。「教会員が教職員の顔と名前を覚えず、もう何度も礼拝に出席しているのに、受付で『初めてですか』と聞く」（四国教区）という教会もある。教会の規模にもよるが、教職員からすれば自分の存在を認識してくれていないという寂しさを覚えるのではないだろうか。「一部の教会員が高圧的に指導、教育を行おうとするきらいがあり、教職員から多少の不信感を抱かれている」（兵庫教区）。これも教会を心理的に遠ざける一因になりそうである。

　学法化した園からは次のような声も聞かれる。「特別な出席日を設けているが、親会社のイヴェント的にしかとらえられていないように思われる」（東京教区）、「どうしても教会と園が一体だというイメージが理解し難い様子」（九州教区）、「園側は教会の存在を元母体（今は独立したと思っている）として意識している。教職員が教会の礼拝を、自分たちのためにも開かれているともっと思ってくれるとよい。そうなるようにこれからも努力していく」（東北教区）。教会を「親会社」あるいは「元母体」と考えるのは、教会の中からは出てくることのない発想だし、それゆえに教会には理解できないかもしれないが、学法園の教職員から見た率直な声だと思う。その他、問題や課題、困難なことがないという回答も多かった。あるいは歴史的な経緯から詳細を書くわけにはいかない、あるいは簡単に説明できないということで回答無しの教会もあるに違いない。

　今回のアンケートの中でもっとも感銘を受けた回答があるので紹介したい。「キリスト者でない保育者が、保育の中で讃美歌を歌い、祈りを教え、神様への感謝を教えてくださっている。神様と共に生きる喜びや、神様の造ってくださっているこの世界の不思議さとこの世界に生きる喜び。そのすべてを、子どもたちに一人ひとりに愛情深く伝えてくださっている保育者に、感謝することはあっても、不満などない。できることならば、ずっとこの教会と幼稚園の牧師園長として生きていきたい」。ある牧師園長の言葉である。キリスト者でない先生たちも、一人ひとりが教会幼稚園の教師として自覚をもって働いていてくれることへの感謝の思いを書いてくださった。教会幼稚園の先生がキリスト者であってほしい、キリスト者になって働いてほしいという願いはよくわかる。けれども教職員は教会関係幼稚園に就職した時点で、キリスト教保育の同労者となっているのである。このことに希望は見いだせないだろうか。

5. 園長はだれが担うか

　神学校を卒業して教会に赴く神学生の多くが「付属施設のない教会」を希望すると聞いたことがある。真偽のほどは定かではないが、それが一部の神学生の気持ちだとしても、そのような気持ちが生まれる背景には、付属施設があると大変だ、大変に違いないという考えが牧師の間に、さらには神学生の間にも根強くあるからだろう。実際のところ、園長を

兼務している牧師の多くは大変な思いをしながら、園長と牧師を両立させている。しかし、だれもが二つの役割をうまく両立させることができるわけではない。教職員との関係、保護者との関係、教会と園との板挟み、その他さまざまな理由によって園長を辞さなければならないケースも少なくないだろう。園長を辞めた後、誰かが代わりに園長を務め、牧師としては教会に残るというケースは、おそらくほとんどないのではないか。多くは園長を辞任＝牧師を辞任ということになるだろう。誤解のないようにお願いしたいが、単に牧師個人の資質の問題を指摘したいのではない。牧師個人の資質が原因になるケースもあるだろうが、教会、幼稚園、牧師の相性によるところが大きいのではないか。相性という表現は必ずしも適切ではないかもしれない。教会の求め、幼稚園の求めと牧師が担うことのできる、あるいは担うことが必要だと思っていることとの隔たり、ギャップと言い換えた方が良いだろうか。A教会A幼稚園でうまくやっていた牧師が、転任先のB教会B幼稚園で同じようにうまくやれるとも限らないと言いたいのである。残念なことではあるが、だれもが何の問題もなく担える兼務ではないと思える。

　さて、まず今回のアンケートに回答を寄せてくれた関係幼稚園の3分の2は、牧師が園長を担っている。宗教法人立では87％が、学校法人立でも56％と半数以上の幼稚園で、牧師が園長を担っている。「69年アンケート」での「牧師が園長を兼ねていますか」の問いへの回答は、「いる」82％、「いない」18％である。牧師が園長を担わない園が増えているということになるだろう。その理由がどこにあるのか、また前述のような苦労をしながらもなお牧師が園長を務めている理由についても考えてみたい。牧師が園長である場合のメリットと難しさ、困難さについて尋ねた質問への回答を紹介する。

①牧師園長のメリット[1]

　まずメリットである。代表的なものが次のような回答である。「園の基本姿勢であるキリスト教保育について、子どもたち、職員、保護者、地域に明確に示すことができる」（奥羽教区）。自由記述なのでまったく同じ回答はないが、同様・類似の回答は37教会から寄せられた。つまり牧師が園長を務めていることが、「キリスト教主義」「キリスト教に基づく教育・保育」を掲げる「しるし」だということである。実際にキリスト教保育の大事な部分を担う役割、たとえば園児の礼拝でのメッセー

ジや祈り、保護者向けの聖書の学びなどを担当している牧師園長は多い。またもう少し焦点を絞って「伝道のために」ということを強調する回答もある。牧師が園長であることによって「幼稚園がキリスト教幼児教育、伝道のためにあることを明示できる」（神奈川教区）、「幼稚園の働きの中でダイレクトに福音を、牧師として伝えることができる」（西東京教区）、「幼稚園児と保護者、家庭に対する伝道ができる」（西東京教区）。すでに見た「幼稚園に対する期待」とリンクしているのだろう。

　同様に多かったのは、教会と幼稚園との関係がスムースになるという回答である。34教会から寄せられた。たとえば「教会と園との橋渡しが容易」（西東京教区）、「教会と幼稚園の基本方針が一致できる」（東京教区）が代表的な表現であろう。また学法化された園の場合、教会と幼稚園という別法人を実質的に結びつける役割が期待されているケースがあるようだ。「別々の法人となってもキリスト教信仰に基づいた理念と活動を支えることができる」（西東京教区）、「教会と園が一つの『からだ』であることがハッキリわかる」（九州教区）。学校法人になっても「教会が幼稚園を生み出したというメッセージを発し続けられること」（九州教区）というメリットもある。

　「牧師が社会の中で広く物事を見ることができ、よい経験になる」（西東京教区）のように、牧師の訓練のためになるという声もあった。園長職を担うと、それまで知らなかった世界を見ることになり、いわゆる見聞を広めることにつながる。行政との関わり、地域の幼稚園連合会でのさまざまな出会い、場合によっては政治家とも付き合わなければならない。キリスト教会の牧師が地域との接点を持つことが難しいことも多いが、「園長であることにより、教会が地域に認知され、受け入れられている」（大阪教区）という声もある。「田舎（地方）においては牧師の信頼度と幼稚園長の信頼度では、幼稚園長の方が高いのではないかと思われる。地域との接点という意味ではとても重要」（中部教区）。悲しいことだが、これもまた日本社会の現実なのだ。園長の肩書きがあればこそ、地域の中で受け入れられるのである。それが教会の活動にプラスに働くならば、大きなメリットであろう。

　さらに非常に現実的なメリットとしてあげられるのが、牧師の収入を補うことができることである。「牧師謝儀に加えて園長の給料で牧師の生活を支えることができる」（西東京教区）、「地方教区の多くは小規模教会であり、謝儀保障の観点から見れば大きな意味を持っている」（北

海教区）、「謝儀保障。現実的ですいません」（九州教区）。同様の声は北
海教区からさらに1、九州教区からさらに2、神奈川教区、東北教区か
らも寄せられている。必ずしも現任地の経験ではなく、これまでの任地
での経験を踏まえての意見もあるようだ。「現実的ですいません」と書
き添えてくださっているが、牧師の生活を支えることはとても大切なこ
とである。関係幼稚園があるから牧師を招くことができるという教会は
少なからずあるに違いない。

②牧師園長のデメリット

　メリットがある一方、少なからぬデメリットもある。一番多いのは「時
間的・労力的制約」とでも言おうか。たとえば「園務のための時間確保」
（学法、牧師園長）、「園長としての職務に殆どの時間を拘束されてしま
い、教会の活動と合わせると牧師は休日がない」（学法、牧師園長）、「多
忙であり、休暇がない」（学法、牧師園長）。しかし、単に牧師が忙しい
というだけに留まらない。「牧師としての働きに制約が生まれてしまう」
（宗法、牧師園長）、「フルタイムでの園長職が優先され、牧会に支障が
出ている」（学法、牧師園長）。本来の働きである牧師としての働きが十
分に行えなくなっているのは、大きな問題ではないだろうか。「教会にも、
幼稚園にも、時間、労力が不足し、中途半端になる」（学法、牧師園長）。
教会員もわかっている。「激務になるのではないかと思う」（宗法、教会
員が園長）。教会の牧師であるだでも忙しいのに、さらに園長という
対外的にも責任のある役割を負うわけだから「激務」になることは確か
である。教会や幼稚園としてのメリットが、牧師園長個人の犠牲の上に
成り立っているというのは言い過ぎだろうか。

　ならば牧師が園長を兼務したままで、幼稚園のことは副園長や主任
といった立場の人に任せて、教会のことに時間や労力を注げばよいの
かというとそういうわけでもなさそうである。「フルタイムの園長とし
て、世の一般の園長と同様の働きが要求される。二足のわらじで働きが
2倍になるが、そのことへの園側からの配慮や理解が得られない」（学法、
牧師園長）。園から見れば園長は園長であって、きちんと働いてほしい
ということだろう。特に学校法人の場合はなおさらであろう。逆に教会
から不満が出ることもあるようだ。「教会員より、幼稚園のことに比重
がかかりすぎていると不満を抱かれるということ。実際、どっちつかず
になりかねないという危惧をいつも抱いている」（宗法、牧師園長）、「牧

師の働きと園長の働きのどちらかを犠牲にせざるを得ない」（宗法、牧師園長）となれば、召命観にも関わることになる。

　次のような声もある。「教会と幼稚園との間に距離が生じた時に苦慮する」（宗法、牧師園長）、「教会と幼稚園の間の板挟みになり、どちらの側にもつけないで孤立しなければならない葛藤に陥る場合がある」（宗法、牧師園長）、「責任ある兼務であるために忙しいことや、職員・保護者等との関係でストレスが多い。ゆえにトラブルが多く発生しやすく、転任が早いケースが多い」（学法、牧師園長）。職員との関係についてはこのようなこともある。「職員に対しては園長」だが、その人が礼拝に来れば「牧師」になるということである。「組織の管理者として人事面や職務遂行においては厳しい措置をとらざるを得ない場合があり、牧師としての人の接し方とは異なる対応が必要となることがある」（学法、牧師園長）、「人事において時に困難を覚える。教会員でもある教師を解雇する時など」（学法、牧師園長）、「園長は経営者であり、人事や労務などの業務があり、一方牧師は牧会的な配慮で動く。この二つを同時に働かせることは難しい」（宗法、牧師園長）。

　牧師が園長を兼務するメリットは少なくない。しかし牧師と園長はそもそも別の目的を持った施設の「長」（牧師が「長」かどうかはともかく、常時教会にいて、教会を代表する役割を担っていることは間違いない）である。特に「板挟み」にあったり、園長と牧師の人との接し方（場合によっては正反対の接し方をしなければならない）を使い分けなければならない場合は、単に「二足のわらじで働きが2倍になる」というだけでなく、一人の人間が矛盾する役割を負わされることになる。

　こうした「激務」に耐えられなくなる人は少なからずいるだろう。関係幼稚園のある教会をどうして辞任したのですかといったアンケートを採ったところで、理由を正直に述べることができないだろうから確かめようがないが、幼稚園を理由にして教会の牧師を辞めるという例は結構あるのではないか。幼稚園（教職員や保護者）からは「園長先生しっかり働いてください」と言われるし、教会（役員や教会員）からは「幼稚園のことばかりやっていないで、教会のこともしっかりやってください」と言われる。どちらか一方を自らの働きの中心に据えることができないとすれば、双方共に中途半端にならざるを得ない。教会、幼稚園の理解があればよいが、理解されない（されにくい）のが現実であろう。これは肉体的なしんどさだけでなく、精神的にも辛いことになる。真面目に

やろうと思う人ほど苦しむことになりかねない。

③専門性の問題

　牧師の多くは幼児教育の専門家ではない。なかには幼稚園教諭免許や保育士資格を持っている人がいるかもしれないが、それは稀だろう。にもかかわらず園長として教職員を指導し、あるいは保護者に対して教育者として向き合うのは並大抵のことではない。相手はベテランの先生であったり、何人も子どもを育てた親であったりする。次のような声がある。「保育実践的経験や幼児教育の専門性を考えた時、すべての牧師が十分な学びをもって教会に赴任するわけではない」（宗法、牧師園長）、「専門分野ではない点で判断に迷うことがある」（宗法、牧師園長）、「神学校で幼児教育をきちんと学んできていない中で、自分自身で学び・出会い、切り拓いていかなければならない。特に最初は、積み重ねがない中で、経験のある教職員や保護者と向き合わなければならないので、信頼関係を得ることが難しくこじれやすい」（学法、牧師園長）、「経験だけで何とかやっている状況、年々仕事量が増えています」（学法、牧師園長）。

　また最近は幼稚園を取り巻く制度も複雑化し、行政と折衝するために学ばなければならない事項も多い。また教職員との関係のところでも述べたが、労働法を遵守するための学びも必要になる。行政からは「危機管理」「防災計画」「消防計画」などのマニュアル作りを求められる。財政的に余裕があれば専門家やコンサルタントに相談することも可能だが、それが叶わない場合は、園長がコツコツと学び、考え、作成しなければならない。「幼稚園の運営がかつてにくらべて高度に複雑化・専門化していること」（宗法、牧師園長）、「国の制度や労務管理への熟知に難がある」（宗法、牧師園長）、「園の経営・運営には牧師に求められるものとは異なる能力が求められる。特に認定こども園と無償化がはじまり、園責任者には重い責任と高い専門性が求められている」（学法、牧師園長）。牧師が園長を兼務するためのハードルは年々高くなっていると言えるだろう。

④牧師は園長を兼務できるか

　答えはイエスであり、ノーである。正解はないのだ。正確に言えば教会と幼稚園ごとに、そして牧師ごとに正解があるのではないか。そういう意味ではアンケートの2-Cで似たような回答が7件ある「ケースバ

イケース」が正しいのかもしれない。このことを考えるカギは 3 つあると思う。

　一つは、幼稚園が（あるいは教会が）園長に何を求めているかということである。牧師園長が認定こども園の職員のシフト表を毎月作っていたという話を聞いたことがある。また、園児送迎用のバスを運転しなければならない牧師もいる。登園時の出迎えだけでなく、降園時の見送りをしなければならない牧師もいる。週に 1 回や 2 回程度であったり、人手が足りないときだけの臨時ならともかく、週 5 日、最近は土曜日の開所が求められる場合もあって週 6 日、園の業務に携わらなければならないのは、時間的にはもちろんのこと、肉体的にも、精神的にもきついことだろう。

　二つ目は、牧師が園の業務に携わるのを教会がどこまで認めるのか、ということである。園の仕事をするとどうしても教会の職務に携わる時間が削がれてしまう。教会としては、できるだけ教会の仕事、礼拝や諸集会はもちろん、訪問などもきちんとしてほしいと願っている。「先生、幼稚園のことはできるだけ先生たちに任せて、教会のことをおざなりにしないでほしい」と言われる牧師は少なくないだろう。しかし幼稚園からは「園長先生、これをお願いします。あれもお願いします」という要望が出る。この板挟みになっている牧師はけっこういるのではないか。土曜日と日曜日は教会の仕事をし、休む間もなく月曜日には教職員が出勤し、子どもたちがやってきて保育が行われる。教職員からあれこれ頼まれ、子どもたちからはいっしょに遊ぼうと声がかかる。時間がないとか、休みがないというのは、両方からの期待が大きく、それらに応えようとするからである。同じことを繰り返すが、真面目に取り組む人ほどしんどくなる。

　三つ目は牧師の資質である。能力の有る無しではなく、その牧師がどのような賜物を与えられているかという意味である。事務能力に長けた牧師もいるだろう。園内の書類の作成や整理を一手に引き受けることも苦ではない。行政とのやり取りはけっこう面倒である。補助金の類を申請するための条件は複雑であり、国や都道府県、市区町村が作る書類を読み解くことさえ容易ではない。けれどもそうしたことを苦にしない牧師もいるだろう。逆に、事務仕事は苦手だけれども、子どもと遊ぶことは任せておけ、という人もいるに違いない。母親とのコミュニケーションが上手で、保護者の信頼を一気に勝ち得る牧師もいるだろう。

けれども何でもオールラウンドにこなせるという人は少ない、というよりもほとんどいないのではないか。何かに長けていても、どこかに足りないところがある、という人が大半なのではないか。けれども幼稚園も、教会も、時に牧師に過大な期待をする。あれもこれもきちんとこなしてほしい、できてほしいと。そして期待に応えることができずに、牧師を、そして同時に園長を辞めざるを得なかった人が、これまでどのくらいいただろうか。そしてもう二度と施設のある教会には行かない、行ったとしても園長は引き受けないということになってしまう。教会と幼稚園と牧師、この組み合わせによって、牧師が園長を引き受けることが正解になる場合もあれば、引き受けないこと、つまり他の誰かが園長を担うことが正解になる場合もあるのではないだろうか。

注）
1　アンケートには1-C「教会の視点でお答えください。主任担任教師が園長でないことのメリット（良い点）、デメリット（良くない点）を教えてください。」との設問があったが、今回その回答にはあまり触れることができなかった。しかしほとんどは2-A「牧師が園長を担うことのメリットはありますか。あるとすればどのような点でしょう。」2-B「牧師が園長であることに、どのような難しさ、困難がありますか。」を裏返しにした回答だったことを付記しておく。

6.　教会と付属施設——幼稚園の場合

①「幼稚園関係教会」としての使命
　そもそも教会はなぜ付属施設を設け、その運営を続けているのだろうか。「伝道のためだ」という答えが返ってくるかもしれない。教会が社会に出ていき、その中で何かを行うことによって人々が福音に触れるきっかけを作るために、幼稚園をはじめとした施設を設けていると考える教会や関係者もいるだろう。確かに施設を利用することを通して、聖書に接し、教会に連なり、神と出会い、やがて洗礼を受けて信仰の生涯を歩む人もいるに違いない。けれども、教会は運営する付属施設（あるいは教会を母体として生まれ、学校法人や社会福祉法人などが運営する関係施設）は、それ自体固有の目的を持っている。幼稚園は学校教育法

に定められた幼児教育を行う施設である[1]。そのことは各園の園則にも
謳われているだろう。保育所は児童福祉法に定められた保育を行う施
設である[2]。また認定こども園も幼稚園と保育所の役割を「総合的に提
供」[3]する施設として位置づけられている。教会付属施設の大半を占め
ると思われる幼稚園、保育所、認定こども園が設置される目的は、こ
の世の法に定められているのである。

　しかし一方、教会では幼稚園、保育園、認定こども園を伝道に資する
ための施設として位置づけている。少なくともそうした意識の下で運営
されている。けれど「伝道」は教会が内々に定めた"目的"であって、
公にはしていないはずである。日本の法律に定めのない施設ならば自由
に目的を設定することができるかもしれないが、幼稚園の目的は別のと
ころにある[4]。だとすれば教会が幼稚園に期待している「伝道」という「目
的」は本当は「願い」であり「祈り」であって、付属施設が持っている
本来の目的ではないだろう[5]。付属施設は定められた目的を果たすこと
をまず第一に考えなければならないし、そのために全力を尽くすもので
ありたい。付属施設を利用することによって信仰を与えられ、教会に連
なるようになる人がいるとしたら、それは「結果」である。個々の施設
の目的を果たすために、それぞれの施設や教会が誠実に働いた「結果」
として「与えられた」ものではないだろうか。けれど残念ながら教会の
願いや祈りはなかなか思ったように聞かれないのが現実である。もちろ
ん数にはこだわらないという意見もあり、主イエスのたとえ話ではない
けれども、「一人」を導いて行けたならそれで使命は果たされているとい
う声もある。ただアンケートを見る限り、教会学校に来る在園児、卒
園児の人数が少ないことを「満足していない」と受け止めている教会が
多い。正直な声だと思う。

　それではなぜ教会の願いや祈りは思った通りにならないのだろうか。
教会付属施設を利用することによって教会やキリスト教、聖書に出会う
機会が生まれることは間違いない。あるいは牧師や教会員といったキリ
スト者、信仰に生きる人たちと出会い、ふれあう機会が生じるであろう。
たとえばバザーを教会と幼稚園がいっしょに行うことはよくある話であ
る。いっしょに行う場合、企画の段階から教会員と園の保護者が話し合
いを重ねるというケースも少なくないだろう。これはわたしが感じてい
ることなのだが、保護者は教会の人たちのことをよく見ているのではな
いかと思う。こうした共同作業は「教会員」「キリスト者」と自称し、

他からもそのように呼ばれる人たちの行動、言動、考え方などを知る機会となる。それはまた特に未信者の教職員と教会との関係についても同じことが言えるだろう。共同作業をすることは相互理解と協力のために大切な機会だが、それゆえにお互いのことがよりはっきりと見えることでもある。信仰に生きる喜び、奉仕する喜びといったよい面が見えれば、教会に対する好感度も高くなり、自分もそうした仲間に加わってみたいと思わせることにもなるだろう。しかし、逆に教会員の醜い面が見えてしまうと、せっかくの交流も信仰の証しにはならなくなる。キリスト者は「赦された罪人だから立派な姿を見せる必要はないのだ」と言ってみたところで真意が伝わるとは思えない。

また園児を送り出す保護者は必ずしもキリスト教に惹かれて教会関係幼稚園を選んでいるわけではない。多くの教会関係幼稚園が行っている自由保育、遊びを中心とした保育、園児たちが園庭で楽しそうに遊んでいるのを見て自分の子どもを入れたいと思う人は少なくない。しかしキリスト教を求めて入園させた保護者がどのくらいいるだろうか。すでに紹介した回答にこうある。「地域に幼稚園が一つしかなく（中略）保護者には他の園を選ぶという選択肢がないため、キリスト教保育を行っているからという理由で（当）幼稚園に子どもを預けているわけではない」（北海教区）。これは北海道に限ったことではなく、たとえば東京のように多くの幼稚園がある地域でも同じことで、「キリスト教だから」という理由で選ぶ保護者は多くないと思う。教職員の就職先選びについても似たようなことが言えるだろう。教会幼稚園だからこの園を選んだという人がどのくらいいるだろうか。逆に、求人票に「日曜日には教会学校の奉仕をお願いします」などと書いてあれば、敬遠する人も出てくるだろう。

教会付属施設が利用者とキリスト教との接点、あるいは出会いの場となることは大いにありうる。キリスト教を求めない家庭の子どもも、入園すれば、礼拝し、さんびかをうたい、聖句を覚え、祈ることを覚え、クリスマスにはイエス・キリスト降誕の劇をするようになる。保護者にも聖書の話を聞く機会が与えられる。キリスト教を求めない先生たちも、就職すれば否応なしにキリスト教保育を行う保育者になり、見よう見まねかもしれないが子どもたちの前に立って祈るのである。第4章の最後にも記したが、信者でない教職員も教会幼稚園の同労者として働いてくれていることに感謝したい。ただし、そこから先、「教会」「礼拝」「信

仰生活」という領域に足を踏み込むのは、おそらく相当ハードルが高い。そのハードルを少しでも低くするためにも、教会と教職員、教会と保護者、在園児、卒園生とがよい関係を作り出せるような工夫が必要だと思う。

「教会関係幼稚園」のこれからを考えなければならないことはもちろんだが、保護者や在園児、卒園生、そして教職員への伝道が思うようにいかないとすれば、「幼稚園関係教会」としてのあり方が問われているのではないだろうか。大切なのはまず教会が自分自身を見直すことだろう。「幼稚園関係教会」は、「礼拝に来てほしい」「求道・受洗してほしい」と人に期待するのではなく、まず何よりも自分たちが喜ばしい教会生活を送り、証しの生活をすることが必要になる。教会員、特に年配の方やかつて教職員であった人たちが、今の教職員や保護者が礼拝に出席しないことを嘆く気持ちはわからなくはない。かつては教会幼稚園に就職すれば礼拝に出席するのは当たり前だし、数年後には洗礼を受けるという例も珍しくはなかっただろう。あるいは何十人もの保護者がいれば、その内何人かは求道し、中には洗礼を受ける人も現れただろう。それは教会にとっての「成功体験」であるに違いない。けれど時代は変わったのだ。過去の成功体験にこだわっていたらいつまでも前進することはできない。教職員についていえば、礼拝出席や教会学校奉仕を強要することはもちろん、「お願い」や「お誘い」でさえも、特に上司である園長からのものであれば「立場を利用した強制」と受け止められかねない時代である。また保護者についても、社会全体で既成宗教離れが進んでいる中、教会の幼稚園に子どもを送ってくれる人たちなら、という期待を抱いても裏切られることも少なくない。アンケートを通して、教会として努力している様子が伝わってくるが、それが教会の祈りや教会の願いをわかってもらえないという嘆きに変わってしまうのが現実だ。

もう一度記すが、「幼稚園関係教会」は人に期待するのではなく、まず何よりも自分たちが喜ばしい教会生活を送り、保護者や教職員、そして子どもたちを愛を持って受け入れていくことが必要だろう。教会役員が教職員の名前と顔を覚えていなければ、まず名前と顔を覚えて、礼拝に来たら名前を呼んで温かく迎えることから始めなければならない（「もう何度も礼拝に出席しているのに、受付で『初めてですか』と聞く」。第4章参照）。幼稚園関係者への伝道が難しいと思うならば、期待することを一度止めてみる。○○してほしいと期待されていることが重荷に

なることだってあるのだ。そして礼拝への「お誘い」や奉仕の「お願い」が、言葉とは裏腹に「強制」を感じるようであれば、反感を覚えるのは当然である。よい関係を作るのは一朝一夕にはいかないかもしれないが、「お誘い」や「お願い」を安心して断れる自由な関係作り、あるいは雰囲気作りができれば、いつも断ってばかりでは申し訳ないと思ってくれるかもしれない。

　すでに多くの教会では、教会員が幼稚園をはじめとする付属施設のために祈っていることだろう。園長が牧師であれ、信徒であれ、教会と幼稚園の間に立って労苦しているのだから、園長のために祈っていることだろう。キリスト者でない先生たちも一所懸命に保育をしているのだから、先生たちのためにも祈っていることだろう。神様が子どもたちを健やかに育ててくださるよう祈っていることだろう。もしそうしたことが十分になされていないのだとしたら、役員や教会員に「幼稚園のために祈ってください」と呼びかけるところから始めなければならないと思う。教会員全員が関係幼稚園に密接なつながりがあるとは限らないので、なかには関係幼稚園に興味や関心のない会員がいるかもしれない。そうした人たちも幼稚園のための祈りに加わってもらおう。「幼稚園関係教会」としての使命は、幼稚園のための祈りから始まる。ただし、その祈りはひたすらに相手のための祈りでなければならない（伝道は相手のためを思っての行為なのだが、時に教会の教勢が増えたらいいなという気持ちが出てしまう）と思う。

②理念継承と担い手

　世間一般で言うところの「建学の精神」である教会関係幼稚園の理念はだれが受け継いでいくのだろうか。教会の教職者である牧師によって受け継がれていくのだろうか。確かに教職者である牧師が、園長であろうが園長でなかろうが受け継ぎ、実質化すべく牽引し、牧師の交代時においても適切に引き継ぐことが望ましいのかもしれない。またメリットもそれなりにあると思う。

　しかし教会関係幼稚園の理念を受け継ぐのは「牧師職」であってはいけないのではないかと考えている。教会に赴任してくる牧師の中には、神学校を卒業したばかりの人もいるだろうし、すでに他教会で牧師としての経験を積んでの赴任だとしても、幼稚園長としての経験があるとは限らない。一方、いくつもの教会関係幼稚園の責任を担ってきた人が赴

任したとしても、中には前任地の「園の理念」を新任地の幼稚園に持ち込もうとする人がいるかもしれない。本来「園の理念」はその園固有のものであり、園長に付随しているものではない。それまでの経験を踏まえて、新しい園の理念を実質化していくことができればよいのだが、必ずしもうまくいくとは思わない。前任地の経験や成功体験を新任地に持ち込もうとすれば、現場の教職員と衝突するケースもあるだろうし、その結果として園が、教会が、牧師が傷つくことにもなりかねない。

　それでは教職員が受け継ぐのだろうか。教職員が教会員であり、キリスト教信仰に深い理解を持ち、その園で長く働いていれば、理念を継承する一員となってくれるであろう。副園長や主任といった役職を担い、教職員のリーダーとして働いている先生がいれば、理事会や役員会、牧師、園長と共にその園が大切にしているものを受け継ぎ、次の世代に伝えてくれるに違いない。赴任してきた新任の牧師や園長にも、理念を伝え共有することもできるだろう。しかし、アンケートからわかるように、教職員にキリスト者は少ないのが現実である。教会関係幼稚園に就職しても礼拝に出席する人も多くはないのだ。教職員を理念の継承者とすることができる園は限られているだろう。

　やはり園の理念は、実質的には教会役員会や理事会が受け継いでいくものではないだろうか。新しい牧師園長がやってきたら、理事会のほうから「○○幼稚園はこういう幼稚園ですから、これを大切に園長として働いていただきたい」と明確に伝えるくらいでなければならない。宗教法人立園であれば教会役員会が自分たちの付属幼稚園の理念をきちんと把握し、継承していかなければならないのではないか。「幼稚園のことは先生にお任せします」などと牧師に言うことは筋が違うように思える。しかし、教会員の人数も減り、高齢化が進んでいる教会の現実を見ると、それもまた難しいのかもしれない。

　学校法人化された教会関係幼稚園の場合、教会も幼稚園も順調であればよいが、たとえば教会の規模が小さく財政的にも厳しい場合、教会が解散して幼稚園だけが残ることもあり得るだろう。仮にそうなったとしても、幼稚園は別法人になっているのだから、教職員と園児がいれば経営・運営を続けることができる。しかしその場合「教会関係幼稚園」から「教会関係」が外れ、単なる「キリスト教主義幼稚園」になってしまう。その「キリスト教主義」をだれが担保するのかは大きな問題である。近隣の教会と連携するのか、キリスト者の理事や教職員が担うのか、そ

れとも名前だけの「キリスト教主義幼稚園」として歩むかといった選択になるだろう。宗教法人である教会から独立した学校法人園が"教会の幼稚園"であることを、一関係教会だけではなく、地域の教会が手を携えて守り、「教会関係」幼稚園であることを手放さないような努力や手立てが求められるのではないだろうか。学校法人の寄付行為に教会との関係をどのくらい盛り込むことが許されているのかはわたしにはわからない。都道府県ごとの違いもあるかもしれない。いずれにしても理事や評議員のキリスト者条項などを許される限りできるだけ盛り込み、明文化しておく必要があるだろう。教会が元気なうちから、「幼稚園栄えて教会幼稚園滅びる」といったことにならないような手立てを講じておきたいものである。[6]

③牧師に園長を兼務させる"覚悟"

　第4章で園長をだれが担うかについての正解はないと書いた。もし牧師が園長を兼務するとしたら、教会も幼稚園も牧師本人も、兼務することのメリットを共有し、デメリットがあることを承知の上でその任につくことが望ましいと思う。しかし実際には、他に園長を担える人材がいないとか、これまでの歴史的経緯から「牧師がやるものだ」とされているケースが多いのではないだろうか。あるいは教会がそのメリットだけを見て、デメリットがあることを理解せずに、牧師園長に「もっと教会のことをしてほしい」と願う場合もあるだろう。これはトラブルのもとになるし、牧師の立場からすれば忙しくなることは間違いない。なかには、両方の働きを十分にこなせない自分を責めたりする牧師がいてもおかしくない。真面目にやればやるほど辛いものだ。人材がいないとか、歴史的経緯や伝統から牧師が園長を担うにしても、メリットとデメリットを確認し、教会が牧師に何を求めているか（≒教会の仕事の中で何を諦めるか）をハッキリさせておくことが必要ではないだろうか。また幼稚園とも、園長の仕事の中で他の教職員が分担できることがないかと話し合って、園長としてこれだけは担ってほしいということをハッキリさせておくことが望ましい。特に学校法人園の場合にはなおさらだと思う。今からでも教会と幼稚園が牧師園長とその職務範囲についてしっかりとした共通理解をしておきたい。教会と幼稚園それぞれが兼務の責任者を置くことへの覚悟を決めることが大切だと思う。それだけ大変なことなのだ。

　また牧師自身にも覚悟が必要になるだろう。牧師園長一人一人に賜物があると書いた。人間である以上、得意、不得意があることはもちろんだが、不得意なことはしなくてよいわけではない。園長となれば不得意なりにしなければならないことも多いのである。そのためにやはりよい理解者、協力者、相談相手を得たいと思う。できれば教会の中、あるいは学法理事や評議員に得られれば一番よいだろう。もし各個教会にそうした人がいないならば、教区や地区、支区内の教会幼稚園の交わり、教会幼稚園に限らず地域の幼稚園同士の交わり、あるいは日本基督教団全国教会幼稚園連絡会やキリスト教保育連盟といった働きの中から、相談できる相手を得ておきたい。日本基督教団西東京教区では 2010 年度から教区教育部の下に「幼稚園保育園連絡会」を設けて、牧師園長（無牧の教会から信徒に参加していただいたこともある）の交わりを続けている。年に 3 回程度の会合（2020 年度はインターネット会議システム Zoom で）のほか、メールを利用した情報交換や相談がなされている。「子ども子育て支援新制度」や「幼児教育無償化」への対応について、あるいは新型コロナウイルス感染症が拡がる中での対応についてなど、話題は多岐にわたる。もはや教区内の牧師園長にとって必要不可欠な交わりになっている。

　牧師園長の理解者、協力者、相談相手と言えば、宗法の場合は教会内に「幼稚園委員会」（名称は教会ごとに異なるであろうがここでは「委員会」と呼ぶことにする）といった組織が作られていることも多いだろう。教会役員会と兼ねている場合もあれば、役員に加えて元教師である教会員などがメンバーになることが多いように思う。「委員会」が何のために存在するのかをよく吟味したい。委員会が園長のやっていることをチェックする機関になってしまうと辛い。もちろん園長自身が委員会からの信頼を得られるような牧会と園における働きをすることが必要である。仮に園長の働きが誠実でないとすれば、それを諫めるのも委員会の大切な役割だとは思う。しかし平時においては園長の働きを理解し、支援するための機関でありたい。園長が困っていればそれを支え・助け、園長がやりたいと思っていることがあれば、どうしたら実現できるかの道筋を共に考えることのできる場として機能してほしい。かといって園長のためだけに機能すればよいとは思わない。教職員からも信頼を得て、教職員からも相談を受けることができる関係作りをすることが必要だろう。園長に付くのでもなく、教職員に付くのでもなく、中立の意識で教

職員と園長をつなぐ橋になることができればよいと思う。

④おわりに

　神学校にお願いしたいことがある。神学校の先生方で幼稚園や保育所のある教会で働いたことのある方がどのくらいおられるだろうか。付属施設のある教会で働くことの意義、苦労、喜びを学生に語ることができる方が神学校にいてくだされればと思う。神学校で教会付属施設の役割について学ぶ機会はどのくらいあるだろうか。あるとしても卒業年度の最後に、数時間程度のお話しを牧師園長経験者から聞くくらいのことだろう。もちろん幼稚園や保育所だけに多くの時間を使うことができないのはわかっている。けれど日本基督教団だけでも関係幼稚園のある教会が300以上、関係保育所のある教会が100以上あるのだから、そうした教会に赴任する可能性はだれにでもある。また今後、地域の教会が手を携えて教会関係の幼稚園や保育所を支えていく必要を考えれば、牧会に出る者はだれもが学んでおく必要があるのではないだろうか。ぜひ神学校には幼稚園をはじめとする教会付属施設について学ぶ機会をもっと設けていただきたいと願っている。

　またそこでは教会の目的と付属施設の目的が異なっていることを明確に伝えていただきたいと思う。牧師の多くは伝道に燃えて教会に赴任するわけだが、その熱心さを幼稚園で発揮しようとしても空回りするに違いない。キリスト者である教職員たちはともかく、そうでない教職員には理解してもらえないだろう。教職員はあくまでも「幼児教育、保育」のために働いているのだから。教育や保育の中にキリスト教信仰に基づいた価値観、子ども観を生かすことは大切なことだし、そのために牧師としての学びや経験が生かされることは歓迎されるだろう。それは神に仕えるように子どもに仕え、保護者に仕え、教職員に仕えるための業であり、尊い働きである。伝道と等しく幼稚園や保育所での働きは喜びに満ちている。苦労も多いのだけれども、それにもまして喜びにあふれている。神がくださった小さな命が、保護者や教職員の愛の中で、教会の人たちに祈られ、地域の人たちに見守られ、そして神の恵みの中で大きく育っていく姿を目の当たりにすることができるからだ。教会関係幼稚園や関係保育園が神の栄光を現す、すばらしい場所であることを改めて認識し、日本基督教団全体で共有したい。

　最後に述べておきたいことがある。この文章に対して「幼稚園を通し

て伝道する」という熱意が感じられないと受け止める方もあるだろう。けれども幼稚園を教会が運営していくのは何よりもこの世に「仕える」ためである。結果として礼拝に出席し、求道し、受洗する人が与えられるかもしれないが、第一義的にはやはり「奉仕の業」なのだ。69年アンケートとほぼ同時期に決定された「日本基督教団幼児教育施設に対する方策要綱」に「キリスト教幼児保育施設の目的」として4つの奉仕があると記されている。「教会の奉仕のわざ（ディアコニア）」「教育への奉仕」「福祉への奉仕」「宣教への奉仕」[7]（注5も参照）。そして「幼児教育施設はまず真実に教育あるいは福祉施設でなければなら」ないと言う。この「要綱」は50年前のもので、今の時代には即さない記述も多いのだが、この部分に関して言えば古びてはいないし、むしろ今改めて目を留めなければならないと思う。

　そんなことを言っているから伝道が振るわないのだ、という声もあるだろう。しかしこれまでと同じことをやり続ければいずれ道が開けるのだろうか。振るわなければ別の道を進むことも考えたらどうだろうか。その道がどこにあるのかを拙文で示すことができたとは思わないけれども、全国の「幼稚園関係教会」から寄せられた声に耳を傾ける中で「ヒントのようなもの」を聞き取ることができるのではないだろうか。

　忙しい中アンケートに協力してくださった方々に感謝し、今日もまた現場で苦闘している牧師、園長、そしてキリスト教保育の同労者としての教職員の働きが祝福されるよう祈るものである。

さかしたみちお／阿佐谷東教会牧師

注
1　「学校教育法」第22条「幼稚園は、義務教育及びその後の教育の基礎を培うものとして、幼児を保育し、幼児の健やかな成長のために適当な環境を与えて、その心身の発達を助長することを目的とする。」
2　「児童福祉法」第39条「保育を必要とする乳児・幼児を日々保護者の下から通わせて保育を行うことを目的とする施設（利用定員が二十人以上であるものに限り、幼保連携型認定こども園を除く。）」
3　「就学前の子どもに関する教育、保育等の総合的な提供の推進に関する法律」第2条7（幼保連携型認定こども園についての記述）「義務教育及びその後の教育の基礎を培うものとしての満三歳以上の子どもに対する教育並びに保育を必要とする子どもに対する保育を一体的に行い、これらの子どもの健やかな成長が図られるよう適当な環境を与え

て、その心身の発達を助長するとともに、保護者に対する子育ての支援を行うことを目的として、この法律の定めるところにより設置される施設をいう。」幼稚園と保育所の機能を併せ持った施設であることが明文化されている。

4　伝道を目的に掲げて運営されている施設があるのかどうかは寡聞にしてわからない。参考になるのは「チャーチスクール」と呼ばれる、法律上は学校として認可されていない教育機関であろうか。太田雅子「『チャーチスクール』におけるキリスト教教育（1）」（北陸学院大学・北陸学院大学短期大学部研究紀要第2号第1分冊 pp.17–25、2009年）を参照。ここにはかつて日本基督教団大和キリスト教会が運営していた「全日制教会学校幼児科ナーセリースクール」が取り上げられている。

5　日本基督教団教育委員会と社会委員会の連名で作成され、1966年10月26日に第14回日本基督教団総会で決定された「日本基督教団幼児教育施設に対する方策要綱」に次のように指摘されている。「日本において（ミッション地域である必然性から）、すべての教会の事業は宣教あるいは伝道の手段という見地からのみみられる傾きがあった。しかし、幼児教育施設はまず真実に教育あるいは福祉施設でなければならず、それを通してのみ宣教（伝道）に対する通路という役割に用いられる。決して単なる宣教（伝道）の手段と考えられてはならない。」（日本基督教団教育委員会編『教会幼稚園の管理と運営』1969年5月、日本基督教団出版局。pp.173–4）

6　本文に記した教会解散の場合とは別の問題が、実際に生じていると聞いたことがある。学法理事長である牧師が教会を辞任した後もそのまま理事長に留まり、自分の家族を園長に就任させるようなケースである。後任の牧師を得られなかったといった事情から、やむを得ずそうする場合もあるかもしれない。いかなる理由があっても、教会が生み出した幼稚園が「教会関係」幼稚園であり続けられるよう、教会側も学校法人側も意識し、努力することが求められるのではないだろうか。

7　日本基督教団教育委員会編『教会幼稚園の管理と運営』1969年5月、日本基督教団出版局。pp.172–3

5. SNSと伝道
———教会もSNSをすべき理由

春原禎光

はじめに

新しいメディアと教会

　キリスト教会は歴史の中で新しいメディアを活用し、また、新しいメディアによって変化もしてきた。宗教改革期には、印刷技術によって聖書やトラクト類を普及させた[1]。その後も、説教やその他の出版が伝道に大きな役割を果たし、キリスト教書はその後の信仰者たちの信仰生活に欠かせないものとなった。日本には1590年に天正遣欧使節が印刷技術と印刷機を持ち帰り、イエズス会によって日本最初の活版印刷が行われ、現在「キリシタン版」と呼ばれている各種の印刷物が刊行された[2]。新聞も活用され、19世紀のアメリカでは宗教関係の新聞も増加した[3]。

　電話の草創期には、有線ラジオ的に音楽やオペラが中継され、イギリスでは1890年代に電話を使う伝道者が現れたり、電話による礼拝が行われたりしたという。アメリカでも、1890年代後半から電話による礼拝がなされるようになった[4]。1920年11月2日にアメリカでラジオ放送が開始されると、わずか2か月後の1921年1月2日にはピッツバーグの教会の礼拝が放送された[5]。

1　グーテンベルクによる活版印刷技術は、宗教改革の進展に貢献したことはしばしば指摘されるが、最初の印刷聖書はカトリックのラテン語聖書（ウルガタ）である「42行聖書」（1455年）であり、贖宥状の印刷にも用いられた。カトリック、プロテスタント双方への印刷技術の影響については、E.L. アイゼンステイン（別宮貞徳訳）、『印刷革命』、みすず書房、1987年、p.157-199。「42行聖書」については蛭沼寿雄、『新約本文学史』、山本書店、1987年、p.11。なお、同書p.1には次のような指摘もある。「印刷本を作成するということに当面して始めて、真の意味における本文研究が開始されたと言うことができるであろう。」

2　海老沢有道「キリシタン版」、『日本キリスト教歴史大事典』、教文館、1988年、p.415-418。

3　生駒孝彰、『インターネットの中の神々——21世紀の宗教空間』（平凡社新書）、平凡社、1999年、p.18。

4　吉見俊哉、『メディア文化論——メディアを学ぶ人のための15話』改訂版、有斐閣、2012年、p.129-130。

5　なお、日本でのラジオ放送は1925年開始。1933年にはキリスト教の日曜礼拝が放送されている。石井研士「ラジオと宗教」、『高度情報化社会と宗教に関する基礎的研究』（平成11年度～14年度科学研究費補助金　基盤研究（B）（2）研究成果報告書）、2003年、p.6。この研究報告には、戦後の宗教番組の詳細な実態も調査されている。http://www2.kokugakuin.ac.jp/ishii-rabo/data/pdf/200303b.pdf

戦後、テレビが普及し出すと、アメリカでは1950年代からテレビが伝道の手段として注目され、70年代から80年代にかけてテレビ伝道師が大きな影響力を持つようになった[6]。

90年代に入るとインターネット時代が到来し、アメリカにおける宗教関係機関のホームページは早いところで93年に開設され、96年以降に急速に増加した[7]。

では、既に多くの人々や様々な企業・団体に利用されているSNSは、どのような形で教会が活用できるだろうか。特に、伝道に有効だろうか。現代社会に生きる人々に何とかして福音を告げ知らせるために、SNSを効果的に用いるにはどうしたらよいだろうか。さらに、伝道に有用であるという以上に、教会がSNSに取り組むべき必然性はあるのだろうか。

本稿の内容

本稿では、はじめにSNSの特徴や危険性と現代社会に生きる人々の特性について概観した後、伝道という観点から、教会でのSNS利用、キリスト者のSNS利用、そして、牧師のSNSとの付き合い方について、筆者なりの見方をまとめる。なお、礼拝や交わり、奉仕、教育といった教会の活動全体でSNSを活用することも有意義だが、ここでは伝道的な利用を中心に考えることとする。

インターネットが普及し始めた1990年代後半から既に四半世紀以上が経過している。その間に日本基督教団で教会のインターネット利用について論じた先行研究がなされていればそれを土台に記述することもできたのだが、残念ながらそれはない[8]ので、本稿はこれまでのネットの発展もなるべく考慮しながら記す。特に、インターネットでのトラブルや事件についても取り上げる。ネットの危険性を十分理解することも、ネットを適切に利用して楽しんだり有効活用したりするために不可欠だからである。

情報通信の分野は移り変わりが激しく、人気のあるSNSも数年で交

6　生駒孝彰、『ブラウン管の神々』、ヨルダン社、1987年。石井研士「情報化と宗教」、『アメリカの宗教——多民族社会の世界観』（井門富二夫編）、弘文堂、1992年。

7　生駒孝彰、『インターネットの中の神々』、p.10-11、18-35。

8　実証的な実態調査は、前掲の『高度情報化社会と宗教に関する基礎的研究』（2003年）のp.53-64に、川島堅二、「日本基督教団所属教会のインターネット利用調査」がある。

代していく。ここに記すのは 2020 年末までの状況からの考察である。

詳しくない人のために

　本稿は、インターネットに詳しくない人を念頭に置いて記す。すでに
SNS を利用していて、ネットでの情報発信のスキルやセンスを持ち合
わせている人は、本稿を読まなくても、自分に合った SNS を自分で選
ぶことができ、また、SNS によって異なる雰囲気をすぐに掴んで順応し、
センスの良い投稿をすることができるだろう。むしろ、そのような人は、
ネットの世界に対して自分なりの感触を持っているので、これから筆者
が述べることとは異なる見解をお持ちであるかもしれない。その場合は、
ネットの世界でまったく自分と相容れない意見と出会った時と同じよう
に、右から左へ聞き流すことをお勧めする。そのような「スルーする」
技術が SNS を行う上での要諦であることは、本稿の中で繰り返し述べ
ることになるだろう。

　また、より詳しい知識を持った人からすれば中途半端な説明に感じる
ところもあるかと思うが、ご容赦願いたい。詳しい人は、知識を自分だ
けに留めておくのではなく、ぜひ、身近にいる詳しくない人に懇切丁寧
に教えてあげてほしい。この分野のことを人に教えることは骨の折れる
仕事である場合が多い。ネットに慣れ親しんでいる者同士でネット上の
スラングを使って SNS 特有のやり取りをした方が楽しい。しかし、面
倒くさがらずに初心者に教えてあげてほしい。そのような情報共有の心
がけがキリスト教界全体の情報発信力を高めることになるだろう。そし
て、創造性のある自由で寛容な SNS の雰囲気作りに貢献することを期
待する。

　さらに、デジタルネイティブ[9]と言われる若い世代は、初めから彼ら
特有の感覚でネット上でコミュニケーションし、SNS の文化を創り出
している。彼らとはパラダイムが異なるため、筆者はもはや彼らの感覚
には入り込めない。本稿は、大人になってからインターネットやスマー
トフォンの普及を体験してきて、興味・関心を持ちつつも SNS の興隆

9　デジタルネイティブとは、「デジタル技術に青少年期から本格的に接した世代のこと」であるが、一様ではなく、知識・スキルが低い場合もあり、経済格差の影響が見られるなど、個人間の差異が大きい。木村忠正、『デジタルネイティブの時代——なぜメールをせずに「つぶやく」のか』(平凡社新書)、平凡社、2012 年、p.41, 46。なお、教会において、高校生や大学生、青年の集まりでラインなどを用いて情報交流しようとすると、スマートフォンを持っていない人が仲間はずれになってしまう問題がある。

162

を端から眺めている世代、あるいは、興味・関心を今ひとつ持てない世代が、少しでも SNS に関心を持つようになること、そして、自ら情報発信する教会やキリスト者が増えて、教会の伝道と福音の広がりに寄与するようになることを願って、記す。

I　SNS と現代社会

1. SNS の概要

(1) SNS とは

　SNS（エス・エヌ・エス）は Social Networking Service の略である[10]。近年は、一般の新聞でも説明抜きに SNS という語が使われている。

　SNS は、登録した利用者が文章、写真、動画などを投稿し、利用者同士で互いに共有し合ったり対話したりすることを通して他の人とつながっていく、インターネット上の仕組みである。個人的な「つぶやき」から専門家としての意見まで、個人が自由に情報を発信することができ、その情報が容易に多くの人々に共有され、距離や国境を超えて様々な人とつながり合う。情報発信と言っても、意味のある内容を発信するだけでなく、たわいないおしゃべりも含む。「いいね」などで簡単に共感を表すことができる。自分からの投稿や他の人とのコミュニケーションをしなくても、情報収集や他の人の投稿を見て楽しむという使い方もできる。スマートフォンを一人ひとりが持つ時代[11]への変化とインターネットへの常時接続の普及によって、SNS の利用は若者に限らずあらゆる世代に広がっている[12]。

　SNS では、登録した人に「アカウント」（あるいは「ID」など）が割

10　以前は本によって Social Networking Site と説明されることもあったが、パソコンのブラウザではなくスマートフォンなどのアプリで利用されることが多い現在は Social Networking Service で定着している。また、SNS の日本語での表現としては「会員制交流サービス」という言い方があるが、現在主流の SNS における登録制は「会員制」とは言いがたく、「会員になる」という言い方はされない。毎日新聞社は『毎日新聞用語集 2020 年版』で「ネット交流サービス」という表現を追加したとのことである。https://mainichi-kotoba.jp/enq-235。なお、登録の必要がない掲示板などのサービスは SNS には含まれない。また、個人が書いた記事を日付順にウェブページにして公開できるブログも SNS には含まれない。
11　個人におけるスマートフォン保有率は、2015 年に 53.1％ と半数を超え、2019 年には人口の 3 分の 2 を超える 67.6％ となっている。総務省『平成 30 年版 情報通信白書』図表 5-2-1-2、https://www.soumu.go.jp/johotsusintokei/whitepaper/ja/h30/html/nd252110.html、及び、令和 2 年版、p.337。

り当てられ、自分固有のアカウントでそのサービスに入る（「ログイン」
する）。「アカウント名」や ID は英数字の羅列である（自分で指定する
ことが可能なものもある）ため、それとは別に分かりやすいニックネー
ム的な「ユーザー名」を付ける[13]。SNS の登録をすることは「アカウン
トを取得する」と表現される。実名で登録するものもあれば、匿名でも
かまわないものもある。

　日本では 2010 年頃から SNS の利用者が増え始めた[14]。2011 年には、
1 月から 2 月のエジプト革命においてフェイスブックが用いられ、3 月
の東日本大震災では被災状況や救援物資などの情報伝達にツイッターが
用いられたことを通して、SNS の便利さや有用性が広く認識されるよ
うになり、国内での利用者が拡大した[15]。既に多くの人が利用し、実社
会の中で広く用いられている SNS を、教会も有効に活用したい。

(2) 主な SNS

　教会が利用する SNS は、情報の広がりに期待して、利用者の多い
SNS を選ぶことが基本であろう。多くの人々が利用する SNS は、数年
で移り変わり、国によっても異なるが、2019 ～ 2020 年現在、国内で
人気のある SNS と言えば、ツイッター（Twitter）、インスタグラム
（Instagram）、フェイスブック（Facebook）の 3 つである[16]。

①ツイッター（Twitter）

　ツイッターは、2006 年にサービスが開始された（日本語版は 2008
年 4 月）。140 字以内の文章(写真や動画も可)を投稿できるサービスで、

12　個人の SNS 利用率は、2016 年に 51.0% と半数を超え、2019 年には 69.0% と 7 割近い。13 ～
39 歳では 8 割を超えている。また、70 歳以上の SNS 利用率は、2018 年には 16.9% とおよそ 6 人に
1 人であったのに対し、1 年後の 2019 年には 42.8% と 5 人に 2 人以上に増えている。総務省編『情
報通信白書』、平成 29 年版～令和 2 年版を調査。ただし、調査票の質問は「ソーシャルネットワーキ
ングサービス（無料通話機能を含む）の利用（Facebook、Twitter、LINE、mixi、Instagram、Skype
など）」とされている。
13　ただし、ツイッターでは英数字の羅列がユーザー名で、自分で設定した名前がアカウント名と逆
になっている。
14　2010 年は「ソーシャルメディア元年」と呼ばれている。
15　日本における SNS の歴史については、例えば、天野彬、『SNS 変遷史――「いいね！」でつなが
る社会のゆくえ』（イースト新書）、イースト・プレス、2019 年。
16　ニールセンの調査によると、2019 年 6 月の時点で、1 位はツイッターで利用者 3031 万人、2 位
はインスタグラム 2257 万人、3 位はフェイスブック 2164 万人。2018 年から 2019 年でインスタグ
ラムとフェイスブックの順位が入れ替わった。インターネット白書編集委員会編、『インターネット白
書 2020――5G の先にある世界』、インプレス R&D、2020 年、p.49。なお、ツイッターはソーシャル・
ネットワークではないというツイッター社自らの見解もかつてはあったが、現在、一般的にはツイッ
ターも SNS に含める。

投稿された文章は「ツイート」と呼ばれる[17]。匿名で登録可能である。自分で選んだ人々のツイートを手元に表示させることができる。そのために他の利用者を登録することを「フォロー」すると言う。逆に、自分をフォローしてくれていて、自分の投稿を常に見ることができるようにしている人を「フォロワー」と言う。他者のツイートに対して、「いいね」や「返信」をすることができる。他の人の投稿を自分のフォロワーに転送する「リツイート」の機能[18]は、多くの人に情報を拡散させることができる。

②インスタグラム（Instagram）

インスタグラムは、2010年にサービスが開始された（日本語版は2014年2月）。写真中心であることから、見映えのする写真を並べて自分なりの世界を造ることができる[19]。2017年には「インスタ映え」という言葉が流行した。投稿を見た人はコメントを付けることができるが、リツイートのような拡散させる機能はなく、批判や誹謗中傷は注目されにくい。それが居心地の良さともなっている。

③フェイスブック（Facebook）

フェイスブックは、2004年にハーバード大学の学生の交流のために開始され、後にアメリカの全学生に開放され、2006年には一般にも開放された（日本語版は2008年5月）。実名で登録し、学歴・経歴、人生観・哲学、好きな音楽、本、映画、テレビ、ゲーム、スポーツ、趣味・関心などを登録するように促される[20]。したがって、現実の知り合いをはじめ実生活に基づいたつながりが中心となる。「友達」になりたい相手が承認することで「友達」のつながりができる。

④ライン（LINE）とティックトック（TikTok）

その他の人気のあるSNSとして、ライン（LINE）とティックトック（TikTok）を挙げておく。

ラインは、日本の企業によって開発され、2011年6月にサービスが開始された。知り合いや友人、家族とのやりとりに使われる場合が中心で、ツイッター以上に多くの人々に利用されている。機能としては不特

17　「さえずり」という意味であるが「つぶやき」と言われる。
18　自分のコメントを付けることもできる。
19　24時間で投稿が自動的に削除される機能もあって、不特定多数に向けて飾った世界を見せるのではなく、仲間内で日常を分かち合うことができ、若い世代に好まれている。
20　公開したくない情報は記入しなくてよい。

定多数とのコミュニケーションも可能であるが、実際の利用状況は、第三者には開示されないリアルな知り合いとの閉じたコミュニケーションに用いられていることがほとんどなので、ここでは SNS に含めない[21]。

　ティックトックは、2016 年にサービスが開始された（日本では2017 年 10 月）。スマートフォンに特化した縦型で主に 15 秒の短い動画を投稿できるアプリである。2018 年頃から 10 代の女性を中心に流行している。パソコンでは動画の URL が分かればブラウザで視聴できる。

⑤動画の時代？

　ネット上でのコミュニケーションの基本は文字によってなされるが、それぞれの SNS は動画も投稿できる。インターネットの通信速度の高速化と近年のスマートフォンの性能の向上により、動画の撮影と加工や編集、投稿などを簡単に行えるようになった。動画の配信には大きく、ライブで発信する生配信と、収録した動画を編集して投稿する方法とがある。

　活字を能動的に読むよりもラジオを流した方が自然と耳に入るし、テレビで視覚に訴えられた方が受動的に情報に接することができるように、動画は見る人が容易に楽しめる。加えて、動画が好まれる理由として、言葉だけのコミュニケーションでは誤解が生じたり批判を受けたりし、写真は見栄えが求められることに対し、動画ならばそういった心配が低減されるということがあるかもしれない。

　ユーチューブ（YouTube）は SNS には含まれないが、個人が動画を投稿できる動画共有サイトで、多くの人が気軽に視聴している。また、前述のティックトックは、画質や構図などを気にせずに短尺の動画を投稿でき、「おすすめ」として表示される動画を次々と見ていくことが基本的な楽しみ方である。「おすすめ」には、「いいね」を多く集めている人気の動画だけでなく、時折「いいね」の数がほとんどないような新規に投稿されたばかりの動画も含まれる。こういった仕組みによって、どんな投稿でも多くの人の目に止まりやすくなっている。

　動画は視覚に訴えるため、感情に働きかけやすい。動画での人気集めは直感的な面白さが追い求められ、娯楽的な内容ばかりになる恐れもあ

21　デジタルコンテンツ協会企画編集（経済産業省商務情報政策局監修）、『デジタルコンテンツ白書 2020』、デジタルコンテンツ協会、2020 年、p.108。もちろん、教会の伝道的な活動として魅力あるラインの利用方法を見出せる人がいたら、どんどんトライしてほしい。

る。「いいね」の直情的な広がりによって、フェイクニュースが拡散されたり、極端な言説に偏ったりする懸念もある[22]。

　いずれにしろ、言葉によるコミュニケーションは継続されつつも、今後は教会も動画で情報発信することが中心になるかもしれない[23]。本稿では、主に初めに挙げた3つのSNSを念頭に置いて、情報発信とコミュニケーションを考える。

(3) SNSの特徴

　人々の生活に大きな影響を与えているSNSの基本的な特徴をいくつか挙げる[24]。

①個人が容易に情報発信

　広く情報を伝えることが出来るのはマスメディアのみであった時代に代わって、インターネットは個人が広く世界に向けて自由に情報発信することを可能にした[25]。SNSではさらに容易に、個人や団体が広く情報発信できる。今どこで何をしているか、日常生活の中で思ったこと、世間の出来事に対して考えたことなどを簡単に発信できる。

　しかも、SNSはメールアドレスと携帯電話番号があればアカウント

22　佐々木裕一、『ソーシャルメディア四半世紀──情報資本主義に飲み込まれる時間とコンテンツ』、日本経済新聞出版、2018年、p.466。
23　2020年の新型コロナウイルス感染拡大の中、多くの教会で礼拝のライブ配信やオンライン礼拝が開始された。礼拝のライブ配信とは礼拝の様子の生中継であって、教会以外の場所でそれを視聴する形になる。一方、オンライン礼拝は、双方向にコミュニケーションできる方法によって遠隔地からも礼拝に直接参与できる形態である。それぞれの礼拝としての意義や利点と欠点などの分析は他に譲るが、場所を共有しなくても礼拝を視聴あるいは礼拝に参加できる利便性は大きい。ライブ配信を視聴する場合、リアルタイムではなく後から自分の自由な時間に視聴したり、必要に応じて一時停止したり、聞き直したり、再生速度を変えて視聴したりすることも可能である。このことは、各自のペースで視聴できるという意味では利点であるが、その反面、それは果たして礼拝になるのかという問題はある。1930年代に、W.ベンヤミンは「複製技術時代における芸術作品」の中で、複製技術は芸術作品がもつ「いま」「ここに」という一回性を消失させることを指摘している。ベンヤミンによれば、マリア像もフレスコ画もミサ曲も中世の大聖堂の中に位置を持っており、これらの芸術作品は展示されているものではなく、礼拝のために存在していた。ところが、複製技術は展示価値を増大させ、作品がもともと持っていた礼拝的価値を減じさせることになった。芸術作品はそれが存在する場所に一回的に在るという〈いま−ここ〉的性質を持っていたが、技術的に複製可能となった時代には、〈いま−ここ〉的性質は衰退してゆく。ヴァルター・ベンヤミン（浅井健二郎編訳、久保哲司訳）、『ベンヤミン・コレクション1　近代の意味』（ちくま学芸文庫）、筑摩書房、1995年、p.588-591, 596。
24　天野彬、『SNS変遷史』の第2章〜第4章。特にツイッターに関しては、津田大介、『Twitter社会論──新たなリアルタイム・ウェブの潮流』、洋泉社、2009年、p.28-46。
25　インターネットは当初、一般の実社会で生活する人には関わりのない世界だった。インターネットは1960年代にアメリカの国防総省によって軍事用に開発され、その後、大学や研究機関のネットワークとして用いられるようになった。1995年にはWindows95が発売開始されて、一般の人もインターネットアクセスが容易になり、個人でも世界へ向けて簡単に自分の意見や体験、随想や文芸作品等を公開できると個人ホームページの開設が相次ぐようになった。

を取得でき[26]、無料で利用することができる。ホームページやブログと比べて SNS は投稿の方法も簡単で、特別な知識や技術は不要であり、文章や写真を僅かなクリック回数で投稿できる。ホームページ作成のようなレイアウトを自分で考える手間も全く必要ない。

　日常生活では同じ趣味の人と出会えなくても、SNS を通してなら出会うことができる。現実の仲良しグループでは声の大きな人の意見に皆が同調しがちであっても、SNS なら自分の思いを表に出せる。

　小さな発言であっても人々の目に止まれば、転送を繰り返されて社会的に大きな話題となりうる。例えば、反政府デモなどの社会運動は従来、何らかの団体が中心になって行われてきたが、近年は SNS に投稿された個人の発案が多くの人の賛同を得て、自然発生的に大規模な動員に発展し、社会的に大きく注目されることもある[27]。

②情報の拡散と双方向のコミュニケーション

　SNS へ投稿された情報が役に立つものであったり面白かったりすれば、それを見た人はさらに他の人に情報をシェアする。シェアが連鎖すれば、その情報は強力に拡散される。SNS は広く世界とつながっているゆえに、居住地の隔たりに関係なく不特定多数の人々へ広く拡散される。そのスピードも速い。特に、ツイッターは一つの投稿が短い文章で成り立っているため、気軽に拡散させやすい。また、自分が投稿した内容に共感したり興味・関心を持ったりした人と双方向のコミュニケーションを楽しめる。自分が投稿しなくても、面白い情報を見つけたら他の人に知らせることや、同じ趣味を持った人とのやり取りをすることができる。このように、ネットではこれまでの日常では接することのない人々へ情報を伝えることができ、そして、情報の送り手と受け手の区別のないやり取りがなされる。

　SNS でのコミュニケーションは、社会的な地位や肩書き、職業、年齢や性別などは関係ないフラットな関係でなされる。良くも悪くも、玄人と素人の区別すらない。特にニックネームを使っている場合には、年

26　不正防止のために、携帯電話に送られてきた認証番号を入力して本人確認する。サービスによっては固定電話でも可。なお、実名で利用するフェイスブックでは仕事も趣味も会社の上司・部下もプライベートな友人もすべて一つに統合されるのに対し、ツイッターは、一人で複数のアカウントを持つことが可能であり、仕事用、趣味用などと使い分ける人もいる。スマホ情報サイト Appliv の 2019 年 6 月の調査によると、10 代から 60 代の 42% は複数のツイッターアカウントを利用している。若い世代ほどその傾向は強く、15 〜 19 歳では 66.5%、すなわち 3 人に 2 人が複数アカウントを持って、メインで利用するアカウントの他に、情報収集用、趣味用などと使い分けている。https://mag.app-liv.jp/archive/123547/

27　津田大介、『動員の革命』（中公新書ラクレ）、中央公論新社、2012 年。また、後述を参照。

齢や性別、肩書きなども知ることなくコミュニケーションが行われる。たとえSNSのプロフィール欄に牧師や神父と名乗っていても、SNSでのやり取りはそれとはまったく関わりなく対等であるし、教理に関する話題においても大きな教派もごく小さな教派も対等である。

　そして、1回のクリックで「いいね」の共感や賛同を示すところからコミュニケーションが始まり[28]、ツイッターでは他の人の投稿で気に入ったものを転送（リツイート）することで拡散させることが可能である。自分の投稿に誰かが反応してくれるとうれしい。通常の社会生活では出会うことのない人とのつながり、特に、趣味や価値観の共通する人との出会いが広がる[29]。

　SNSに限らずインターネットによって、実際の距離に関係なく、また、時間を共有しなくてもコミュニケーションが可能になった。すなわち、直接顔を合わせない非対面性がネットでのコミュニケーションの大きな特徴である。しかし、この特徴が多くの問題を引き起こす原因にもなっている。

③場所と時間に拘束されないコミュニケーションとリアルタイム性

　電話は相手と時間を共有しなければコミュニケーションできないのに対し、電子メールでは相手の時間に割り込むことなく好きな時に送信でき、相手も好きな時に受信をすることができる。情報技術は、時間を共有する必要なく、しかも手紙よりはるかに簡便なコミュニケーションを可能にした。SNSでは、互いに時間を共有してメッセージを送り合うこともできれば、自分の好きな時間に投稿し、受け手も好きな時間に閲覧や反応することもできる。例えば、遠く離れた相手の顔を見ながらテレビ電話のように時間を共有したコミュニケーションもできれば、相手の時間を拘束せず、作業の合間にメッセージを送り合うような緩やかにつながり合ったコミュニケーションも可能である。

　そして、スマートフォンを持ち歩いていれば、家でも外出先でも海外にいても場所によらず送受信できる。ラインでメッセージが届いたら音が鳴るようにしている人もいるだろうし、ツイッターにも特定の人が投稿したことを通知してくれる機能がある。そのようにして「いま」を共

28　ただし、「いいね」の使い方として、投稿の内容とは関係なく「見ました」ほどの意味で使う場合もあれば、内容を全く読まずにただ投稿がなされたことを肯定するだけの意味で「いいね」を連発している人もいる。
29　さらに、「ハッシュタグ」というキーワードを付けて、話題となっているテーマに関する投稿をすることで、フォロー、フォロワーという関係を超えたつながりが広がる。

有し合える。特にツイッターは 140 字という字数が限られているゆえ
に、実際の生活上で今していることや今思ったことをたわいなく「つぶ
やく」のに適している[30]。すなわち、SNS のリアルタイム性とは、発信
された情報が瞬時に相手に届くことだけでなく、実生活で起きたことを
すぐに発信できることでもある。リアルタイムの情報発信は、人々の実
生活上での話題の投稿を促進させて、ネットの世界と現実社会を結び合
わせている[31]。事件の現場に居合わせれば、マスコミよりも早く人々に
情報を届けることもできる。

　なお、時間を共有しなくても情報の送受信ができるので、自分の投稿
を相手がすぐに見るとは限らない。多くの真面目な人は仕事の合間や学
業の休み時間に見るはずである。基本的に、SNS をいつ確認するかは
人それぞれでまったく自由である。それゆえ、リアルタイムと言っても、
厳密な意味で即時的に相手が投稿を見るわけではない。時には、数年前
の古い自分の投稿を誰かが検索で見つけて「いいね」してくれたり、コ
メントを付けてくれたりすることもある。

④フロー型の情報

　インターネット上には多くの情報が蓄積されており、誰かに URL を
教えてもらうか自分で検索することでいつでも必要な情報にたどり着け
る。このような情報は「ストック型の情報」と呼ばれる[32]。一方 SNS で
は、即時的に情報が手元に流れてくる。これは「フロー型の情報」と呼
ばれる 。こちらから情報を取りに行かなくても、タイムラインと呼ば
れる時系列上に新しい投稿が絶えず届けられる。例えばツイッターでは、
自分がフォローしている人たちのツイートが自分のパソコンやスマート
フォンなどの画面に次々と流れてくる。この画面が「タイムライン」で
ある。

　時系列で新しい投稿が届けられるということは、反面、受信した情報
はすぐにタイムラインの下方に過ぎ去っていくということでもある。多
くの人の投稿を受信するようにしていると、新しい投稿が次々と上に積
み重なって、ちょっと前に見つけた投稿はすぐにタイムラインのはるか
下方に埋もれていく。一時的に一つの話題で盛り上がっても、すぐに潮

30　今何をしているかを投稿する際に用いられる表現として「〜なう。」という言い方は、2010 年の
「ユーキャン新語・流行語大賞」のトップ 10 に選ばれた（例えばスターバックスにいるときは「スタ
バなう」）。
31　スマートフォンにカメラ機能が付いていることも、バーチャルではなくリアルな日常とのつなが
りを強めている。
32　津田大介、『動員の革命』、p.22-23。

が引いていく。また、タイムラインに流れてくる情報は、つながりが増えるにつれて増加し、それを確認するのに多大な時間を費やすようになり、やがて処理しきれなくなる[33]。

(4) 新しいメディアとして

　SNSと似た言葉で、ソーシャルメディアという言葉も使われる。これはSNSより広い意味を持ち、動画共有サイト（YouTubeなど）、ブログ（個人が日記や論評などのwebページを日付順に簡単に作成できるサービス）、メッセージングアプリ（LINEなど）、ネット通販のレビュー欄（楽天、Amazonなど）、飲食店についての口コミサイト（ぐるなび、食べログなど）などが含まれる。厳密な定義はないが、簡単には、個人が情報発信しそれを共有できる場を提供しているサービス全般がソーシャルメディアで、その中でも人と人とのコミュニケーションの場を提供しているものがSNSである。また、メディアという観点からは、マスメディアに対して個人による情報発信がなされていることを強調するときにソーシャルメディアという語が用いられる。

　新しいメディアに対する不安は、いつの時代にもあることだろう。第一に、従来のメディアに慣れ親しんできた者にとって、新しいメディアは馴染みにくく、その価値をなかなか認めることができないことがある[34]。第二に、SNSは個人が容易に情報発信できる新しいメディアであるが、不確かな情報も多く、誹謗中傷など危険性もある。そのためにSNSの利用を躊躇する場合もあり、SNSを利用した事件・犯罪が起きるとまるでSNSが元凶であるかのように見る人もいる。しかし、新しいメディア自体が有害であるわけではない[35]。第三に、これまでのメディアと質的に異なる点として、インターネットは自分のコントロールを超えている世界であることも挙げられる。ネット上の情報は、人々が忘れたこと

33　なお、SNSは基本的にフロー型であるものの、SNSやスマートフォンが身近な若い世代を中心に、必要な情報をSNSで検索する場合も多くなってきている。それは、検索サイトでは広告や検索サイトによる独自のランク付けに適応させた企業のサイトが検索結果の上位を占めることや、リアルタイムの情報収集には向かないためである。SNSでは他に、ハッシュタグによって過ぎ去った情報を見つけることも可能である。

34　新しいものに対する拒否反応をネオフォビアという。橋元良明、『メディアと日本人──変わりゆく日常』（岩波新書）、岩波書店、2011年、p.96。特に、新しい技術に対してはテクノフォビア（科学技術恐怖症）と言われ、SNSに対しても起きうる。津田大介、『動員の革命』、p.135-136。

35　ゲーテの『若きウェルテルの悩み』がベストセラーになった18世紀に、主人公に共鳴した自殺が続出したが、書物や小説が有害であるわけではない。この指摘は、佐藤卓己、『流言のメディア史』（岩波新書）、岩波書店、2019年、p.7-16。

をいつまでも記憶しており[36]、削除した投稿もどこかに残り続けることがあり得る。このような特徴がネットに対する不安感につながっている[37]。

　SNS は「サービス」であって人と人とをつなげる場所を提供しているに過ぎない。その特性を良く理解して有効に活用できるかどうかは使う側次第である。宗教に限らず、歴史においてメディアを活用して積極的にメッセージを発信してきたのはどちらかと言えば非主流派であって、主流派は自己の主張に躍起になる必要はなかったと考えられる[38]。その点からすれば、プロテスタント・メインラインの教会は新しいメディアの利用に消極的な面があるかもしれない。しかし我々は、これまでのメディアと同様に SNS の特徴を理解して有効に活用したい。我々はそれによって人々のコミュニケーションを豊かにし、現実の社会に寄与できると確信する[39]。

2. ネットの情報空間の特徴

　インターネット上は、国の違いや地域的隔たりを超えた空間であり、文化や思想、宗教などの相違も超えたボーダーレスな世界である。そこでは文字、音声、写真、動画という人間がコミュニケーションに用いる様々な形式の情報がやり取りされている。そのような情報空間の重要な特徴として、情報過多、信頼性のなさ、無法地帯、複製の容易さに着目

36　プライバシー保護の観点から過去の犯罪歴を記した web ページを検索結果から削除するよう求める権利は「忘れられる権利」と言われる。
37　東浩紀、『一般意志 2.0　ルソー、フロイト、グーグル』（講談社文庫）、講談社、2015 年、p.144。
38　森本あんりは、「正統」と「異端」を論じる中で、「正統」は茫洋として捉えどころのない全体性を特徴としているのに対し、その中から特定の項目にスポット光を当てて、おとなしい構成要素であったものを肥大化させ突出させるのが「異端」であると語る。森本あんり、『異端の時代——正統のかたちを求めて』（岩波新書）、岩波書店、2018 年、p.138、199-200。
39　単なる楽観主義ではなく、知恵を尽くせば必ず有益に用いることができるという確信が重要である。「ソーシャルメディアにはデマの拡散など、多くの負の部分がありますが、それを差し引いても大きな可能性があると僕は思っています。大切なのは、今われわれは「コミュニケーション革命が起きている」ということを正しく認識し、恐れないことです。……コミュニケーション手段の変換に伴う変化を必然的なものと受け入れ、いい面も悪い面も、両面認識した上で、現実と折り合いを付けていくという態度が何よりも重要なのです。」津田大介、『動員の革命』、p.134、p.136。また、「実世界・ウェブ・ソーシャルメディアのシームレスな連結は、使い方さえ誤らなければ、実世界を生きるわれわれに数多くの恩恵をもたらす。」藤代裕之編著、『ソーシャルメディア論』、青弓社、2015 年、p.45。あるいは、「SNS は、その正しい使い方を知ることによって、一人ひとりのより良い人生に資するものになると思っている。」天野彬、『SNS 変遷史』、p.12。さらに、「諸々のネガティヴな傾向を含みながらも、なお私たちは、インターネットが可能にするコミュニケーションの地平を、未来への可能性として重視していく必要があります。」吉見俊哉、『メディア文化論』改訂版、有斐閣、2012 年、p.231-232。

する。

(1) 情報過多

　インターネットの海には、膨大な量の情報が漂っている。すべての情報にアクセスすることは一人の人間には不可能である。しかも、パソコンやスマートフォンを一人ひとりが所有するようになって、個人がいきなり広大な情報の外海に乗り出してしまう。ネットサーフィンを始めたら様々なホームページを何時間も見続けたことは多くの人が経験しているだろう。新聞や雑誌には終わりがあるが、ネット上の情報は際限なく続く。インターネットの荒海に出ると、容易には岸に戻れなくなる。インターネットでの情報収集には、溢れる情報の中から必要な情報を選び出すスキルを身につけなければならない。

　SNSでのコミュニケーションにも終わりがない[40]。投稿の容易さやリアルタイム性などに起因して雑多な情報が流され、発信者の立場や投稿の文脈が不明であり、限られた文字数で断片的な情報に溢れている。時系列上に次々と様々な情報やメッセージが流れてくるので、離れられなくなる。情報を取捨選択するいとまなく、情報によって人間の方が振り回される。SNSに流れてくる情報のほとんどは、見なくても困らないものばかりである。一人の人間が処理できる情報量を超えているので、すべてを見ようとせずに右から左へ流す余裕を持って、SNSに振り回されない生き方をしたい。

　具体的には、SNSを続けていると自分とつながる人が次第に増えるが、フォローしている人数が200〜300人位になると、自分の元に流れてくるすべての投稿を追うことは困難になる[41]。そうなった場合、すべての投稿をチェックしようとせず、7〜8割くらい追えていればよしとしたり、最新の情報のみをチェックするにとどめたりしてそれ以上は追わないとするのがよい。修養会で数日SNSをチェックできずにいたら、タイムラインに溜まっているすべての投稿を消化することを諦めるいさぎよさを持つことは、大切なリテラシーである。重要な情報を見逃してしまわないかという恐れがあるかもしれないが、良質の情報は誰かのリ

40　単に情報の量が多すぎて見切れない情報過多と区別して、他者とのやり取りが負担になるほど多い状況は「インタラクション過多」と言われる。佐々木裕一、『ソーシャルメディア四半世紀——情報資本主義に飲み込まれる時間とコンテンツ』、日本経済新聞出版、2018年、460頁。

41　津田大介、『情報の呼吸法』、朝日出版社、2012年、p.67-68。津田大介、『Twitter社会論——新たなリアルタイム・ウェブの潮流』、洋泉社、2009年、p.189。

ツイートでまた流れてくるし[42]、自分の目に止まらなかった投稿は発信者のタイミングが悪かったと思えばよい。あふれる情報の中で、たまたま出会った情報との一期一会を楽しみたい[43]。

　自分に押し寄せる情報の量が膨大になると、一つ一つの情報を真剣に受け止める余裕がなくなる[44]。勢い、自分の判断がすべてとなり、情報を受けて自らを省みることをしなくなる。短期間で聖書を通読しようとする中で、しかし聖書の小さな一句に目を止めてじっくりと思い巡らすことがあるように、時には立ち止まってゆっくり考えることも忘れてはならない。

(2) 信頼性のない情報

　インターネットの世界へは個人が誰でも情報を発信できるため、マスメディアでは報道されない専門性の高い情報もマニアックな趣味の情報も手に入るが、自ずと専門家よりも素人の発信する情報が多く、ネット上の情報の質は玉石混淆である。検索結果には、どこの誰がいつ書いた記事なのか分からない情報も、学問的な研究の成果と共に並んで表示される。SNSでは専門家の見解も個人の勝手な印象も並列して流れてくる。

　ネット上では様々な人が情報を発信しているため、根拠のはっきりしない情報や単なる思い込み、独善的な見解もある。さらに、SNS では個人が思いつきで瞬発的に発信するため、個人的な印象や勝手な思い込みによる発言も多く、情報の信頼性は低くなる。特にツイッターでは、事実であるよりも「ウケる」かどうかで注目され、情報の真偽に関係なくただ面白いというだけで拡散される[45]。ネット上には嘘の情報を流す人もいる。検索すれば何でも分かるといっても、正しいとは限らない[46]。

42　津田大介、『情報の呼吸法』、p.80-81。
43　津田大介、『情報の呼吸法』、p.56-58。
44　メディア史の研究者である佐藤卓己は、次のような話を好んで紹介している。17世紀のニューイングランドでピューリタンたちは一生涯に 3000 回の説教を聞き、生と死の意味に心を傾けた。一方、現代の平均的なアメリカ人は生涯に 700万回以上のテレビCMなどの情報を浴びている（この話はA.プラトカニス & E. アロンソン、『プロパガンダ——広告・政治宣伝のからくりを見抜く』（1992）に基づくとのこと）。「17世紀の 2000 倍以上というメッセージの洪水の中で、一つ一つの言葉をまじめに受け止めるゆとりはない。……コミュニケーションの過剰は、意味を貧しくし、大切なことを忘却させるのである」。佐藤卓己、『メディア社会——現代を読み解く視点』（岩波新書）、岩波書店、2006 年、p.160。他でも紹介している。『現代メディア史　新版』、岩波書店、2018 年、p.235。『流言のメディア史』、p.280。
45　極端な意見や表現が注目されるので、ツイッターの「いいね」の数は意見の正当性の保証にはならないし、フェイスブックの友達がどれだけ多くても、良質な情報発信者の目安にはならない。

　ただし、インターネットは偽情報が氾濫しているので使うべきではないと言うのではない。マスメディアでは、あらかじめ報道すべき情報が取捨選択され、校閲などの複数の人の目を通って番組や紙面が構成されている。それに対し、一般の個人が簡単に情報発信できるSNSでは、編集の手が加わっていない全く個人的な投稿行為として発信されるため、真偽が不確かなのも当然である。字数に制限があるツイッターでは、誤解を受けないような正確な記述は難しい。そうでなくても書き手は文章のプロではない。したがって、ネット上の情報が玉石混淆であるのは、驚いたり眉をひそめたりするほどのことではない[47]。

　情報の受け手として注意すべきことは、どんな情報も鵜呑みにせず、安易に信頼しないことである。ネット上の情報が正しいかどうかは、受け手の側が見極めなければならない。いつ書かれた情報か、発信元は信頼できるか、発信者はどういう立場の人か、どのような思想の持ち主かに注意して、情報を取捨選択し、真偽を判断する。ネット上で期待に反するページを見たときは、そっと閉じて見なかったことにする。

　特にSNSでは「誰に向けて書かれているか」も重要であるが、自分に向けて書かれた情報でなければ、全くの誤りであっても受け流す、すなわち「スルーする」[48]ことを身につけたい（コヘレト7：21）。

　情報の送り手としては、真意が伝わるように、誤解されないように注意を払って文面を整えるとともに、できるだけ書籍などの情報源を示して発信したい。それゆえ、自分の専門外にはあまり首を突っ込まないほうが無難である。幅広く情報収集できるがその情報の信頼性の確保は難しいネットの中で、キリスト教や聖書に関する正確な情報を人々に提供することが求められる。確かな情報の提供を心がけることで、教会や牧師が信頼性の高い発信者との評価を地道に得ていくことも、キリスト教界全体の大きな力となるだろう。

46　例えば、ウィキペディアという誰もが自由に編集に参加できるネット上の百科事典では、専門家が記した文章が素人によって書き換えられてしまうこともあるし、立場の異なる執筆者間で書き換えの応酬が続いていることもある。記述を鵜呑みにせず、あくまでも調査・研究のきっかけ程度に利用すべきである。教会の青年会や壮年会などでの学びの際にウィキペディアで調べてくる教会員もいるが、キリスト教関係の用語の記述は特定の信仰観や聖書観の立場からの解説しか記されていないことも多い。

47　佐藤卓己『流言のメディア史』（岩波書店、2019年）の全体を通して指摘している。

48　小木曽健、『ネットで勝つ情報リテラシー』（ちくま新書）、筑摩書房、2019年、p.189。トキオ・ナレッジ、『スルーする技術』（宝島社新書）、宝島社、2013年。

（3）無法地帯

　世界中とつながり、匿名でアクセスできるネットは、有害情報も容易に手に入る無法地帯でもある。ポルノ、自殺マニュアル、違法薬物の売買、爆発物の作り方と、何でもありである。18歳未満の青少年がインターネット上の有害なサイトにアクセスすることを防ぐためにフィルタリング[49]を施すことが、「青少年インターネット環境整備法」[50]によって義務づけられている。筆者が子ども用のスマートフォンを契約する際には、「法律で義務づけられていますので」と言われて店員からフィルタリングの説明を受けた。しかし、クラスの中に一人でもフィルタリングソフトを入れていない生徒がいれば、そこからラインなどでポルノ画像がクラスメートの間に拡散される。教会に来ている中高生も例外ではない。

（4）複製の容易さ

　コンピューターで扱う文字や写真、動画はすべてデジタルデータであるため、劣化することなく複製できる。それゆえに多くの人に同時に送信でき、オリジナルのまま記録し保存できる。複製の容易さによる問題の第一は、盗作・盗用・改変が容易なことである。オリジナルの作者に無断で複製したり加工したりすることが可能である。他人のものをあたかも自分のもののように見せることもできてしまう。投稿したときの文脈から切り離されたり、文章の一部分だけが切り抜かれて拡散されたりすることもある。筆者も、ちょっとひねった説教題を屋外掲示板に掲げた写真をツイッターに投稿したら、見知らぬ人にその写真の説教者名の部分を切り落として拡散されたことがある。他人の文章や写真、動画などを勝手に自分のもののごとく流通させたり改変したりしてはならない。著作物を作者に無断で複製し、インターネット上に公開することは著作権法で規制されている。

　ネット上に掲載した情報はどのように利用されてもかまわないと了解したことになるという言説は誤りである。多くの学術論文や説教がネット上に公開されているのは共有のためであり、出所を明らかにして利用しなければならない。

49　有害サイトへのアクセスをブロックする「フィルタリング」だけでなく、インターネットの利用時間やスマートフォン本体の使用可能時間帯などの制限、GPSを利用して子どもの居場所を把握するなどの機能も含めたソフトやアプリは「ペアレンタル・コントロール」と呼ばれている。
50　正式名称は「青少年が安全に安心してインターネットを利用できる環境の整備等に関する法律」。2008年制定、2017年改正。

第二に、一度インターネット上に公開された情報は、回収することができない。自分の投稿が不適切だったとして削除しても、検索エンジン[51]が自動保存しており、あるいは、誰かがスクリーンショットを撮って保存しているかもしれない[52]。「行き過ぎた悪ふざけと炎上」の項で繰り返すが、仲間内だけのネタのつもりでSNSに投稿した悪ふざけ写真も、スクリーンショットやダウンロードによって世界中にばらまかれる。逆に、誹謗中傷を受けたら、こちらがスクリーンショットを撮っておくことで相手が削除しても証拠として残る。

3. ネットでのコミュニケーションにおける危険性

インターネットやSNSの世界には様々な危険やトラブルがある。それらをきちんと学び知っておくことで、ネットでの情報発信やコミュニケーションを楽しむことができる。自動車の運転には危険も多いが、教習所に通って交通規則を学び、危険性を知り、実技試験を通過し、免許更新の度に事故事例を教訓として示されてこそ、ドライブを楽しむことができる。同様に、ネットでの情報発信やコミュニケーションでも、その特徴や危険性を学び、様々なトラブルの事例を知っておいてこそ、有効に活用し、楽しむことができる。

インターネットはパソコンやスマートフォンで簡単に利用できるため、危険性やその回避方法を知らずに「公道」に乗り出してしまうこともある。学生が安易にネット情報をそのまま自分のレポートに借用したり、SNSで不用意な発言をして社会問題を引き起こしたりすることがあるのは、インターネットの世界を知らず、SNSのリテラシーを持ち合わせていないからである。ネットでのコミュニケーションにおいて生じる危険を知りトラブルを回避するスキルを身につけて、SNSの世界を「安全運転」で楽しみたい。

（1）不特定多数との交流

インターネットの世界へ発信された情報は不特定多数に拡散する。こ

51　Googleなどの検索のためのシステム。クローラーと呼ばれるプログラムがインターネット上を定期的に巡回して、世界中のネット上の情報を自動収集している。
52　ツイッターやラインでのやり取りは、後から振り返ろうと思ってもタイムラインの彼方に過ぎ去っており発見しにくい。そこで、若い世代は気に入ったやり取りをスクリーンショット（略して「スクショ」）で保存している。

れは、誰もが広く情報を拡散できるという面で大きな利点である。かつ
ては書物を著すことができる一部の人だけが自分の思想を世に知らしめ
ることができたが、インターネットは誰もが簡単に自分の意見を広く
人々に示すことができる社会を産み出した。コミュニケーションの面で
は、日常では出会えない人とのやり取りが可能となって、人と人とのつ
ながりが従来ではありえないほど広がった。SNSには多様な人々がい
るので、自分の意見が少数派で身近に仲間がいなくても、賛同してくれ
る人が現れる。ネット上で出会った人と意気投合して実際に顔を合わせ
るケースもあるし、ネット上で知り合って結婚へと導かれたカップルも
いる。

　その反面で危険も伴う。ネット上には様々な思想・信条、価値観を持っ
た人がいる。日常ではまず出会うことのない極端に左右に偏った政治思
想を持った人や、予想もつかない特殊な嗜好・関心を持っている人もい
る。キリスト教で言えば、特殊な聖書観や終末論、特定のキリスト論へ
のこだわりを強く持った人とも、いとも簡単に出会い、やり取りするこ
とになる。日本に住む外国籍のあるキリスト者がネット上で知り合った
人と会ったら、その人は極めて排外主義的な人物であったという話もあ
る。

　こちらから情報発信しなくても、SNSの画面には様々な見解や自分
と立場の異なる意見が並列して飛び込んでくる。極端な意見も常識的な
見解とまったく同列に目の前に現れる。余りにも特殊な考え方に出くわ
してショックを受けることもある。このことを十分に弁えて、精神的な
ダメージを受けないように受け流す、すなわち「スルーする」ことは、
身につけておきたいスキルである。

　逆に、こちらが発信した見解も実に多様な価値観を持った人に届く。
相手が傷つくこともあれば、強く反論してくることもある。自分の見識
の狭さと世の中の広さを思い知らされることになる。だが、社会には自
分と相容れない他者も存在することを了解して共存するところに、自由
の享受もある。

　なお、不特定多数との交流に関して社会的に大きな話題となった最近
の事件としては、例えば次のようなものがある。2017年に神奈川県座
間市で、自殺願望のある若者がツイッターで「一緒に死のう」と誘い出
されて9人も殺害された事件が起きた。2019年11月には、栃木県に
住む35歳の男性がオンラインゲームで知り合った大阪府の小学生の女

子児童をツイッターのダイレクトメッセージを使って誘い出し誘拐した事件があった。同様の事件は 2020 年 9 月にも相次いだ。

　不特定多数とのコミュニケーションには、交流の広がりに期待できると同時に、極めて多様な見解が飛び込んでくること、自分の発言が予想外の人に届く恐れもあることを知っておきたい。

(2) 匿名性

　SNS には、実名で登録するものと匿名でも登録できるものとがある。それぞれのサービスがどのように設計されているかによる。匿名の場合には、その SNS 内でのニックネーム的な名前を各自が設定する。フェイスブックは実名で登録し、投稿やコミュニケーションなどの利用も実名で行う。ツイッターは、任意の名前で登録可能で、利用もその名前で行う。もちろん実名を使ってもかまわない[53]。

　匿名での投稿には、身元が知られては言えないことを発言できるという利点がある。年齢や性別、職業などの属性を開示しないコミュニケーションでは、より本音を語りやすい。病気の相談、犯罪被害者としての注意喚起、自分が属する組織の不正の暴露、社会の中で弱い立場に置かれている者が自らの身を守りつつ差別や不利益を公にすることができる。その一方で、無責任な発言、感情をむき出しにした言葉、相手がどう思うかの想像力を欠いた思ったままの表現、他人を傷つける暴言も匿名ならば容易である。日常では言うべきでないこと、普段は抑圧されている嫉妬や苛立ちを、誰かを標的にして解放できてしまう。しかし、匿名であっても発言には責任が伴う。

　身元が分からないように実名を伏せていても、SNS での友人関係や過去の投稿から個人が特定されることもある。そもそも、インターネットは完全に匿名であるわけではない。インターネットに接続する際に、端末を識別するための符号である IP アドレスが端末に付与されるので、匿名掲示板であろうと SNS であろうと、インターネットを使っている

53　諸外国ではツイッターでも実名で利用する場合が多いのに対し、日本では匿名で利用する傾向が大きいことが知られている。総務省の調査では、ツイッターの匿名利用が、アメリカ 35.7%、イギリス 31.0%、フランス 45.0%、韓国 31.5% であるのに対し、日本では 75.1% に上る。総務省『平成26 年版 情報通信白書』図表 4-3-1-16、https://www.soumu.go.jp/johotsusintokei/whitepaper/ja/h26/html/nc143120.html。日本において特に匿名利用が多い理由として、他者への信頼感の低さ、不確実さや未知の状況での不安の高さなどを指摘する調査結果もある。木村忠正、『デジタルネイティブの時代』、p.224–240。

限り、厳密な意味では匿名ではない[54]。

（3）発言の過激化

　ネット上の文字でのコミュニケーションでは、表現が強くなりやすく、トラブルを起こしやすい。特にツイッターでは誰であっても発言が過激化しやすい。その原因の第一には、今述べた匿名性が挙げられる。匿名であることによって、発言したことの責任、相手への配慮、社会的な秩序を損ねない倫理的な意識などが希薄になる。日常では発することが憚れる極端な見解や攻撃的な批判などの無責任な発言が、匿名という安全圏に守られたところから投げ付けられる。

　第二には、注目度の大きさがある。ネット上に掲載した発言は、日常の人間関係の範囲よりはるかに広く衆人に公開される。そして、大胆な内容の方が注目を浴び、もてはやされる。特に SNS では、人々の注目の度合いが「いいね」という賛同者の数や転送された数といった数値で定量化され、視覚化される。多くの人々に注目される快感を求める気持ちがエスカレートすると[55]、さらに過激な発言がなされるようになり、事実に反する偽情報を流したり、不謹慎な内容の投稿をしたりすることになる。その様子を見た人の中には、それに刺激され、正義感に酔って、自らも暴論の拡散に荷担することもある。

　また、第三に、非対面性も重大である[56]。顔と顔を合わせて会話するときには、声の調子はもちろんのこと、表情や身振りなどの非言語コミュニケーションも伴い、時間を共有したり同じ空間に存在したりする直接的な身体性がある。それによって基本的に相手に配慮した言動がなされる。しかし、ネット上では相手の姿が見えないので、乱暴な言葉を発しやすくなる。また、限られた字数での表現では、単なるつぶやきであっても断定的な主張に聞こえたり、揚げ足を取るような反応になったりする。直接対面していないため本音が言える反面、身勝手なことも言えて

54　裁判になった場合には、サーバーに記録されている接続情報の開示を求める「発信者情報開示請求」がなされて投稿者を特定していく。例えば、中澤祐一、『インターネットにおける誹謗中傷 法的対策マニュアル（第 3 版）』、中央経済社、2019 年。なお、現状では時間が掛かる匿名の投稿者の特定を容易にするため、裁判所が SNS 事業者に投稿者の個人情報の開示を求める際の手続きを簡素化する方向で法改正することが、2020 年から検討されている。
55　「いいね」をもらうと、アルコールやたばこを摂取したときと同様に、脳の報酬系と呼ばれる快感をもたらす神経回路が働くことが知られているという。尾崎太一（綿村英一郎監修）「SNS とうまくつきあうための心理学」、『Newton』第 40 巻 12 号（2020 年 10 月号）、ニュートンプレス、p.109。
56　松田美佐、『うわさとは何か──ネットで変容する「最も古いメディア」』（中公新書）、中央公論新社、2014 年、p.155-157。

しまうのである。

　その他、日常で大きなストレスを抱えているために、些細なことを理由にクレーマーのように執拗に問い詰めて、欲求不満のはけ口としていると思われる人もいる。他の人の発言に自分勝手な解釈を加えて罵倒する人もいる。

　過激な発言や攻撃的な暴言に出会ったら、真偽の不確かな情報の場合と同様に、面白さだけで拡散しないように気を付けなければならない。自分に矛先が向けられている場合でも、的外れな言いがかりをつけてくる人は批判した相手が反応してくると気持ちが高ぶるので、反論はかえって火に油を注ぐことになる。勝手な誤解・中傷に対しては反論したり誤解を解きたくなるが、どんなに丁寧に対応しても、相手が考えを変えたり誤りを認めたりすることは決してない。したがって、論破して倒そうとしてくる議論は相手にせず、見なかったことにして受け流す、すなわち「スルーする」のが基本である[57]。単なる「つぶやき」、独り言と思えばよい。そして、精神的なダメージを受けたときはネットを離れる。SNSのリテラシーは、パソコンやスマートフォンの操作に習熟することではなく、不要な情報、自分にとって害悪でしかない情報をいかにスルーするかである。異文化交流やエキュメニズムの対話は、双方にお互いへの敬意がなければ成立しない。

　過激な内容の投稿をする人はごく一部であるが、SNSの仕組み上、「いいね」やリツイートによって目立ってしまう。自分に対する応答の中で100の賛辞があっても、たった一つの暴言で傷ついてしまうことがある。しかし、大多数は道理をわきまえたサイレント・マジョリティである。それゆえ、ネガティブな投稿は無視し、ポジティブな投稿に目を向け、我々の情報発信もネットの世界を健康的にする言葉で投稿することを心がけたい[58]。

　我々がネットに情報発信する際に注意すべきことは、ネット上にいる人々も実社会に生きる人々であるということである。顔と顔を合わせて会話するときには、通常、礼儀を弁えた言動をし、相手を不愉快な思いにしないように配慮した言葉を選ぶ。ネットの世界でも、感情のままに

57　高速道路で、追い越し車線の後ろからスピードを出した車が迫ってきたときは、「しょうがないな」と思い速やかに道を空けてあげるのと同じである。あるいは逆に、ふらついて走っている車があったら、近寄らないようにし、安全を確認してさっと追い抜く。
58　オリバー・ラケット、マイケル・ケーシー（森内薫訳）、『ソーシャルメディアの生態系』、東洋経済新報社、2019年、p.244–271。特にp.270あたりを参照。

発言せず（箴言 29：11）、相手と顔を合わせて話をするイメージを持って会話することが重要である。たとえ匿名であっても、自分の家の玄関に張り出せないような投稿は慎むべきであると言われる[59]し、あるいは、自分の背中に張れないことは言ってはならないと言われる。日常生活で言ってはいけないことはネットでも言ってはいけないのである。それ以上に、日常生活をはるかに超える多くの人に自分の発信が届いてしまうので、予想しない影響を与える可能性があることを弁えておく。ネット上には様々な人がいるので、相手が自分と同じ価値観や感性を持っているとは限らない。自分にとっては当たり前のことでも、人によっては傷ついたり怒りを覚えたりする可能性がある。相手への思いやりや想像力を持って発言することが、ネット上を健全な言論空間とするために欠かせない。そのためには、日頃から欲求不満をためないこと、不快な情報が目に入らないようにすることが大切である[60]。また、自分の正しさを振りかざさないことも大切である。自己の正義への過信は別の正義と衝突する。謙虚さと寛容さを持って柔らかな情報発信を心がけたい。

（4）誹謗中傷とヘイトスピーチ

　SNS での暴論・極論で社会問題になっているものに、悪質な誹謗中傷とヘイトスピーチがある。言葉が武器として用いられ、面識のない相手の人格や人権を踏みにじる投稿がなされている。

　SNS 上での特定の個人に対する誹謗中傷は、名誉毀損や侮辱罪などで損害賠償が認められたり起訴されたりしている。また、匿名性ゆえのリンチまがいの人格攻撃により自殺者も出て、社会問題となっている。例えば、2017 年 6 月の東名高速でのあおり運転による死亡事故では、全く無関係の会社が容疑者の勤務先として SNS で拡散され、特に悪質な者たちが警察に摘発された[61]。ツイッターでは、2020 年に入って、匿名による誹謗中傷を受けたネットテレビ出演者が自死する事件も発生した[62]。

59　小木曽健、『ネットで勝つ情報リテラシー』、p.221-222。
60　『Newton』第 40 巻 12 号（2020 年 10 月号）、p.106。
61　2019 年にも、常磐自動車道でのあおり運転事件で、容疑者と無関係の人を犯人とする情報がフェイスブックになどに投稿され、投稿者は名誉毀損で賠償命令を受けた。また、投稿を見てこの人に対する誹謗中傷の書き込みをした 100 件以上の投稿者の開示請求も申し立てられた。『朝日新聞』2020 年 8 月 18 日「あおりデマ元市議に賠償命令　事件と無関係の女性を名誉毀損」。
62　2020 年 5 月、フジテレビ制作の番組に出演していたプロレスラーの木村花さんが、ネット上で誹謗中傷を受けた末に、自ら命を絶った。この事件で、ツイッターに中傷する投稿をした者が同年 12 月、侮辱容疑で警視庁に書類送検された。

　誹謗中傷に荷担している人は、悪質な暴言とは思わず、皆がやっていると思って軽い気持ちで直感的に同調したり憂さ晴らしだったり、あるいは、正義感に酔って行っている[63]。反論しても、かえって相手の感情を煽ることになる。

　誰かを誹謗中傷するツイートを「リツイート」（転送）するだけで、名誉毀損と司法判断され得る。コメントを付けないリツイートは、自分の発言と同等と見なされ、「元ツイートの表現が他人の社会的評価を低下させるものだと判断される場合、経緯、意図などを問わず〔リツイートした者も〕不法行為責任を負う」との高裁判決（2020年6月23日）もある[64]。

　次に、ヘイトスピーチは「憎悪表現」と説明されることが多いが、表現や言論の一つではなく暴力と迫害である[65]。特に、中国や韓国に対する扇情的な侮蔑と攻撃を繰り返す排外主義デモは2013年頃から社会問題となっているが[66]、ヘイトスピーチは今やソーシャルメディアが「主戦場」になっており[67]、様々な対策がなされている[68]。排外主義的なヘイトスピーチを繰り返している人々は、特殊な政治活動をしている人ではなく、普段は普通の市民であり、若者から高齢者まで男女関係なくいるという。しかし、攻撃しやすいマイノリティに矛先を向けて、倒錯した正義感や享楽的な弱い者いじめで口汚く罵倒し、相手の人格や存在を

63　「インターネットは匿名で自由に発言できる世界なのだから、発言するからにはどんな批判を受けてもかまわないことを了解した上で発言しているはずだ。」と言って誹謗中傷を正当化する人がいるが、そのような意見は、登録不要で暴言やネットスラングが飛び交う匿名掲示板など特殊な場所での話である。

64　「リツイート『加害者』にならぬために」、『朝日新聞』（夕刊）、2020年8月24日。

65　師岡康子はジェノサイド禁止条約、人種差別撤廃条約、自由権規約などの定義や表現をもとに、ヘイトスピーチを次のように定義している。「ヘイト・スピーチとは、広義では、人種、民族、国籍、性などの属性を有するマイノリティの集団もしくは個人に対し、その属性を理由とする差別表現であり、その中核にある本質的な部分は、マイノリティに対する『差別、敵意又は暴力の煽動』（自由権規約20条）、『差別のあらゆる煽動』（人種差別撤廃条約4条本文）であり、表現による暴力、攻撃、迫害である。」師岡康子、『ヘイト・スピーチとは何か』（岩波新書）、岩波書店、2013年、p.48。また、安田浩一、『ヘイトスピーチ──「愛国者」たちの憎悪と暴力』（文春新書）、文藝春秋、2015年、p.20、76-84も参照。

66　師岡康子、『ヘイト・スピーチとは何か』、p.5。

67　部落解放・人権研究所編（谷口真由美、荻上チキ、津田大介、川口泰司著）、『ネットと差別扇動──フェイク／ヘイト／部落差別』、解放出版社、2019年、p.97。

68　SNSの運営会社をはじめヤフーやグーグルなどソーシャルメディア事業者による自主的な検閲や機能面での設計変更については、津田大介、『情報戦争を生き抜く──武器としてのメディアリテラシー』（朝日新書）、朝日新聞出版、2018年、p.247-340。法的な規制については、ヘイトスピーチ解消法（正式には「本邦外出身者に対する不当な差別的言動の解消に向けた取組の推進に関する法律」）が2016年5月24日に成立（6月3日施行）した。しかし、事業者による対策にしても法的規制にしても、表現の自由との兼ね合いがあり、十分に防ぎきれてはいない。

叩いて快楽を感じている。同調する人々と一緒に行動することで高揚感と一体感を感じ、満足を覚えている[69]。

（5）行き過ぎた悪ふざけと炎上

　2013 年に、コンビニや飲食店などでアルバイトの学生が SNS に投稿した非常識な悪ふざけの写真や動画が拡散される事件が相次ぎ、社会問題となった[70]。こういった度を過ぎた悪ふざけは「バイトテロ」と呼ばれ、2019 年にも相次いだ[71]。悪ふざけの写真や動画は、仲間内で注目されようと「ネタ」として投稿されるが、知り合いしか見ることのできない設定にしているから大丈夫だと思っていたり、24 時間で投稿が消去されるインスタグラムのストーリーズという機能で気軽に投稿したりすると、誰かがスクリーンショットやダウンロードすることによって世界中に拡散される。逮捕や裁判になり、多額の賠償、退学処分、就職にも影響する。

　バイトテロのみならず、社会的・道徳的に不適切な投稿に対してネット上で非難が連鎖的に殺到する現象は「炎上」と呼ばれる[72]。そして、不適切な投稿をした者の個人情報が調べ上げられる。攻撃的な非難をして炎上に「参加」する人は利用者のごく一部であると言われている[73]。その人たちは、格好の攻撃相手を見つけたら、過剰な正義感で吊し上げ、「みんなで叩いて楽しもう」と集団化して、異常な事態に陥ることに達成感を感じている。

　我々としては、仲間内でふざけているに過ぎないと見られる不適切な投稿を目にしても、無視するのが基本である。年配者から見ると、現代

69　その様はカルトに似ているという。安田浩一、『ヘイトスピーチ――「愛国者」たちの憎悪と暴力』、p.47-50。

70　例えば、飲食店でアルバイトの大学生が、店内の大型食器洗浄機の中で横たわった画像をツイッターに投稿し、批判が殺到した後に、その店は閉店に追い込まれた。「悪ふざけ画像投稿で閉店、多摩のそば店が破産手続き」、『朝日新聞』、2013 年 10 月 19 日。

71　「悪ふざけ動画、拡散止まらず　バイトが SNS 投稿」、『日本経済新聞』、2019 年 2 月 19 日。

72　田中辰雄と山口真一は、先行研究を踏まえて炎上を「ある人物や企業が発信した内容や行った行為について、ソーシャルメディアに批判的なコメントが殺到する現象」と定義している。『ネット炎上の研究――誰があおり、どう対処するのか』、勁草書房、2016 年、p.5。炎上については他に、荻上チキ、『ウェブ炎上――ネット群集の暴走と可能性』（ちくま新書）、筑摩書房、2007 年。荻上チキ「炎上の構造」、川上量生監修、『ネットが生んだ文化』、角川学芸出版、2014 年。さらに、毎日新聞取材班、『SNS 暴力――なぜ人は匿名の刃をふるうのか』、毎日新聞出版、2020 年、p.84-145。

73　過去 1 年間に炎上に参加したことのある「現役」の炎上参加者は、ネットユーザの 0.5%、一つの炎上事件では 0.00x%のオーダーであり、さらに当事者を直接攻撃しているのは数人〜数十人のオーダーにとどまるとの研究調査結果がある。田中辰雄、山口真一、『ネット炎上の研究』の第 5 章で実証的な定量分析がなされている。炎上は例外的な人々が起こしている現象である。

の若者は教えられなくても新しい機器やアプリをすぐに使いこなせ、SNSの空気感を感じ取る能力に優れているように思えるが、不適切な投稿をしたり炎上に荷担したりしないように、立ち止まって冷静に状況を考えるスキルは、具体的に学ばないと身に付けることができない[74]。また、誰であっても些細なことで炎上の火種となりうる[75]。若者のみならず、教会やキリスト者も、過去の様々な事例を知って、炎上しない情報発信スキルを身につけておくことは必要である。

（6）ネット依存・ネット中毒

　常にネットにつながった状態で手元に置かれるスマートフォンの普及で、SNSはより手軽に利用されるようになり、外出中も家にいる時とまったく相違なくSNSを利用できる。自分から発信しなくても、スマートフォンでいつでもSNSを見て、気晴らしや現実逃避できる。しかし、それゆえに弊害も大きい。

　第一に「ネット依存」と言われる状況がある。誰でもSNSを始めると、リアルタイムで次々と誰かの発言が流れてくるゆえに、タイムラインを常にチェックせずにはいられなくなる。そのために、スマートフォンから目が離せなくなる。自分のところに流れてくる重要な情報や多くの人が注目した情報を見逃してしまうことに恐れを感じるようにもなる[76]。話題から取り残され、ネット上の人々から取り残されることを恐れるようになると、いよいよSNSから離れることができなくなる。自分から特定の人にメッセージを送った時には、すぐに返事が返ってこないといらだったり不安になったりする。SNSに投稿した場合は、反応の有無に一喜一憂し、「いいね」の数に心を満たそうとする。他の人の投稿に対しては、即座に反応して返信や「いいね」をしなければという強迫観念に囚われる。この状況が著しくなると、生活が昼夜逆転したり、ネットから離れると不安で落ち着かなくなったりして、学業や仕事に支障をきたすようになる[77]。

74　荻上チキが事例を知って学ぶ必要性を指摘している。「『ネット社会の闇』とは何だったのか――ウェブ流言とその対処」、佐藤卓己編、『岩波講座 現代9　デジタル情報社会の未来』、岩波書店、2016年、p.91（論文はpp.67-75）。
75　「炎上のきっかけはちょっとした間違いや、単なる意見表明、不注意な表現等のことが多く、そのようなことは巷にあふれていて、そのうち何が炎上を起こすかは予想しがたい。炎上するかどうかはほとんど運であり、……」。田中辰雄、山口真一、『ネット炎上の研究』、p.121。
76　このことは、「FoMO」（Fear of Missing Out）「見逃すことへの恐れ」と言われる。

　第二には、中高生のいじめの問題がある。一方では常にメッセージを
やり取りしてつながっていないと自分の存在が希薄に感じてしまい、も
う一方では、誰かのメッセージに対してすぐに返答しないと、仲間はず
れにされていじめの対象となることを恐れる。そのため、食事中や入浴
中でさえもスマートフォンを手放せず、深夜もラインをし続けて勉強が
手につかない生活が社会的な問題となっている[78]。

　電話は時間を共有しなければ通話が成立しないので、電話をかけると
相手の作業を中断することになるが、電子メールは互いに都合の良い時
に送信・受信することができる。SNS も同様で、誰かからのメッセー
ジの着信の通知を四六時中気にしていなければならないなどということ
はない。しかし、若年層では、ラインのメッセージに「既読」が付かな
いとか、「既読」が付いたのに返事が来ないことなどがいじめのきっか
けになる。

　第三に、ネット上でのコミュニケーションやゲームから離れることが
できず社会生活が明らかに不能に陥ると、「ネット中毒」と言われる。
例えば 2012 年に、若い母親が昼夜逆転でネット上での会話（チャット）
に没頭するあまり、幼い子の命が失われた事件もあった[79]。

（7）個人情報の流出、個人の特定

　フェイスブックは実名であり、出身の小学校から大学、勤務先や家族構
成、趣味や好きな映画、音楽などを登録することで、人と人とをつなげる。
しかし、それは個人情報の塊であり、ひとたび流出すれば被害は大きい。
フェイスブックは、個人情報を流出させたことがたびたびある[80]。それゆ
え、フェイスブックは多くのプロフィール情報を入力させようとしてく

77　ローマ教皇フランシスコは、ドイツで司祭の補佐に就く青年 5 万人に向けてのスピーチの中で、「多
くの若者が、あまりに多くの時間を無駄遣いしている。インターネットや携帯電話でチャットをしたり、
ドラマを見たり……」と語った。「若者のネット漬け　ローマ法王が警鐘」、『朝日新聞』、2014 年 8 月
7 日朝刊。さらに、2020 年の灰の水曜日（2020 年 2 月 26 日）の一般謁見でも、「四旬節はテレビや
携帯電話を消して、聖書を開き、福音に親しむように」と語った。https://www.vaticannews.va/ja/
pope/news/2020-02/udienza-generale-mercoledi-delle-ceneri-20200226.html
78　ラインのいじめには、グループの 1 人だけを強制的に退会させたり、1 人を残して他のメンバー
が一斉に退会し、別のグループを作ったりする手口がある。「LINE　10 代の世界」、『朝日新聞』、
2013 年 11 月 20 日、12 月 8 日。
79　「チャット没頭　消えた命　大津・1 歳児放置死」、『朝日新聞』、2012 年 6 月 30 日夕刊。世界保
健機関（WHO）は 2018 年 6 月に「ゲーム障害（Gaming disorder）」を新たに盛り込んだ国際疾病分
類を発表し、2019 年 5 月 25 日の総会で正式に採択した（発効は 2022 年 1 月 1 日）。
80　「フェイスブック、また個人情報流出か　2 億 6 千万人分」、『朝日新聞デジタル』、2019 年 12 月
21 日、https://www.asahi.com/articles/ASMDP3K3MMDPUHBI00B.html

るが、できるだけ最小限に絞ることをお勧めする。

　他人のプライバシーを侵害することにも気をつけなければならない。有名人の来店をアルバイト店員が SNS に投稿して問題になったこともある。著名人が礼拝出席しても、勝手にネットに上げてはならない。教会学校の子どもの写真も、どんな犯罪に使われるか分からないので、顔が判別できないようにするなどの加工が必要である。

　たとえ匿名であっても、複数の SNS に投稿した文章、写真、動画が丹念に照合されて、勤務先や学校が割り出されたり、写真や動画に映り込んだ景色から住所が特定されたりする。この人は知り合いだと気づいた人が実名を晒し、同級生の誰かが卒業アルバムの写真をネットに拡散させる。2015 年に起きた川崎市の中学一年生殺害事件では、着ていたジャージから学校がネット上で割り出され、容疑者の名前や顔写真がネット上に拡散された。また、女性アイドルタレントが SNS に投稿した写真で瞳に映り込んだ景色から彼女の自宅を特定したファンが猥褻行為を働いたストーカー事件も起きた[81]。

(8) 流言・デマ

　嘘の情報を人々が真に受けて転送が繰り返されることによって拡散されると、ネット上での流言・デマとなる[82]。ネット時代の流言飛語は、口伝えに広がった時代とは比較にならないほど拡散のスピードが速く、伝わる範囲も広い。その内容としては、ドラえもんの最終回といった「ネタ」ものから政治がらみの「フェイクニュース」まで、様々な種類がある。電子メールで次々と転送されていく流言は、チェーンメールと言われる。

　よく知られている流言として、東日本大震災の時に東京湾沿いのコンビナートで火災が発生した際、「有害物質を含んだ雨が降るので、雨が体に直接触れないように」という内容のチェーンメールが広まった[83]。このメールを受け取ったある教会の信徒は、地震直後の日曜日、礼拝が

81　「デジタルストーカーの仰天手口　SNS 写真の瞳に映る風景から自宅特定、ピース写真の指紋から不正ログイン」、『東京新聞』2019 年 10 月 10 日、https://www.tokyo-np.co.jp/article/19171
82　流言・デマは昔からあり、大きな災害の時には多くの流言・デマが発生する。松田美佐、『うわさとは何か──ネットで変容する「最も古いメディア」』（中公新書）、中央公論新社、2014 年。佐藤卓己、『流言のメディア史』（岩波新書）、岩波書店、2019 年。
83　この有名な流言については次の文献が詳しく分析している。荻上チキ、『検証　東日本大震災の流言・デマ』（光文社新書）、光文社、2011 年、p.30-49。また、松田美佐、『うわさとは何か』、p.51-53、192-194。

終わったところでこの内容を会衆に伝えようとした。しかし牧師が直前にデマと気づいたため、アナウンスされることは避けられた。熊本地震では、動物園からライオンが逃げたという嘘の情報がツイッターで拡散された。この嘘の情報は匿名で送信されたが、神奈川県に住む容疑者が割り出され、偽計業務妨害の疑いで逮捕された。2020年の新型コロナウイルス禍では、トイレットペーパーが品薄となるというデマがSNSで拡散され、スーパーやドラッグストアの棚からトイレットペーパーが消えた。

　なぜ誤った情報が拡散されてしまうのか。それは、騙されやすい一部の人が真に受けて広めてしまうのではなく、誰もが事実と思ってしまうから広まるのである[84]。また、善意によってできるだけ多くの人に知らせなければと思い、緊急性を感じれば文章や真偽を考えずにすぐに転送へと行動してしまう。あるいは、すごい情報を他の人よりも早く見つけたので得意になって人々に知らせて優越感を感じ、事件の容疑者を特定した情報については不届き者を懲らしめようとする正義感に溢れて拡散させてしまう。

　流言・デマはどうしても発生してしまうので、情報の受け手が適切に対応しなければならない。対策としては、
①人助けであったり多くの人に有益な内容に思えたりしても、「拡散希望」、「できるだけ多くの人に伝えて」と記されている投稿は、ほんとうに拡散すべき情報かどうかまず疑う。
②「知人の関係者から直接聞いたのですが」「霞ヶ関に勤務している親戚からの情報ですが」などと書き添えられた情報はほぼ疑わしいので転送しない。
③どんな情報であれ、文面の客観性や内容の具体性を検討し、ネット検索でより公式な信頼できる情報を探す。
④本当らしいと思っても、転送する前に、もし万一、嘘の情報だった場合に実害を受ける人がいないか考える。
⑤「ネタ」に飛びつかない。また、自分がいち早く情報を伝えたと得意がる思いに気を付ける。あるいは、自分が拡散すべき情報かどうか立ち止まって考える。
といったことが挙げられる。もちろん中には事実もあり、その拡散によって助かる人もいるだろうが、とにかく真偽をクリティカルに見極めるこ

84　松田美佐、『うわさとは何か』、p.34、110-111。

とが欠かせない。

　流言・デマは、最初に発信した者だけでなく、それを拡散した者も社会を混乱させたことになる。教会やキリスト者が流言・デマの火付け役にならないように知識やスキルを身につけておくことも、SNS 利用で大切なことである。そのために、具体的な事例を数多く知っておくことは有益である[85]。

4. 現代社会と SNS

　ここでは、SNS が用いられて社会に大きな影響を与えた出来事をいくつか紹介し、ネットが身近にある現代社会に生きる人々の特徴と、そのような人々に対する教会の役割について考える。

(1) SNS で波及した不正の告発と反政府運動

　SNS により、世界の各国で反政府デモへの動員が容易に行われるようになった。代表的な例をいくつか挙げると、チュニジアでの反政府運動から始まり中東全域や北アフリカに広がった「アラブの春」（2010年末〜 2011 年）、アメリカ・ニューヨークでの「オキュパイ・ウォール・ストリート」（2011 年）、香港での「雨傘運動」（2014 年）に始まる民主化運動、日本では、東日本大震災後の脱原発デモ（2011 年）や首相官邸前で毎週金曜日に行われた反原発の抗議行動（2012 年）からSEALDs の運動（2015 〜 2016 年）などで、抗議行動への動員に SNSが大きな力を発揮した。SNS での具体的な活動への呼びかけは、発起人を集めて組織を作る必要がなく、会の方向性や目的を明確にするなどの手順を踏まずに行動できる[86]。民主化運動においては、SNS での情報の拡散が速いので政府による検閲やネット回線の遮断などの情報統制が間に合わないこと、言論の自由が保障されている国においても動員の規模や影響は従来のデモと比較して大きいなどの特徴を挙げることができる。

　SNS 上で抗議や告発に連なっていく意志の表明も広がっている。殊に、ツイッターのハッシュタグを用いた拡散が顕著である。アメリカで

85　この観点で、荻上チキ、『検証　東日本大震災の流言・デマ』が極めて多くの実例を紹介して解説している。
86　例えば、SEALDs は「自由と民主主義のための学生緊急行動」であって、組織名というよりも行動の名称である。なお、これに関連して、「インターネットは、問題を立体的に捉えることのできる個人を強力にし、硬直化した大組織を弱体化させます。」吉見俊哉、『メディア文化論』改訂版、p.230。

2013 年から広まった、黒人に対する警察の暴行に反対する抗議運動は、ツイッター上でハッシュタグ #BlackLivesMatter を付けた投稿で拡散され、実際の街頭におけるデモにも広がった。黒人が白人警察官によって不当な暴力を受けたり射殺されたりする事件が発生する度に、この抗議運動は繰り返され、強まっている[87]。また、2017 年にアメリカの女優が性暴力被害を受けた女性たちに声を上げようと呼び掛けたことに始まった #MeToo 運動は、このハッシュタグを付けたツイートによって世界中に広がった。2020 年のコロナ禍中での日本では、「# 検察庁法改正案に抗議します」とハッシュタグを付けたツイートが 5 月 8 日夜に投稿された後、9 日夜から急速に広がって数日で数百万件投稿され、芸能人らの投稿も話題となった[88]。ツイッター上でのこうした動きは「ツイッターデモ」と呼ばれる[89]。

　SNS によって人々は容易に意思を表示でき、行動が促され、大きな動員につながる。SNS での情報発信は現実から遊離したコミュニケーションではなく、人々に実社会を変革する具体的な行動を起こすきっかけを与える力を持っている。

(2) 分極化するネット空間

　個人が自由に発言でき平等に扱われるネット上の言論空間は、かつて、民主主義を促進させる場だと期待されていた[90]。確かに、SNS では日常的に年齢の上下や肩書きの区別なく「フラット」なコミュニケーションがなされているが、同時に現状では、感情的・直情的な文言が溢れ、異なる見解に耳を傾けることはなく、お互いが持論を主張し、相手を罵倒

87　2020 年 5 月 25 日にアメリカ・ミネソタ州ミネアポリスで起きた、黒人のジョージ・フロイドが警察官の暴行を受けて死亡した事件では、その場にいた人々がその様子を撮影した動画が SNS で拡散され、抗議デモが全米に広がった。SNS の拡散力と共に、映像には「人々に衝撃を与え、憤慨させ、制度的な変更を要求する人々を動員する力」があることが示された。イーサン・ザッカーマン、「『国民総カメラマン』時代に警察の暴行を止められない理由」、MIT テクノロジーレビュー、2020 年 6 月 11 日、角川アスキー総合研究所、https://www.technologyreview.jp/s/208112/
88　「"Twitter デモ"の正体は何か。『# 検察庁法改正案』一般ユーザーの投稿から見えてきたもの」、『ハフポスト日本版』2020 年 5 月 19 日、https://www.huffingtonpost.jp/entry/news_jp_5ec1e1dac5b6c5eb547e7fa4
89　ただし、ソーシャルメディアによる組織によらない動員は「敷居の非常に低いコミュニティを形成できる」が、「熱しやすく冷めやすい」コミュニティを生みがちでもある。津田大介、『動員の革命』、p.105。
90　従来の楽観的な期待を批判し、民主主義の歴史を分析して情報技術が民主主義を変えうるとする論考として、佐藤俊樹「制度と技術と民主主義——インターネット民主主義原論」、佐藤卓己編、『岩波講座 現代 9　デジタル情報社会の未来』、岩波書店、2016 年、p.17-42。

する。熟議にはほど遠く、建設的な議論は生まれない。このことはやがて、ネット空間での様々な見解の分極化へと向かう[91]。

　第一に、既に「発言の過激化」のところで述べたように、ネット上には、こちらの言葉に全く耳を傾けず、支離滅裂な理屈で揚げ足を取るばかりの、とにかく批判したいだけの人たちがいる[92]が、そのような人たちから批判を受けてもひるまない精神力を持った人たちはどちらかと言えば先鋭的・急進的な意見を持った人たちであり、中庸な立場の人たちは批判的な攻撃を恐れてネットでの発言を控えるようになる。そもそも、主流や伝統的とされている理解に立つ人はわざわざ発言することは少なく、そうでない立場に立つ人は進んで発言する傾向にあるだろう。こうしてネット上には独特な意見ばかりが蔓延するようになる。

　第二に、マスメディア、特にテレビの普及は、居住地や年齢等によらずに人々の認識を均質化させたが[93]、ネットにおいても長く同質の情報に接しているとその認識に染まってしまう。テレビでは多くの人が同じ認識を持つのに対し、ネットでは各自が好みの情報を選び都合の良い情報ばかりに接するので、偏見に陥りやすい[94]。

　第三に、現実の生活での交友関係の中では自分と同じ趣味・関心を持つ相手を探すことは困難であっても、インターネットでは容易に共通の趣味・関心を持つ者たちが交流できる[95]。その際、対象となっている事柄に肯定的な感情や意見を持っている人は仲間同士でコミュニケーションしているのに対し、否定的な側、すなわち、いわゆるアンチの側は、

91　例えば、山口二郎、『民主主義は終わるのか──瀬戸際に立つ日本』（岩波新書）、岩波書店、2019年、p.17-19。この中で、ネットの普及が政治もたらす衝撃として、ジェイミー・バートレット（秋山勝訳）、『操られる民主主義──デジタル・テクノロジーはいかにして社会を破壊するか』（草思社、2018年）の、ネットでは特定の感情、特に不平の意識の共有による閉じた結びつきが形成されて分断が促進されるという指摘が紹介されている。なお、辻大介は、分断の多くは右派対左派、保守対リベラルのようにイデオロギーの違いの対立であるが、日本の場合は単純に相手が敵か味方かという感情的な対立が多いと語っている。『朝日新聞』、2020年3月3日、「オピニオン＆フォーラム」欄、テーマ：「ネットが社会分断？」。

92　小木曽健、『ネットで勝つ情報リテラシー』、p.179-184。

93　テレビに長く接することによって世界に対する認識がゆがめられる。例えば、ほとんどの日本人が行ったことのない外国のイメージは、テレビが映し出す像を反映したものとなる。橋元良明、『メディアと日本人──変わりゆく日常』、p.35-36、45-46。

94　検索結果の順序や広告が、閲覧履歴などに基づいて自動的に各個人向けに「最適化」されることによって、似たような情報に取り囲まれて一定の価値観の中に置かれ、異なる意見に接する機会が減少する現象は、「フィルターバブル」と呼ばれる。「フィルターバブル」は、イーライ・パリサー（井口耕二訳）『閉じこもるインターネット──グーグル・パーソナライズ・民主主義』（早川書房、2012年）で提唱された。

95　武田隆、『ソーシャルメディア進化論』、ダイヤモンド社、2011年、p.91-92。

匿名で攻撃的な書き込みを繰り返す。結局、否定的な意見がその SNS 内の論調を牛耳ってしまうことになる。「悪貨が良貨を駆逐する」ような状態である[96]。

　SNS では、「いいね」によって簡単に共感や賛意を表明できることで同質の価値観を持った人たちが集まりやすいが、その反面、自分と異なる価値観が存在することに目が向かなくなる。一部の人々は、自分の気に入る論調のみ過激に主張し、自分と異なる意見の人を人格攻撃して、自己満足に浸っている。日常生活では周囲に同調者がいなくても、ネット上では居住地の隔たりに関係なく価値観を等しくする人が集まりやすく、かつ、攻撃的な主張に勢いがつく[97]。そして、誹謗中傷や罵詈雑言によって偏見や憎悪がかき立てられ、分断や分極化が助長されている。

　第四に、SNS では、他者とつながるのも容易だが、つながりを解くことも容易である。自分を傷つけてくるような発言を繰り返す人を簡単に遠ざけることもできれば、自分と意見の合わない人を遮断することもたやすい。こうして、仲間内だけの閉じたコミュニティになりがちになる。

(3) フェイクニュースとポスト真実

　事実に反する内容で感情に訴えかけるフェイクニュースは、ドナルド・トランプを大統領に選出した 2016 年のアメリカ大統領選において SNS で拡散されて世界的に注目されるようになった[98]。その中には、ローマ教皇がトランプを支持したという虚偽情報もあった。

　ネット上の膨大な量の情報の中から必要な情報を選び出す取捨選択の作業は、自分の価値観に基づいて判断しなければならず、主観的・感覚的にならざるを得ない。あるいは、次々と流れてくる情報をさばくのに、情報はすべて自分の意のままに選り分けられるものとされ、専門家の見解や事実すらも、主観と感覚で弁別される。その結果、事実よりも個人

96　これに関連して、SNS には「いいね」ボタンはあっても「悪いね」ボタンはない。ただし、YouTube には「高く評価」ボタンと共に「低く評価」ボタンもあるが、それは動画であるゆえに可能なこととも考えられる。

97　ネット上で、自分と同種の意見の人とのコミュニケーションによってその言説が先鋭化され、特定の見解が増幅される効果は「エコーチェンバー」と呼ばれる。エコーチェンバー効果は必ずしも好ましくない見解の増幅ばかりではなく、最近の例では、新型コロナウイルス感染症はただの風邪だという言説やアメリカ大統領選に絡んで報道された陰謀論などが挙げられる。

98　インターネット白書編集委員会編、『インターネット白書2019――デジタルファースト社会への大転換』、インプレス R&D、2019 年、p.268。津田大介、『情報戦争を生き抜く』、p.180-184。

の主観・感覚が優先されて物事が判断され、主張される。

フェイクニュースを信じ込む人々は、ネット上に存在する多種多様な情報の中から検索によって自分の好みや感覚に合う情報のみを選択し、同じ価値観の人たちとのコミュニケーションによって、特定の見解が増幅され、偏った思想へと先鋭化されていく。そして、事実かどうかは全く関係なく拡散される。こうして虚偽が広まり、事実がゆがめられていく。彼らは、ネット上のそのような情報こそ真実だと信じて疑わず、マスコミの報道はでっち上げであると思い込み、彼らへの非難が広がると、同調する者たちと意気投合して嘘の情報をさらに断定的に広めたりすることもある。そこには、分かりやすい理屈に傾倒した姿がある。

客観的な事実よりも感情的な訴えかけの方が世論に影響を与える「ポスト真実」の時代は、まさに、事実が軽視され、論理や理屈よりも好みに合うかどうか、感覚に合うかどうかが優先される。現代の人々はそのような日常に生きている。教会やキリスト者も、勝手な思い込みによる断定や虚偽の情報に惑わされないこと（1テモテ4：7）、情報源を明らかにした情報発信をすること、客観的な事実の軽視に荷担しないことを心がけるとともに、各個人の主観や感覚を超えたところに真実があることを宣べ伝えたい。

とは言え、ネット上には事実かどうか判断の困難な情報もある。日常生活においても、放射線量の危険性はこのレベルなら絶対安心という明確な線を引くことはできず、新型コロナウイルスの感染防止対策の効果は、流行の初期には専門家によっても様々な見解があった。経済問題など賛成とも反対とも答えられない場合もある。世の中には白黒決められないことが多い。分かりやすい説明は事実をあまりにも単純化しているかもしれず、いかにもこれが正解と言わんばかりの結論に安易に飛びつくと、フェイクニュースにはまって真実を受け入れられなくなる。即断即決せずに判断を留保し、「あいまいさ」に耐えることも必要である[99]。

99 松田美佐、『うわさとは何か』、p.240-243。また、香山リカは「多数派ゲーム　もうやめよう」、『朝日新聞』「オピニオン」面「あすを探る」欄（2010年7月29日）で、「すべての問題に、すぐ答えが出るとは限らない。全面的に正しいものもなければ、全面的に間違いというものもめったにない。」、「大切なことは、判断を保留することができること。……今すぐ解答できなくてもいいんです。」と言う。さらに、久米淳嗣「判断を保留することができる教会を」、『ミニストリー』vol.24、2015年冬号、キリスト新聞社、p.12-13。また、答えの出ない問題や対処しようのない事態に対して、性急に理由や解決を求めずに、宙ぶらりんの状態を持ちこたえる能力が重要という指摘は、帚木蓬生、『ネガティブ・ケイパビリティ──答えの出ない事態に耐える力』（朝日選書）、2017年。一人ひとりが情報発信できる時代に不確かな情報が溢れているのは当たり前のことであって、「現代のメディア・リテラシーの本質とは、あいまい情報に耐える力である。」とし、「この情報は間違っているかもしれないというあいまいな状況で思考を停止せず、それに耐えて最善を尽くす」ことの指摘は、佐藤卓己、『流言のメディア史』、p.286。

そして、自分が誤った情報の拡散元にならないように、瞬間的な勢いで情報を転送しないように気を付けなければならない。

(4) 大規模災害時の情報発信

　2011 年の東日本大震災以降、SNS が災害時の情報手段として大いに注目されるようになった。その際の特徴として、第一に、電話は極めてつながりにくいか不通であったのに対し、一対一でつなぐ電話とは通信の仕組みが異なる電子メールや SNS などは利用可能であったことが挙げられる。地震と津波による停電や鉄道と道路の寸断の中で、被災地の人々がいったい今何が起きているのかを知ることができ、家族の安否を確認できた機器は、携帯電話やスマートフォンであった[100]。

　第二に、災害の状況把握に関しては大手のメディアではなく個人による草の根的な情報発信が大きな役割を果たしたことが挙げられる[101]。テレビや新聞といったマスメディアは、大衆向けであるゆえに、小さなニュースやローカルな情報は報道されない。台風や豪雨で大きな被害を受けた都市部の状況は報道されるが、アクセスする道路が寸断されて孤立した小さな集落の状況は取材が不可能で報道されず、救援物資は届かず、ボランティアはたどり着けない。そのようなマスメディアに対し、ネットメディアでは、一つ一つの情報が断片的・局所的であるが、マスメディアが取り上げない情報を流すことができる。また、マスメディアはなかなか進まない復興の状況を日々報道するわけにはいかないが、ソーシャルメディアならば変化がなくても継続して発信できる。東日本大震災以降、各地で発生した地震や豪雨、台風などによる災害の際にも、マスコミが報道しない地域での被災状況が SNS で発信されるようになった。

　そして第三に、原発事故の際のように、政府や事業者の公式発表とは異なる見解や判断が SNS を通して各種の専門家によってなされ、それらを知ることができたことが挙げられる。

　避難所での必要物資が SNS で拡散されることもある[102]。2020 年 7 月

100　それゆえ、「非常時に、ソーシャルメディアは連絡ツールとして間違いなく有効である」。津田大介、『動員の革命』、p.167。

101　これらの点を強く指摘しているのは、徳田雄洋、『震災と情報——あのとき何が伝わったか』（岩波新書）、2011 年。

102　山田健太、『3・11 とメディア——徹底検証　新聞・テレビ・WEB は何をどう伝えたか』、トランスビュー、2013 年、p.92-111。松田美佐、『うわさとは何か』、p.14-15。荻上チキ、『検証　東日本大震災の流言・デマ』、p.111-115。

の豪雨による熊本県の球磨川氾濫では、道路や橋が崩落し細い山道を通るしかたどり着けない山間の集落に、新型コロナウイルスの影響でボランティアも入れない中、地元の人がインスタグラムで支援を募り、必要物資を届けた[103]。

　支援物資提供の呼びかけは、多くの人が善意で転送する。しかし問題もある。十分な量の物資が確保できた後も、当初の不足を訴える情報が拡散し続けたケースもある。既に触れたように、間違った情報が流言・デマとなって広まった例も少なくない。誤った情報の拡散は、問い合わせへの対応で救援活動の妨げとなり、物流に不要な負担をかける[104]。

　ツイッター社は、災害時のライフラインとしてのツイッター利用について、「災害に備えるためのTwitter活用法」[105]を公開し、今何が起きているのかをリアルタイムで確認し、テレビやラジオなどでは把握しきれない情報を得るために効果的なツイッターの活用法を紹介している。

　ラインは東日本大震災の発生当時はまだ開発途中だったが、東日本大震災を経験して、災害などの緊急時にホットラインとしても活用できるようにと考えて開発が続けられた。そこで、緊急事態で返信できなくてもメッセージを読んだことが伝わるようにと、「既読」マークの機能が付けられた。その他、「災害時に役立つLINEの活用方法」[106]が公開されている。

　大規模災害が発生した時、キリスト教会やキリスト者も、被災した現地の状況をSNSで情報発信することができる。場所によってはマスコミに取り上げられていない地域である場合もある。教会が避難所となっている場合、必要としている物資を教会がSNSで発信することができよう。被災地から近距離にある教会が、地元の被害の様子や必要物資などの情報をある程度まとめてSNSで発信することもできる。2019年の秋に千葉県内では、台風によって数日間に亘り停電し、また、強風によって住宅の屋根や壁が破壊された地域があった。筆者が仕える柏教会は千

103　「孤立状態の地区へSNSで物資を　地元出身の男性　連日山道越え」、『朝日新聞』2020年7月20日夕刊。
104　なお、SNSで個人が物資提供を呼び掛けることは大量に届いて対応しきれない場合もあり、自治体による呼び掛けも体制が整うまでは個人からの物資提供は受け付けない場合も多い。
105　2019年8月5日付、https://blog.twitter.com/ja_jp/topics/company/2019/how-to-utilize-twitter-during-naturaldisaster.html
106　2016年3月8日付、http://official-blog.line.me/ja/archives/54801265.html。あるいは、「緊急時に役立つLINEの使い方」、2020年7月17日付、https://guide.line.me/ja/features-and-columns/emergency-tips.html

葉県西部にあって被害はなく、しかし被災地に駆け付けるには車で数時間かかる。何らかの救援に向かう行動力のない筆者にもできる小さな活動として、被害を受けた地域の人や救援に向かった人たちがツイッターに投稿した情報を転送（リツイート）した。災害時に信頼性を確認できる形で人々が必要としている情報を的確にまとめて発信することは、教会にもできることである。特に SNS では個々の情報が断片的なので、それらを整理・編集して、正確な情報をまとめてホームページなどに掲載することは有効だろう。ただし、美談に酔わないことを肝に銘じる必要がある。栄光は主に帰さなければならない。

　大きな災害が発生したときには、被災地の外にいる者は、「何か行動しなくては」との思いが募りすぎることがある。特に善意と奉仕意識に溢れた教会関係者にはその傾向が強い。ひたすらネット検索し続けたり、そのあげくに他人の真偽の分からない情報を拡散させてしまったりしないように注意したい。また、最新の情報を誰よりも先に知らせたいという欲求で次々と多くの投稿をすることも控えたい。何が善いことであるかをわきまえるようにならなくてはならない（ローマ 12：2）。

　自然災害ではないが、2020 年春には、突然の新型コロナウイルスの感染拡大で、多くの教会が試行錯誤しながら礼拝のネット配信を始めた。そのための技術的な知識や経験を共有し合うことが、教団教派を超え、牧師・信徒の違いもなく、フェイスブック上で継続された[107]。

　いざというときに初めて SNS を始めるよりも、平時から SNS のアカウントを持ち、日頃から情報発信に慣れておけば、緊急時にすぐにSNS を活用できる。いつ起きるか分からない大規模災害などの非常時のために今から SNS での情報発信に慣れておくことも、教会やキリスト者にとって無駄ではないだろう。そして、その時が来たら正しく適切な情報を受発信できるように、質の良い情報を発信している人と普段からつながっておいたり、友好的な交流を広げておいたりするとよい。SNS は非常時に大きな力を発揮することを覚えておきたい。

（5）ネットの中の人々と現代社会

　SNS では、自分の投稿に対する他の人の反応が気になりがちである。SNS を始めれば誰にでも、自分の投稿に「いいね」されたか気になって仕方がなくなる状態に陥る恐れはある。また、「いいね」やリツイー

107　中山信児「感染症禍における礼拝と教会の営み」、『礼拝と音楽』No.186、2020 年 8 月、p.47。

トの数が視覚化されているため、多くの「いいね」やリツイートを得ると自己承認欲求が刺激され、興奮を覚える。より多くの承認を求めて投稿内容が過激になったりする。

　そのようにしてSNSでは容易にかつ視覚的に他者の反応が得られるので、簡単に自分が評価された感覚を得られる。極端な意見で注目を浴びて自己の存在感を得たつもりになったり、過剰な正義感にあふれて他者を攻撃することで優越感に浸ったりする人は、実社会で正当な評価を受けていないという不遇感を持っているかもしれない。そのため、SNSの世界だけがその人にとって唯一の居場所になっていることがある。どんな話題にもからんできて「適度なつながり」を保てない人もいる。攻撃的な口調で批判する人は、自分と異なる見解の存在を認めることができず、相手を徹底的に貶めることで自尊心を保っているようですらある。

　また、自分本位で反応し、異なる見解を時に口汚く罵る。相手がどう感じるかの想像力なく、自分の感覚だけで言いがかりを浴びせる。競争主義や能力主義の厳しい現代社会の中で、SNSでの過剰な行動でしか自己肯定感を満たせない。そして、そこに興奮や充実感を覚えると病みつきになり、そこから抜け出せなくなる。

　現代人、特に若い世代は、現代社会の競争、格差の中でストレスを抱え、社会の中で孤立しがちである。匿名により日常では言えないことをネットで言い放つことでストレスを発散し、自尊感情の満たしを求め、ネットの中を居場所にする。あるいは、日常では出会うことの困難な、珍しい趣味や特殊な価値観を持つ人とのつながりをネットで得て、そこに居場所を見つけるが、実社会での生活は孤独のままである。

　現代社会において希薄になっている人と人とのつながりをネットに求めると、かえってつながりが途切れることが恐れとなり、「つながり過ぎ」（接続過剰）の状態に陥る。非対面的なコミュニケーションは、身体的なコミュニケーションの代わりにはならず、かえって孤独感を強めている[108]。他者の投稿に対して自分の視点の鋭さを誇示した口調で分析して

108　インターネットの利用に関して、外向的な人は利用頻度が大きいほど孤独感が低下し、社会的参加が活発になるのに対し、内向的な人は利用頻度が大きいほど孤独感が増し、社会参加が少なくなるという調査結果もある。これはネット利用における「マタイの法則」と呼ばれている。橋元良明『メディアと日本人──変わりゆく日常』（岩波新書）、岩波書店、2011年、p.135。マタイの法則あるいはマタイ効果は、著名な科学者に注目が集まるなど「科学の報償に不平等な累積的効果」がみられることに、社会学者ロバート・K. マートンが1968年の論文においてマタイ13：12から名付けたもの。大澤真幸、吉見俊哉、鷲田清一編、『現代社会学事典』の「マタイ効果」の項、弘文堂、2012年、p.1204。

見せたり問題点を指摘したりする反応は対話にならない。そもそも、クリック一つで「いいね」をすることは、むしろ言葉によるコミュニケーションの断念ではないかという指摘もある[109]。

　社会的弱者に対する差別的発言もある。その一例として、ホームレス支援機構のホームページのおそらく掲示板に書き込まれた匿名の一文を紹介する[110]。

　「生産性のない人間が迫害を受けたり、差別されるのは当然のことだと思う。そこに下手に餌を与えたりするから、生産性のチャンスがある人間でもクズに成り下がるのである。迫害されることによって、自分が悪いと気づくのがまっとうであろう。それで自分が悪いと思わずに人権ばかりを叫び、人を幸せにする能力もないのに自分の幸せばかりを誇張する態度が問題なのである。」

　大人も子どもも、「生産性」の有無に脅迫されるように追い立てられ、「生産性」の高い人間に価値を置く思考に染まってしまっている。これは、経済成長至上主義をもたらしている新自由主義的な政治・経済思潮の表れである[111]。

　2014年3月3日深夜に、筆者が仕える教会からわずか100メートルほどのところで発生した殺人・強盗事件は、容疑者が逮捕前に報道陣に対して饒舌に目撃談を語るなど異常性が目立ち、対人関係の未熟さや承認欲求の強さの指摘などもなされた[112]。こういった事件の背景には、現代社会の合理主義や個人主義の影響があるように思える。世の中の流れについて行けない人を孤独にし、異質な存在を孤立させ、効率優先に順応できる人とできない人とを峻別し、分断し、こうして格差が生み出されている。合理化・効率化を追求する資本主義社会は、人間の欲求や欲望を膨らませ、競争をあおって、ねたみや復讐心を増大させている。このような状況が折り重なっている現代社会が容疑者の生活をインターネットの世界に追い込み、自尊感情を満たせない現実が虚勢を張って注

109　香山リカ、『ソーシャルメディアの何が気持ち悪いのか』（朝日新書）、朝日新聞社、2014年、p.190-191。
110　奥田知志、『もう、一人にさせない──わが父の家にはすみか多し』、いのちのことば社、2011年、p.101。
111　市場原理主義と新自由主義的な政治によって、人々の生活よりも経済成長が優先されている実状については、橘木俊詔、『日本の経済格差──所得と資産から考える』（岩波新書）、岩波書店、1998年。橘木俊詔、『格差社会──何が問題なのか』（岩波新書）、岩波書店、2006年。
112　2008年3月には茨城県土浦市で連続殺傷事件、その3か月後の6月には秋葉原の歩行者天国で無差別殺傷事件、2010年12月に茨城県取手市で無差別刺傷事件が起きた。いずれも20代の若者による犯行であった。

目されようとする異常な言動を産み出したのではないかと思わされた。

　その他、情報の海を器用に泳ぎ回っているつもりでも、足を着けて休息する場を持たない。教会や地域共同体に所属しなくなった現代人にとって、帰属するところや規範を提供してくれる拠り所はなく、アイデンティティの喪失に至る[113]。

　情報の氾濫やコミュニケーションの過多に対して諦めるいさぎよさ、「いいね」の数などの反応に一喜一憂しない冷静さ、スマートフォンを長時間・高頻度で利用しないように自制する意識など、様々な SNS のリテラシーが求められるが、その巧拙によって生産性や創造的活動に時間を用いる度合いが異なってくる。このことは、やがて経済格差の拡大にもつながる[114]。

(6) 現代に生きる人々に福音を伝える教会

　教会が福音を告げ知らせる社会は、これまでに見てきたような様々な状況を持ったネットと切り離せない社会であり、また、我々が救いを宣べ伝えるべき人々は、そのような社会に生きている人々である。

　そこで、宣べ伝えるべきポイントの第一は神の愛である。現代社会では人々に共通の価値観がなく、自己承認を得る手立てを失っている[115]。そのため、特に若い人々は、手っ取り早く他者から承認を得やすいネットの世界にのめり込み、「いいね」の獲得に躍起になって、目に見える数字で自分の存在を確認している。あるいは、現実の社会での孤独をネットの世界で埋めようとしている。このような若者に向けて、主なる神が愛する相手として選び出してくださっているところに自己承認を見いだす福音と、何によっても引き離されない神の愛を、教会は宣べ伝えなければならない。

113　この部分は、佐藤卓己、『現代メディア史　新版』（岩波テキストブックス）、岩波書店、2018 年、p.233（「終章 情報化の未来史」の第 3 節「ネチズンとネチズムの未来」）に拠った。「個人が教会や親族や近隣共同体の規制から自由になった結果、個人的なアイデンティティ、すなわち行動の制御原理はもはや伝統や共同体によっては担われず、保護されることもなく、すべてが個人の自己責任となる。」
114　佐々木裕一、『ソーシャルメディア四半世紀』、p.459–465。
115　人間は本来的に自らの存在価値を問い、生きる意味を求める。近代以前は、例えば西欧社会ではキリスト教の価値観が社会共通の価値観となっていたなど、それぞれの社会で共通の価値観があって、その中に自己の存在価値も見出されていた。しかし、近代以降、宗教的な価値観の絶対性は揺らぎ、交通・通信手段の発達や社会構造の変化によって世界の多様な価値観と出会うようになって、普遍的な価値基準がなくなった。その結果、自己の存在価値を確認することが困難となり、承認不安に陥っている。山竹伸二、『「認められたい」の正体』（講談社現代新書）、講談社、2011 年。

　第二には、主なる神が現臨される礼拝への招きである。膨大で次々と流れてくる情報を前にして、現代人は受け取った情報の自分にとっての意味をゆっくりと咀嚼し吟味する余裕を失っている。そのため、自己を相対化して、様々な見解や価値観に触れて自らの考えを変えるという余地がない。そのような現代人を、静まって絶対者である主なる神を知る（詩編 46：11）礼拝へ招くことは、教会の重要な務めである。

　第三には、キリストの体なる教会である。現代人は「つながり」を求めている。しかしインターネットによって「つながり過ぎ」（接続過剰）の状態に陥り、他者と適度に距離を置くことができないでいる。そのため、コミュニケーションが形だけになり、一人ひとりの自律性が確保されず、かえって相互監視に陥っている。それゆえ、現代人には「過剰な接続を切断する」ことが必要である[116]。言わば、ネットの安息日が現代人には必要である。そして、人々をキリストの体というまことのつながりへ導くことは教会の中心的な課題である。

　第四に、信仰である。現代の若い世代は、競争社会の歪みを受けて、自尊感情が低いと言われる。そのような若者を神によって罪人が義と認められる「大いなる物語」の中に招かねばならない[117]。キリストの贖いによる義認を知らせることは、信仰義認に立つプロテスタント教会の重大な務めであろう。

　教会とキリスト者は、このような怖い世界に踏み出していくのだから覚悟して SNS をしろというのではない。むしろ、そのような現代社会の病みと闇が SNS に如実に浮き彫りにされているからこそ、福音を携え、光を指し示す者として赴くのである。我々はこういう社会に生きている現代人に福音を宣べ伝えている。

116　千葉雅也「つながりすぎない連帯を」、『朝日新聞』2014 年 10 月 7 日「耕論」欄。詳しくは、千葉雅也、『動きすぎてはいけない──ジル・ドゥルーズと生成変化の哲学』、河出書房新社、2013 年、p.21-38、50-54。
117　芳賀力、「承認を求める人間──信仰義認論の現代的意義」、『神学』78 号、東京神学大学神学会、2016 年、p.23。

II　教会の情報発信

1．教会も SNS で情報発信すべき理由

(1) SNS も人々がいる社会であるから

　SNS では、日常生活での身辺雑記や社会の出来事に対する意見がリアルタイムに発信される。SNS はそのリアルタイム性ゆえに、「社会の現実と強く連動するサービス」[118]である。ネット空間は、かつては現実（リアル）と異なる世界と見なされていたが、誰もが SNS を利用する時代には、ネット空間は決してバーチャルではない[119]。

　人はなぜインターネットで情報発信したり、たわいないコミュニケーションをしたりするのかと言えば、誰かとおしゃべりなどをして人と関わる日常と同様の空間であるからである。SNS で誰かを「フォロー」したり「友達」になったりするのは、誰かと繋がりたいからである。ただ、顔と顔を合わせてのコミュニケーションとは異なるので、ネットでのコミュニケーションの方がなじむ人もいればそうでない人もいるだろうが、いずれにしろ、人がなぜ SNS をするのかと問えば、そこに人がいて、社会があって、つながりができるからに他ならない。まさに、実社会のソーシャルなネットワークの延長・拡大として SNS がある[120]。

　なお、インターネットが極めて広い世界である以上は様々な意見を持った人がいるのは当然で、情報発信は否定や反論が来る恐れの中に飛び込むことになるが、そのような「傷つきやすさ」[121]をあえて引き受けてこそ、人と人との新しいつながりを得ることができる。

118　津田大介、『動員の革命』、p.101。
119　「今やインターネットはかつてのバーチャル空間ではなく、『現実』そのものの一部として、人々をつなぐ新しいコミュニケーションインフラになっている」。津田大介、『情報の呼吸法』、p.8。なお、バーチャルリアリティ（VR、仮想現実）は仮想的な空間を体験する技術であるが、近年は実世界に存在している対象物などに情報を重ね合わせることで現実世界を拡張・補強するオーグメンテッド・リアリティ（AR、拡張現実）が注目されている。
120　なお、SNS での人と人とのつながりを、互いに顔見知りで安定的関係を長期に継続する「コミュニティ」、個人が中心で関心に応じて主体的につながりあう「ソサエティ」、価値観の多様性の中で継続的な関係を求めずに個々人が多元的・流動的につながる「コネクション」に分けた分析がある。木村忠正、『デジタルネイティブの時代』、p.199-205、217-224。
121　情報は隠し持っていても価値がなく、情報を積極的に開示したときの「傷つきやすさ」（ヴァルネラビリティ）を引き受けてこそ、人と人とがつながり、情報に価値が生じることに着目したのは、金子郁容、『ボランティア──もうひとつの情報社会』（岩波新書）、岩波書店、1992年。同様な視点を「フラジャイル」という言葉で表現しているのは、松岡正剛、『フラジャイル　弱さからの出発』、筑摩書房、1995年。

　キリスト教会が SNS をするのも、そこが社会の延長であり、そこに人々がおり、新しいつながりの誕生に期待するからにほかならない

（2）アカウントがなければ存在しないのと同じ

　世の中の様々な企業や団体などと同様にキリスト教会も、ホームページを持つことがすでに当たり前になっている。人々も知りたいことや調べたいことがあればまずインターネットで情報を探す時代である。キリスト教に関する知識も、インターネットで情報を探したりたまたま目にしたりするところから得ている。それゆえ、どこの教会であってもホームページなどで情報発信していくことは不可欠である。たとえ教会員の全員がインターネットをやっているわけではなくても、外の人に向けて、教会もホームページを持って情報発信すべき時代にすでになっている。

　同様に、個人や企業が SNS で情報発信するのも当たり前になって来ている。既に述べたように多くの人が SNS を利用し、社会の中で定着している。キリスト教会でも SNS で情報発信しているところは増えている。ほとんどの教会が SNS をしているのが当たり前の時代も、間もないだろう。そうなれば、インターネットで検索する場合にホームページがない企業や団体は世の中に存在しないのと同じであるように、SNSのアカウントがなければ、その教会は世の中の人にとって存在しない。

　ただ、知る人ぞ知るラーメン店には、ホームページがなくてもいつの間にか行列ができる。そのラーメン店が SNS を利用していなくても、訪れた客の方が感想を自分の SNS に書き込み、それに添えた写真が「いいね」を集めて、そのラーメン店が有名になることもあるだろう。もしそのような麺とスープのみで勝負することを目指す教会ならば、ホームページを持たず SNS をしていなくても、自分たちのスタイルで伝道をしていけばすばらしいと思う。多様なやり方・考え方がある中で、それぞれの教会や牧師・信徒たちがこれと思うところに力を注いでいきたい。

　そして、その際に心がけて欲しいと願うことは、そこで得た知見を自分たちだけで留めておくのではなく、広く情報発信して、他の教会と共有してほしい。そうすることで、キリスト教界全体の益となる。するとやはり、情報共有のためにインターネットや SNS を用いることになろう。

(3) 生きて活動していることを知らせる

　ホームページがあれば、教会が存在していることを知らせることができ、どのような活動をしているかの紹介もできる。さらにSNSのアカウントがあれば、きょうは何があったのか、今週はどんな集会があったのか、今月はどんな活動があるのかを簡単に知らせることができる。世間の一般の人にとって、教会は自分には関係のないところであり、生きていても死んでいてもどうでもよいところである。そこで、教会が生きて活動していることを具体的に示す情報発信が不可欠である。そして、教会の様子を知って身近に感じてもらいたいと願う。

(4) どこかの誰かのために

　我々が発信した情報は、我々の知らないどこかで誰かが見ている。投稿に対して返ってくる反応はわずかかもしれない。それでも、その背後で多くの人の目に触れている。誰かの役に立っているかもしれない。だから、小さなことでも分かち合っていこうという情報発信のマインドが重要である。それは、受けるより与える方が幸いである（使徒20：35）ことを知る良い機会である。あるいは「一緒に喜んでください」（ルカ15：6, 9）という意識が情報発信の原動力となる。想像力を豊かに持って可能性を大切にし、情報を分かち合い共有しようとする意志が情報発信の力となる。

(5) SNSでの伝道──なぜSNSか

　以上、教会がSNSで情報発信すべき4つの観点を挙げたが、より根本的な理由としては、次のことを押さえておきたい。

　第一に、そこに人がいるからである。すべて造られたものに福音を宣べ伝えよ（マルコ16：15）との主イエスの伝道命令には、ネットの人々も含まれる。地の果てに至るまで主の証人となる（使徒1：8）時の「地の果て」とは、現実の延長であるSNSの世界ではなかろうか[122]。

　第二に、我々は福音のために何でもする（1コリント9：23）。何が伝道の突破口になるか分からない。顕著な突破口などないかもしれない。

122　ローマ教皇フランシスコは次のように語っている。「大胆に、デジタル世界の市民となりましょう。教会は、コミュニケーションの世界に関心をもち、その中に存在していなければなりません。そうすることにより、現代の人々と対話し、その人々がキリストと出会うよう助けるのです。」「第48回世界広報の日　教皇メッセージ」（2014年5月25日）、https://www.cbcj.catholic.jp/2014/05/25/7947/

だからこそ我々は、何でも可能性のあることにチャレンジしていきたい。その可能性の一つとして、SNS がある。

　第三に、SNS の社会に貢献すべきである。キリスト者やキリスト教会は「福音の伝播」と共に「社会の木鐸」として、例えば、学校や病院、福祉施設を建てて社会に貢献してきた。ネットの領域においても、そこにいる人々が生きやすい社会の形成にキリスト教会も寄与すべきである。SNS は一企業が提供するサービスに過ぎないかもしれないが、しかし今や、主要な SNS は世界中で極めて多くの人が利用し、社会生活の中で公共的な役割を担っている。したがって、SNS を運営する企業も、利用する我々も、SNS をより利用しやすく、信頼できるインフラ的な社会にしなければならない[123]。多様な人々が集い、直感的な反応などで傷つきやすいネット上のコミュニティのために、良質の（もちろんただ真面目なだけではない）好感を持てる情報を発信することには大きな価値がある（箴言 4：24）。SNS のコミュニティを快適にし、人々がより円滑にコミュニケーションできるようにするばかりか、自由を発揮し、共存していくことによって、ネットのなかった時代よりも飛躍的に広く人と人とがつながる可能性や人々の知識や発想が豊かされる可能性が開かれていく。世の人々と共に教会も、この可能性に期待し、関わりたい。

　情報を消費するばかりでは良質な情報は失われていき、情報の発信者たちが良質な情報を発信しないと、ネットへの信頼が失われていく[124]。SNS の世界を健全な社会とするためには、いくつかの方法が提案されている[125]。第一に、法的な規制である。他者のプライバシーや名誉をそこなう人権侵害に対しては法的な措置が必要だろう。しかし、最低限度を超えた法の介入は検閲となり、過度な規制は表現活動の自由を妨げる。第二に、サービスの運営会社[126]が誹謗中傷を受けにくい機能を技術的に追加したり、不適切な投稿を削除したりするという方法も行われている

123　佐々木裕一、『ソーシャルメディア四半世紀』、p.488。
124　藤代裕之編著、『ソーシャルメディア論』、p.190。また、すべての利用者にリテラシーを求めるのは現実的でないが、ネットや SNS のリテラシーの向上を図る教育は不可欠であろう。もはや性善説と理性にだけ期待していては SNS の社会は差別や暴言、フェイクニュースがはびこるばかりという見解は、佐々木裕一、『ソーシャルメディアの四半世紀』、p.502。
125　ローレンス・レッシグ（山形浩生訳）、『CODE VERSION 2.0』、翔泳社、2007 年、p.170-193。佐々木裕一、『ソーシャルメディア四半世紀』、p.11。オリバー・ラケット、マイケル・ケーシー（森内薫訳）、『ソーシャルメディアの生態系』、p.244-248、255、299、351。
126　情報交換の土台を担っているという意味から「プラットフォーマー」と呼ばれる。

[127]。広く普及している SNS での悪質な発言は社会に対する影響が極めて大きいゆえに、SNS 事業者は流通させている情報にも責任を負わねばならない[128]。しかしこの方法も、乱用の危険性があり、また、現在は様々な事象が起きるごとに試行錯誤されている段階である。第三に、有料化などによって、悪質な情報の発信や転送の頻度をコントロールする方法である。そして第四に、ネット上の人々が良質の言論を擁護し、悪貨を駆逐する雰囲気を築く方策も有効である。自由な表現空間を確保し友好的なコミュニティを醸成するために、一人ひとりが良質な情報を発信しコミュニケーションをして「不断の努力」をすることも不可欠である。

　キリスト教会やキリスト者も、分断をもたらさない発言、信頼性のある情報提供、いたわりやユーモアのあるコミュニケーションを心がけることで、明るく健全な SNS の社会の形成に、微力かもしれないが貢献できるだろう。例えば、ちょっとした親切を受けた経験を投稿すれば、心温まるエピソードとして多くの人々に転送され、人々の日常に潤いを与えることもある[129]。SNS の世界を良質にするために、健康的な情報発信とコミュニケーションを増やしていきたい。

2. 特徴を生かした情報発信を

(1) 一人ひとりの興味・関心の中へ

　スマートフォンは、一家に一台の電話に代わって一人ひとりが持つほどに普及している。これによって、人々は自ら意識していなくても、各個人向けにパーソナライズ[130]された情報を受け取るようになっている。このような状況は、一見すると、キリスト教に興味がない人にはもはや教会は情報を届けることができない世界のように思える。しかし逆に、SNS は一人ひとりの興味・関心の中へ入っていくことができる可能性

127　2020 年のアメリカ大統領選挙で、根拠のない選挙不正や勝利宣言を語る投稿がなされた際、ツイッターやフェイスブックは、その投稿を表示しようとすると警告を出し、「いいね」などの反応ができないようにした。これによって拡散のスピードを押さえることができたとされる。

128　この観点から多くの実例を紹介しているのは、津田大介、『情報戦争を生き抜く──武器としてのメディアリテラシー』(朝日新書)、朝日新聞出版、2018 年。

129　『ソーシャルメディアの生態系』、p.291-298。

130　個人の属性や購買履歴、行動履歴に基づいて、その人の興味・関心に合わせた情報を個別に最適化して提供する手法。

を持っている[131]。

　特に若い人たちは、スマートフォンを肌身離さず使っている。インターネットで何かを調べる時、最近はホームページを検索するのではなく、まずSNSで検索する人も多くなってきているという[132]。そのような世代にSNSを用いて少しでも教会が情報を届けることができたらと思うし、むしろSNSを用いることで、スマホ世代の人々の日常生活の中に聖書や信仰に関わる情報を届けることができるかもしれない。

　そのためには、一般の人々が興味・関心を持てるようなキリスト教に関する雑学的な情報やちょっとした豆知識を発信できると楽しい。例えば、クリスマスイヴ礼拝の案内に、「クリスマスイヴは、クリスマス前日のことではなくて、24日の日没から始まるクリスマスの夜のことです」などと添える。

　さらに、教会と関係のない話題でもかまわない。むしろ、聖書や信仰とは全く関係のない話題の方が親近感を持ってもらえるだろう。例えば、教会の花壇のお花やその育て方でもよい。もしそれが聖書に登場する植物ならばその紹介記事を付せば教会ならではの情報となる。筆者の仕える教会では、地域のスーパーやホームセンター、コーヒーショップなどの開店・閉店・休業情報を目に留まった範囲で投稿することがある。

(2) 伝道しなきゃと力まずに

　SNSで情報を届けるためには、伝道しなきゃなどと力まないことが肝心である。注目を浴びるような活用でなくても、身の丈に合わせた範囲で、拙くてもコツコツと続けていく。地道な活動を通して、第一に、この教会が存在し、生きて活動していることが分かる。第二には、少しでも教会の様子を知らせることで、教会を身近に感じていただき、教会やキリスト教への敷居を少しずつ低くすることができる。また、第三に、着実に継続していくことで信頼が得られれば、その面でも信仰への敷居を低くでき、聖書やキリスト教に関する正しい情報を受け止めてもらえる。世の中には聖書の内容やキリスト教に関する誤解や間違った理解が

131　かつて電話が家の玄関に置かれていた時代から携帯電話を常に手元に置くようになって、メディアは個人の内面に直接触れてくるようになった。吉見俊哉、『メディア文化論』改訂版、p.209。また、大澤真幸、『電子メディア論——身体のメディア的変容』、新曜社、1995年。
132　ツイッターで検索する人は2017年の27%が2019年には32%に、インスタグラムで検索する人は2017年の19%が2019年には27%に増えている。インターネット白書編集委員会編、『インターネット白書2020』、インプレスR&D、2020年、p.50。注33も参照。

あるので、それらを上手に取り上げて、正しい理解を広めることにも意義がある。

つまり、伝道しなきゃと意気込まず、担当者が「ゆるく」楽しんで行うくらいがちょうどよい。ちょっとした一言でも、どこかの誰かが共感してくれ、どこかで誰かの役に立つはずという可能性を信じて、ネットの世界に送り出す。それが「情報発信力」である。すると、ほんの一人だけれども反応を返してくれる人が現れる。そこからSNSの楽しさが始まる。

コツコツと情報発信していると、こちらの投稿を常にチェックしてくれている人が少しずつ増えていく。そして、その人たちがさらに情報を拡散させてくれる。だから、分かち合いの精神で何でも発信していきたい。

(3)「どうぞお近くの教会へ」

インターネットは距離を超えたコミュニケーションを我々に可能にしてくれた。SNSは、どこに住んでいるのか分からない不特定多数の人々に情報を拡散させることができる。どこの県に住んでいるのか、どこの国から発信しているのか、お互いに知ることなく、親しいやり取りがなされる。

しかし、個々の教会は特定の場所に所在している。特に日本基督教団の場合は、牧師の知名度を用いて一教会が全国から教会員を集めるのではなく、それぞれの地に置かれた個教会が教団の教会として活動している。したがって、「地元」を意識して、地域の情報を教会が発信することにも意味がある。キリスト教に全く触れたことのない人が、同じ地元ということで教会のSNSとつながってくれることもある。

また、世の人々の教会に対するハードルを少しでも低くして、自分の教会でなくてもどこかの教会との距離が縮まってくれることを願いつつ行いたい。もちろんこの時も、何とかしてハードルを低くしなきゃと構えるのではなく、ほんの僅かでもいいから教会に興味関心を持ってくれたらいいなというくらいの気持ちで行う。クリスマスやイースターが近づく時期に、「どうぞお近くの教会へ」と「つぶやく」だけで十分である。キリスト教なんて自分には関係ないと思っている人々に、教会という居場所があることを皆で知らせたい。

（4）情報をつなぎ合わせる

　ネットの中には膨大な情報が溢れ、取捨選択されていない雑多な情報の中に必要な情報が埋もれている。また、タイムライン上に情報が次々と通り過ぎていくリアルタイム性の強い SNS のコミュニケーションでは、情報を蓄積して役立てようという意識は薄い。そこで、断片的に散らばった情報を集め、整理し、つなぎ合わせて、有効活用できるように蓄積しておくことも有意義である[133]。日頃から蓄積する価値のある情報を発信することを心がけ、いつ誰が検索しても役立つような情報を積み上げていくことにも意味がある。教会が教会ならではの観点から、あるいは、教会の SNS 担当者が個人的に詳しい分野について、ネット上の情報を整理し編集して発信することも、人々に教会を受け入れていただく一つの方策となるだろう。テレビなど時間軸上で流れていくメディアは、そのまま忘れ去られていくメディアである。しかし我々は数千年前の出エジプトの出来事を語り継ぎ、20 世紀前のイエス・キリストの十字架の死と復活を想起し続ける民である。例えば 140 字のツイートがいくつか溜まったらフェイスブックにまとめ、フェイスブックのいくつかの投稿を整理・編集してブログやホームページに掲載することで、フロー型の情報をストック型に変換でき、役立てることができる。言葉が時系列で過ぎ去っていく刹那的な SNS の世界に、空しくは終わらない言葉を紡ぎたい。

　インターネットとスマートフォンの普及は情報の入手を容易にしたが、人々の情報を理解し読み解く力と時間は損なわれている。特に、リアルタイム性は、感情や直感をむき出しのままで情報を流通させる。そこでは、「新しい知は生まれず、増すのは社会的な混乱のみ」[134]である。出会った情報の自分にとっての意味や価値をゆっくり考える時間が損なわれている[135]。高速で情報が流れる中で、コミュニケーションや情報発信を意識的に「低速化」させ、一人ひとりが内省する機会を自覚的に持

133　松岡正剛、『知の編集工学』、朝日新聞社、1996 年。
134　佐々木裕一、『ソーシャルメディア四半世紀』、p.490-491。
135　ローマ教皇フランシスコは、ソーシャルメディアにおけるコミュニケーションについて、「熟慮し平穏でいる感覚を取り戻す必要があります。このためには、沈黙し、聴き入る時間と能力が必須です。自分と異なる人々を理解しようとするなら、忍耐もまた必要です。」と語った。「第 48 回世界広報の日教皇メッセージ」（2014 年 5 月 25 日）、https://www.cbcj.catholic.jp/2014/05/25/7947/

208

つことが重要である[136]。

III　教会の具体的な SNS 利用

1. SNS の選び方

(1) 多くの人が利用している SNS を

　SNS にはいくつもの種類がある。個人であれば、利用者の少ないサービスを選んで、興味や関心が合致する人たちと密接なコミュニケーションを楽しむという使い方もある。しかし教会での利用となると、利用者の少ない SNS を選んでも情報の広がりは期待できないし、世間の多くの人に身近でなければ伝道につながりにくい。そこで、できるだけ多くの人が利用している SNS を選ぶことが基本となる。また、ネットに詳しくない人や初心者にとっては、主要な SNS を選んでおけば、使い方が分からない時に教えてくれる人が周りにいるだろうし、インターネットを検索して多くの情報を得ることができる。既に述べたように、現時点で利用者の多い SNS は、ツイッター、インスタグラム、フェイスブックであるので、これらの中から選ぶのが妥当である。

　これら 3 つの内、担当者がすでに使っているものがあるならば、慣れ親しんでいる SNS を担当者の好みで用いるという方法でも教会の SNS のスタートとなるだろう。SNS に不慣れな他の担当者に教えつつ、情報発信を進めていくことができる。

　もちろん、これら以外は教会やキリスト者の利用にふさわしくないということではない。主流の SNS でなくてもそのサービスに親和性を強く感じるキリスト者や教会があるならば、大いに利用し、活用してほしいと願う。

　何を発信するか全く決まってなくても、どれでもいいからとりあえずアカウントを取得してみようという積極的な精神がスタートになる。

136　このことは近年よく提唱されている。佐々木裕一、『ソーシャルメディア四半世紀』、p.499。天野彬、『SNS 変遷史』、p.267-274。また、宇野常寛は『遅いインターネット』（幻冬舎、2020 年）の中で、「インターネットの本質はむしろ、自分で情報にアクセスする速度を『自由に』決められる点にこそあるはずだ。……少し立ち止まって、ゆっくりと情報を咀嚼して消化できるインターネットの使い方を提案したい。」と記している。

（2）どれか一つを選ぶとしたら

　では、主要な 3 つの SNS の内、どれか一つを選ぶとしたらどれがよいだろうか。

　日本での利用者数はツイッターが最も多く[137]、見知らぬ人とつながる可能性が高い。ツイッターでは、相手の承認を得る必要なく全く自分の自由に見ず知らずの人を「フォロー」できる。また、ツイッターは、他者の投稿を自分のフォロワーに拡散可能なリツイートの機能があるので、拡散力が強い。一方、フェイスブックは実名登録制であるために実際の知り合いとのつながりが中心であり、かつ、つながりを持つのに相手の承認が必要なため、関わりのない人や共通項のない人へ情報が伝達される力は弱いが[138]、実生活で親しい人と安心してやり取りできる。

　ツイッターはアカウントを持っていなくても投稿を見ることができる。一方、インスタグラムとフェイスブックは、自分がアカウントを持っていないと画面の中央に大きくアカウント取得を促すメッセージが出て、中身を見ることが困難であるという、システム側が設けている制約がある[139]。このため、インスタグラムとフェイスブックは、これらを利用していない人にも情報を伝えたい場合には不便を感じるかもしれない。

　投稿する内容が、写真を中心とし、楽しく和気藹々とした雰囲気を目指すならインスタグラムである。インスタグラムには、ツイッターのリツイートのような転送する機能がないので拡散力はないが、その分、思わぬ批判等を受けない居心地の良さがある。言葉を中心にして気軽に「いま」をさえずったり、ちょっとした一言をつぶやいたりするならツイッターである。

　結局のところ、実際に使ってみて担当者の肌に合うかどうかで決まる。相性があるので、肌に合わなければ常用せず、必要最小限の発信で継続

137　アメリカやイギリスなどではフェイスブックが最も利用されている。日本ではツイッターが最も人気がある理由としては、諸外国に比べて日本の社会では周りに同調することが求められるが匿名のツイッターでは周囲の空気を読む必要がないということが考えられる。
138　ただし、フェイスブックは閉じた仲間内で情報を共有し合っていて情報が拡散しにくいとの批判に対して、日常的にやり取りのない人から受ける情報の方が多いという調査結果もある。Eytan Bakshy et al., 'Role of Social Networks in Information Diffusion,' "WWW '12: Proceedings of the 21st international conference on World Wide Web," April 2012, pp.519-528. ネットで閲覧可能。この論文を紹介しているのは和田伸一郎「『新デジタル時代』と新しい資本主義」、佐藤卓己編、『岩波講座 現代 第 9 巻　デジタル情報社会の未来』、岩波書店、2016 年、p.203-231。
139　ただし、時期によって改良されたり、また元に戻ったりといった変更もよくある。あくまでも筆者が使ってみた時の状況である。

させてもかまわない。以下では、利用者数と拡散力の点からツイッター
を取り上げて話を進めることにする[140]。

（3）複数のSNSを使う？

　一般に、できるだけ多くの種類のSNSを使えば、より多くの人に情
報を届けることができる。なぜならば、それぞれのSNSの利用者は重
なる部分もあるが異なる集合であるからであり、また、複数の伝達経路
がある方がより情報を届けやすいからである。その場合、それぞれの
SNSの特徴や雰囲気を生かして、異なる視点や内容で投稿するという
活用方法もある[141]。

　本稿が想定している読者にとっては、それぞれのSNSで異なる内容
を考えるのはたいへんだろうと思うので、ツイッターへの投稿をそのま
まフェイスブックにも投稿してかまわない[142]。しかし、寄せられた反応
への対応などの労力が増えるので、欲張らず、対応できる範囲で、身の
丈にあわせて、無理をしないことが大切である。最初はどれか一つにじっ
くり取り組みながら、そのSNSの雰囲気をよく知るのがよいだろう。

　SNSを利用していると、次々と流れてくる情報に追われ、「いいね」
し合う関係がもどかしくなり、いきなりお門違いの批判を投げつけられ
て精神的に疲弊することがある[143]が、疲れたら休んでよい（箴言4：
23）。担当者の精神的な健康を保つことは、継続して情報発信すること
よりも優先される。心ない発言が飛び込んでくるツイッターに嫌気がさ
したら別のSNSに乗り換え、リアルの人間関係が持ち込まれるフェイ
スブックが居づらくなったら他のSNSに活動場所を切り替え、「映える」
写真を撮らなきゃという呪縛から逃れたくなったら文字中心の情報発信
に移っても、全く問題ではない。SNSをしばらく離れることも心身の
健康のために必要なことである。

140　ただし、初めから指摘しているようにSNSの移り変わりは激しい。数年後には別のSNSが人気
の中心になっているかもしれない。なお、ツイッターの始め方や使い方について、『信徒の友』2019
年9月号に特集記事がある。
141　例えば、ツイッターでは毎週の礼拝の告知や行事の案内などを投稿し、インスタグラムでは教会
の日常の様子を写真で知らせ、フェイスブックは教会の公式な活動報告として用いるなどが考えられ
る。
142　自動で両方に投稿してくれるアプリもある。
143　「ツイッター疲れ」、「フェイスブック疲れ」、「SNS疲れ」などと呼ばれている。

（4）パソコンでやるかスマホでやるか

　どの SNS を選ぶかは、SNS の利用に用いる機器が主にパソコンか、それともスマートフォンかにもよる。パソコン中心であればツイッターかフェイスブックになる。インスタグラムはパソコンからの投稿は困難である。インスタグラムはスマートフォンでの利用に特化しており、筆者が使って見た時点ではパソコンからの利用は想定されていない。フェイスブックとツイッターは、基本的にパソコンでもスマートフォンからでも全く問題なく利用できる。スマートフォン中心ならばどれでも大丈夫である。

　一般的に SNS の利用頻度は、パソコンよりもスマートフォンやタブレットなどの携帯端末の方が高いと考えられる。しかし、スマートフォンではその手軽さゆえに、直感的に投稿したり他者の意見に直情的に反応したりしてしまいがちで、誤解や批判を受ける恐れが高い。その点、パソコンの方が冷静に考えて発言できる[144]。また、年配者にとっては、スマートフォンで人差し指 1 本で文字入力するよりも、パソコンの方が文章を打ちやすいということもあるだろう。

2．SNS での情報発信

（1）ホームページとの使い分けを

　SNS で情報を発信する場合、ホームページやブログと使い分けると効果的である。ホームページは、多くの情報を分類・整理し、階層化して提示できるので、頻繁に変更されることが少ない集会案内や牧師紹介、教会の沿革など、固定的な内容に適している。また、日付順にホームページのような記事を掲載できるブログは、ある程度まとまった分量の文章や写真などの記事を一本ずつ書いていくのに適している。どちらも、情報が拡散されるというより、情報の必要な人が検索して探したり、定期的にそのウェブページを訪れたりすることでそこに記されている情報を得る。これらに対し、SNS は、リアルタイム性があり投稿も容易なので、その時その時の「いま」を発信したり小さな一言を気軽に「つぶやき」として投稿したりするのに適している。

144　浅生鴨、『中の人などいない』（新潮文庫）、新潮社、2015 年、p.38。

（2）Twitter に投稿する内容──何をつぶやく？

　どんな投稿をしたらいいのかを、いくつかのレベルに分けて記す。

①レベル１として、礼拝の予告、行事の予告と報告を投稿する。礼拝を告知する媒体としてはこれまで週報と屋外掲示板が中心であった。そこに第三の媒体として重要になってきているのが SNS である。SNSはリアルタイム性があり投稿も容易なので、毎週の礼拝を告知するのに相応しい。毎週の礼拝の予告は、教会の SNS での情報発信の一番の基本である。多くの人に注目される気の利いた投稿はなかなか難しいが、礼拝の告知は着実に継続できる情報発信である。それだけで、教会がここに生きて活動していることを示すことができる。

　　説教題だけでなく聖書箇所や讃美歌の番号も記されていると便利に思う人もいる。初めて礼拝に訪れる人のために、礼拝の終了予想時刻を記しておくと安心感を持っていただける。

②レベル２としては、教会の日常の様子を投稿する。言わば、教会の「いま」をつぶやく。毎日とはいかなくても週に何回か、集会・行事の予告と実施した報告、突発的な休会のお知らせ、花壇の写真、購入した本や備品の紹介、その他何でも投稿して、教会の様子を身近に感じてもらいたい。

　　有意義な情報発信は、ネット検索で見つけた情報ではなく、自分の足で歩いて得た知見、自分の目で見、考えたリアルな日常である。漫然と情報発信やコミュニケーションしていても伝道していることにならない。つまり、教会のリアルな活動が生き生きとしていてこそ、魅力ある情報を発信できる。

　　なお、御言葉を投稿したくなるが、聖句だけを投稿しても人々の目にはほとんど止まらない。自分なりの言葉で表現し直したい。ホームページの更新のお知らせも、「更新しました」だけでなく、どんな情報が新しくなったのか極力具体的に記す。

③レベル３として、テレビや新聞の話題を取り上げる。テレビ番組でキリスト教に関する話題が出たら、そのことをつぶやいたり、聖書の言葉が引用されたら正確な聖書箇所を知らせたり、讃美歌が BGM に使われたらどの賛美歌集の何番かを知らせたりする。テレビや新聞で言及されたキリスト教に関する話題を適切に取り上げることで、キリスト教会やキリスト者の視点でポイントを指摘することができる。例えば、「目から鱗」という言葉はよく使われるので見聞きする度にそ

の出典を投稿する。こうした発信を通して、普段はキリスト教に関心のない人たちがキリスト教を身近に感じるようになる。

　ただし、時事ネタを取り上げるには、センス、スキル、コミットメントが必要である。トレンドネタは、後から真相が変わる場合もある。一時的な話題に乗ってもかまわないが、すぐに過ぎ去るので、そこに価値を置くのではなく、継続的に有用な投稿を心がけたい。芸能ゴシップなどでは、それを流すことによって品位が問われないかを考える。

　教会や信仰に関係のない話題で構わない。むしろその方が好感を得られる。伝道しなきゃなどと力まない。楽しい投稿が「教会に行ってみよう」と思わせる。ただ、無理してネタをひねり出す必要はない。担当者[145]の個性を出して、企業や団体の公式アカウントで個人的な日常をつぶやくことも、親近感を持ってもらうために用いられている手法である。教会も、「中の人」の性格などを設定し、深く計算の上でツイートしたりコミュニケーションしたりすれば、企業の人気アカウント並の高度な使い方となる[146]。

（3）Twitter でのコミュニケーション術——無理せず、楽しく、コツコツと

　文字中心のコミュニケーションでは、微妙なニュアンスを伝えにくく、語調が強く感じられることも多い。ツイッターでは文意の不明瞭な投稿も実に多い。また、思ったことや感じたことをすぐに発信できるのだが、誰かを傷つけることはないだろうかと受け手の反応や自分に対するイメージを、想像力を持って考えることも大切である。日頃から思いやりのある投稿をして、SNS の言論空間を良いものにしていくことに貢献したい。

　なお、どの SNS にもプロフィール欄がある。教会の規模、特徴などを具体的に記しておくとよい。これも人々にとって有用な情報である。
①十分文章を練って投稿する

145　企業や団体の SNS の担当者は「中の人」と呼ばれる。
146　単立の上馬キリスト教会（東京都世田谷区）は、若手の担当者 2 人によるツイッター運用で、キリスト教に関するツイートのみならず、いち早い時事ネタや芸能情報など、一般の人々の目にとまる投稿によって多大なフォロワーを集めている。『キリスト新聞』2016 年 12 月 25 日、2018 年 12 月 25 日。その他、特筆すべき事例として、夏休み明けに子どもの自殺が多いことから、日本バプテスト連盟南小倉バプテスト教会牧師榎本仰が投稿した「死ぬな、にげろ。・・・誰でも、おいで。待ってるよ。」という内容のツイートは多くのリツイートを重ね、マスコミで取り上げられた。『朝日新聞』2018 年 5 月 26 日夕刊。

　ツイートする際には、誤解されることはないか、言いたいことを適切に表現しているか、押しつけがましい表現になっていないかと、念を入れて推敲することが重要である。誰かが不快に思ったり異なる見解を持った人を刺激したりしないように、あえて断定しない表現も時には必要である。相手への想像力を持って、肯定的・前向き・友好的な表現を心がけたい。場合によっては、推敲に数時間かけたり、一晩置いて翌日に見直してから投稿したりする判断もすべきである。

　140字に的確に収めようと文章を練るプロセス自体にも楽しさがある[147]。多くの投稿を経験しながら、ツイッターならではの文章力を身に付けたい。

②反応に一喜一憂しない

　フォロワー数や「いいね」の増減に一喜一憂しても意味がないので、気にしない。間違えて「いいね」を押してしまうこともあるし、数日たったら取り消す人もいる。自分をフォローしてくれるのもフォローを解除するのも、全く相手の自由である。「いいね」や「リツイート」でコミュニケーションしたつもりにならず、情報提供や自己開示を心がけたい。

　一つの投稿が短時間に多数の「いいね」やリツイートを集めることを「バズる」と言うが、バズることを目指す必要もない[148]。時系列で次々と情報が流れてくるフロー型のSNSでは、常に新しいものが注目されるが、一気に話題になってもすぐに忘れられる。

③時間をおいて返信

　返信をいただくことがまれな場合は返信をしてくれた人に丁寧に応答してよいが、多くの返信が押し寄せたときには一つ一つに対応する必要はないし、困難である。返信すべきか迷ったときには、思い切って返信しない。返信しなくても相手はそれほど気にしないという調査結果もある[149]。また、返信があった場合、すぐに応答する必要はない。ビジネス利用ではないので、落ち着いたコミュニケーションのためにはむしろ、時間をおいてからの方がよい。文意を誤解した批判や一方的な持論の主張に対しては、無視してよい。すぐに返事をすると、誰かを叩きたくて

147　140字という文字制限の他に、一度投稿したら修正できない仕組みもあるため、「緊張感を持って『簡潔で分かりやすい』文章を書かざるを得ない」から、「ツイッターは簡潔で分かりやすい文章を書く練習にぴったりな道具」である。小木曽健、『ネットで勝つ情報リテラシー』、p.226。なお、複数のツイートに分けて一続きの投稿をする方法もある。

148　内容が優れていれば「バズる」とは限らない。「その時の他の競合ニュースの状況、情報を受け取る側の状況や気分、世の中全体のコンディションなどなどさまざまな変数が絡む。」天野彬、『SNS変遷史』、p.111。

149　『Newton』第40巻12号（2020年10月号）、p.107-108。

たまらない粘着的な相手の術中にはまる。お互いの返信が続く場合も、適当なところで次の話題を投稿して切り上げてかまわない。

④共感できる投稿には進んで「いいね」やリツイートを

　共感できるツイートには進んで「いいね」やリツイートをする。SNSでは極端な意見や暴言が耳目を集めて、サイレント・マジョリティは表に出てこないゆえ、積極的に肯定的な反応をするのも一案である。クリック一つでできる反応からつながりが広がる。

　逆に、デマや裏付けのない情報を拡散しないように気をつける。また、誰の投稿に「いいね」しているか、どんな投稿をリツイートしているかによって、そのアカウントに対する人々の印象や信頼度が変わってくる。この投稿に反応すべきかどうかということをしっかりと考えることも大切である。

⑤批判や攻撃を相手にしない

　繰り返し述べているが、インターネットの世界には様々な人がいる。フォロワーが増えればそれだけ自分と意見や価値観が異なる人にこちらの発信が届くことも多くなる。すると、どんなに注意して発言しても、単なる事実の投稿でも、思いもよらぬ観点からの反応が来る。文章のごく一部に反射的に反応して感情的な返信をしてきたり、文脈を無視して自分勝手に解釈して全くずれた角度から理不尽な言いがかりをつけてきたりする。何を投稿しても理不尽な理屈で言いがかりを付けてくる人は出てくる。誤解を正そうとしても話が通じない。そのような人はただ批判したいから批判しているだけ[150]なので、恐れても仕方ない。見ず知らずの相手にいきなり批判を送ってくる人など、相手にしなくてよいし、こちらが傷つく必要もない。

　独善的・攻撃的で迷惑な返信に対するこちら側の対応の仕方としては、精神的なダメージを受けないように反応を真面目に受け止めなくてよいこと、見なかったことにして放っておくこと、すなわち「スルーする」ことが何よりも重要である。親しい人からのメッセージでも気に障ることがあるので、返信を見るときには常に心して見るのがよい。

　逆に、我々の確信とは異なる理解の発言を目にしたときには、直感的に反応しない。また、注意深く丁重に応答しても、相手にとってはいわれのない中傷でしかないこともあるので、気を付けたい。自分にとっては重要な主張でも他の人にとっては単なる「つぶやき」に過ぎず、自分

150　「分極化するネット空間」の項を参照。

にとっては単なる「つぶやき」でも相手にとってはアイデンティティを脅かす重大な見解かもしれない。自分や相手が正義に立てば立つほど、不毛な議論にしかならない。

⑥思わぬ反応に注意

　厳しい批判でなくても、全く予想しない角度での反応が来ることがある。こちらの投稿に対して勝手な連想をつぶやいてくることもあるし、文意をきちんと理解しようとせず、趣旨を全くはき違えたコメントも来る[151]。素朴なつぶやきであっても、持論の強い主張に受け止められることがある。これらも基本的にスルーする。

　文字中心のコミュニケーションでは、ごく普通の人でもそうしてしまいがちであるので、他の人の発言に対する応答には、相手がどう感じるかをよく考えて返信したい。

⑦友好的なコミュニケーションを

　ツイッターは140字と文字数が限られ、ほとんどの文章は練られていないので、議論には向かない。文意の定かでない投稿や自分と異なる意見はスルーするのが基本である。教派によって理解の異なる教理的な話題には気を付ける。批判に対しても反応せずに受け流し、友好的なコミュニケーションを楽しみたい。話が合う相手であっても、頻繁な投稿やしつこいやり取りは嫌われる。適度な距離感を保って、緩やかにコミュニケーションする。

　ツイッターでは自分のタイムラインの雰囲気が殺伐としている時がある。そのようなときには、誰かの役に立つ言葉やユーモアのある情報発信を心がけたい。

⑧あせらずに

　いきなり多くのフォロワー数は得られない。反応が無くても、まずは自分のペースで投稿し続ける。良質の投稿を続け、こちらからのフォローを少しずつ増やしながら、数か月、数年かけて、折々にコミュニケーショ

151　筆者の住む千葉県は落花生の生産量が全国1位であるのでこれを譬えに用いると、ツイッターで「落花生、おいしかった」とつぶやいたら、「私も落花生、好きです」という共感もあれば、「わたしは嫌いなんだけど」という、言わなくてもいい返信も来る。さらには、「落花生と言えば、かつて私が学生だったころ、……」と一人語りを始める楽しい（しかし時にどう対応したらよいか分からない）応答もあれば、「アレルギーの人に失礼です！　アナフィラキシーで死ぬ人もいるのに不謹慎です！」という見当違いのお叱りや、「落花生は殻に入った状態のもので、食べるのはピーナッツと区別されます。訂正してください」という生真面目すぎる反応まで返ってくる有様なのがSNS（特にツイッター）の世界である。こういったお門違いの返信はネットスラングで「くそリプ」と呼ばれるが、こういう世界を楽しめるようになるのが理想的である。

ンしながら、信頼関係や価値観の共通性を確認し、良質のフォロワーを
獲得していく。数千、数万のフォロワー数は望まない[152]。

3. 教会での SNS 運用のポイント

（1）誰が担当するか

　教会の中で誰が SNS を担当するか。牧師がホームページの更新作業
や SNS での情報発信に直接中心的に携わる場合も多いだろう。しかし、
本来なすべき説教準備をそっちのけで SNS に没頭しないように自らを
律しなければならない。また、牧師が一人で行っていると、教会員の関
心が追いつかず牧師にお任せになってしまい、牧師の個人プレーになり
やすいので気をつけなければならない。そこで、教会員を交えてチーム
を作ることをお勧めする。また、どういう投稿をしているかを時々プリ
ントや月報などで教会員に知らせることも、教会の業として SNS を活
用していく上で有意義であろう。

　牧師が直接教会のホームページ作りや SNS に携わる場合に重要なも
う一つのことは、自分が去るときのことである。後任牧師もネットに詳
しいとは限らない。多少知識のある牧師でも、前任の牧師がホームペー
ジを独自に作り込んでしまったら、手を付けられなくなってしまう。牧
師が変わったら、ホームページの更新が止み、SNS は古い日付の投稿
が最後のままということはよくある。牧師はいつでも「中継ぎ投手」で
あって、いつかは転任あるいは隠退するときが来る。今仕えている教会
での務めを終える時を見据えて、後任に負担がかからないように自分が
やり過ぎないことも、牧師の務めであろう。

　教会員の中にネットに詳しい人がいればよいが、安心はしていられな
い。独特の個性や思い込みが強すぎる人が、いよいよ自分の出番が来た
とばかりに張り切ってしまうことがある。独自の感覚でホームページや
動画を作り込んでしまう場合があり、そのような人は他の人からの意見
を冷静に受け止めることが苦手なタイプであることがある。牧師や役員
が修正を求めると、驚くほど憤慨されてしまう。しかしこの手の作業は、
複数の目でチェックし、修正と改良を限りなく繰り返しながら、内容や
レイアウトの完成度を高めていくことが欠かせない。

152　インフルエンサーと言われる人は、本稿を読まずともその素養を持ち合わせているだろう。本稿
を読んでいる方々がインフルエンサーになることを目指すことは現実的でない。

218

また、情報発信のスキルを持ち、SNSのセンスも良く、教会の中での牧師や役員とのコミュニケーションも上手な教会員が今はいても、その人が転勤などで遠くに引っ越して転会してしまうこともある。教会の場合、企業のように専門の技術を持った担当者を新たに雇うというわけにはいかない。

以上のようなことを踏まえた上で、しかし、教会のSNS担当を若い教会員に委ねることも大切である。SNSでの情報発信は若者に委ねることができる重要な奉仕である。何と言っても若い人のセンスにはかなわない。はらはらすることもあるが、牧師や年長者は若者の多少の行き過ぎにはじっと我慢することが、これからの教会につながる[153]。

(2) 教会の活動として位置づける

日本基督教団において、伝道に関する事項は役員会が取り扱うべき事柄である[154]。牧師や担当者の個人プレーにならないように注意しなければならない。牧師の意気込みだけで進めない。教会員や役員の理解が得られないときは、時が訪れるのを待つ賢明さも必要である。また、教会全体の伝道計画に盛り込んで、その中で進めたい。

大多数の教会員がSNSを使っていないかもしれない。それでも、できる限り教会もSNSを用いたい。もちろん教会員全員がSNSを利用していればすばらしいが、必ずしもそうあるべきというわけではない。むしろ、「インターネットとかSNSとか全然分かりません」という教会員も、教会が現代の人々に向けた伝道に取り組んでいることを覚えて祈り、応援していただくことが重要である。これを通して、SNSでの情報発信も教会の中のごく一部の人だけが好きで行っている活動ではなく、教会全体の業となる[155]。

(3) 投稿の頻度について

SNSを利用している人は、スマートフォンやタブレットなどの携帯端末で1日に何度もチェックすることが多い。教会も一日に数回投稿した方が、より人々の目にとまりやすいと言える。しかし実際は、教

153　大嶋重徳、『若者と生きる教会——伝道・教会教育・信仰継承』、教文館、2015年。
154　「日本基督教団教規」第102条（2）。
155　本稿は教会の外に向けての情報発信を考えているが、教会員向けにSNSを用いることも、SNSの効用として魅力的である。そのような取り組みの例として、張田眞「超高齢社会、教会員の高齢化の時代です」、『福音主義教会連合』2019年2、3、4、6月。

会の SNS 担当者が負担なく続けられることの方を優先的に考えるべきである。教会の SNS 担当者が「SNS 疲れ」を起こしたり、「SNS 依存」に陥って学業や仕事に差し障りが出たりするようなことになったら元も子もない。地道に無理せず継続することが大事である。1 週間に 1 〜 2 回の投稿で全く問題ない。心ない応答を受けて、たった一人しかいない SNS 担当者が精神的なショックを受けたならば、数週間 SNS をお休みしてかまわない。

(4) 教会員への配慮

　教会員への配慮として、プライバシーの問題がある。週報をそのままネットに掲載している教会があるが、個人名は出ないようにすべきである。また、写真で子どもの顔が写らないようにすることも大切である。どこでどのような犯罪に使われるか分からない。

　パソコンやスマートフォンを所有していない教会員に対しては十分に配慮しなければならない。高齢化の進んだ教会には、インターネットを利用していない高齢者も少なからずおられる。経済的な事情から、パソコンやインターネット接続の機器を持っていない家庭もある。教会の活動は、そういった人々を常に念頭に置かなければならない。役員間の連絡も、もし一人でもラインをやっていない役員がいたらライングループでのやり取りはすべきではない。電子メールを受信はできるけれども文章を入力して送信することが困難な役員がいれば、メールは連絡だけにして議論は控える。もしメールで資料を送付したら、電子メールを利用していない役員にも確実にお渡しする。

　東日本大震災の時には、通信網が途絶えた地域や SNS をしていない高齢者に給水や炊き出しの情報を届けて回った人もいた[156]。インターネットを用いなくても、そのような配慮こそが「情報発信」であり、社会的な「ネットワーク」である。アイディアとして、インターネットや SNS を使っていない教会員に教会の SNS アカウントのタイムラインでの話題や「いいね」した情報をお知らせする手立てを考えることも面白いだろう。

　視覚障害者のデジタル機器の利用度は人それぞれである。ラインやツイッターを使いこなしている人もいればそうでない人もいる。それぞれ

156　本條晴一郎・遊橋裕泰、『災害に強い情報社会——東日本大震災とモバイル・コミュニケーション』、NTT 出版、2013 年。

に合わせた対応をする必要がある。

　中高生や青年だけでライングループなどを作る場合は注意が必要である。気の合う人だけでグループを作ってしまうこともあるので、仲間はずれが出ないように気を付けたい。

(5) 失敗を恐れず、現実に囚われず

　SNS は、実際に利用してみないことには、教会として何を投稿をしたらいいのか、「いいね」や「リツイート」をどういう基準で行ったらいいか、何とも見当がつかないだろう。机上で泳ぎ方をいくら学んでも、水に飛び込まなければ泳げるようにならない。実際に体験しながら自分なりの SNS でのコミュニケーション方法を見出していくことは決して遠回りではない。

　SNS に限らず、教会が新しいことに取り組もうとする場合には、失敗を恐れず試行錯誤できる雰囲気、失敗をとがめられない安心感に満ちた環境が教会の中になければならない。往々にして、教会のこれまでのやり方が不可侵の伝統のように墨守され、牧師や役員の古き良き栄光の記憶が邪魔をし、新しいことを導入できない場合がある。教会が新しい伝道へのチャレンジをする時には、古くからの教会員は黙って委ねること、特に若い世代に任せたら口も出さないことが絶対である。そのようにしないと、教会はどんどん時代遅れとなり、現代を生きる人々は教会に来ず、新しい人や若い人が定着することはない。

　教勢の低下や収入の減少といった現実に囚われずに、また、失敗を恐れず失敗をとがめずに、新しい取り組みにチャレンジしたい。それは、教会が主の御業に期待することになる。SNS に取り組むことは、人間の想いを超えて働かれる主の力を信じる我々の信仰が問われる活動であると言っても過言ではないであろう。

IV　キリスト者のSNS、牧師とSNS

1.　キリスト者もSNSを

（1）キリスト者としてSNSをする意義
　私たちの周りには、知り合いにクリスチャンがいないという人は案外いる。だから、SNSの世界でもキリスト者が生きて存在していることを知らせたい。それが、リアルの世界にキリスト者がいることを知らせることにもなる。SNSは、職場や学校、地域、趣味の集まりなどと並ぶ、もう一つのコミュニティである。
　個人が発信する内容は、キリスト教に関係ある必要は全くない。ここでも、伝道しようと力まないことが大切で、まさに「つぶやく」だけでよい。日記的な記録、趣味、思ったこと、考えたこと、気づいたこと、読んだ本、個人的なメモ、備忘録と、何でもOKである。
　何といっても、SNSのプロフィール欄に「クリスチャンです。」、「○○教会に通っています。」と記すだけで自分がキリスト者であることを証しできる。その他にも可能な範囲で自己紹介的な情報を具体的に記すと効果的である。こういったことを通して、非キリスト者との接点を増やし、僅かでも教会への敷居を低くし、宗教への警戒心を和らげることができたらと願う。
　匿名でもかまわないが、責任を持って発言をしたい。漢字のフルネームの実名でなくても、名前のローマ字や愛称なども悪くない。ニックネームなどなるべく実名に近く、何者であるか少しでも分かる方が、人々の警戒心が薄れ、信頼される[157]。そして、一つの投稿に共感しただけではなく、いつもこちらからの投稿をチェックしてくれるつながりに至る。友好的な情報発信をしている人とのつながりを数年かけて広げ、築いていきたい。もちろん、実名を明らかにすることが心配な人、事情があってできない人は無理しなくてよい。
　SNSはカルトも利用している[158]。SNSを巧みに利用して市民権を得ようとしている。プロが撮影したようなきれいな風景写真や動植物の写真を頻繁に投稿して好印象を得ようとしてくる。「クリスチャン」と名乗って友達になろうとしてくる人たちもいる。しかし、どこの教会に所

157　津田大介は「ゆるやかな実名性」と呼ぶ。津田大介、『情報の呼吸法』、p.126。
158　「SNSで近寄るカルト」（「地下鉄サリン25年」下）、『日本経済新聞』、2020年3月21日。

属しているのか、どんな教派なのか、どんな信仰なのか、過去の投稿内容をさかのぼっても判別できない。だから、是非とも正統的な信仰に立つクリスチャンが SNS の中にも増えて、できる限り自己を明かしながら、世の人々がおかしな団体に惑わされないようになってほしいと願う。

(2) SNS は簡単に始められる

　SNS は簡単に始められる。スマートフォンなら仕事の空き時間にチェックできるし、ツイッターやフェイスブックはパソコンでもできる。年配の人にとってはパソコンの方が文字入力をしやすい。

　どの SNS が自分に合っているかは、使ってみないと分からない。身近に使っている人がいればまずそれを使ってみるのも一案である。使い方を尋ねることができるし、楽しさも見えてくる。案ずるより産むが易しで、パソコンのブラウザでフェイスブックなりツイッターなりのページを開いて（スマートフォンの場合はアプリをダウンロードして）、とにかくアカウントを取得してみる。そして、試行錯誤しながら楽しさを見つけていく[159]。

(3) 自分から情報発信する楽しさ

　SNS は自分から情報発信しなくても、他の人の投稿を見ているだけでも楽しい。しかし、是非とも自分から情報発信する人が増えてほしいと願う。日常の交友範囲を超えて、人と人とのつながりの世界が広がる。

　自分のちょっとした投稿に「いいね」してくれる人がいて、共感を得られる。誰も「いいね」できないだろうと予想して投稿した極めて専門的な知識にも、「いいね」してくれる人がいるものである。いろいろな人とのつながりができ、出会いがある。また、どこかの誰かの助けになっているかもしれない、どこかの誰かの役に立っているかもしれないという点でも満足感が得られる。

　具体的に情報発信を楽しむためのポイントは、十分文章を練って投稿する、反応に一喜一憂しないなど、既に「ツイッターでのコミュニケーション術」の節で記したことと同じである。無理せず、楽しく、コツコツと楽しみたい。楽しくドライブするためには、車を運転するための技術を習得し、道路を交通するに当たっての法律で定められているルール

159　ただし、情報発信しようと思わない人に無理に SNS をすべきとは言わない。水の中に入らないと泳げるようにならないが、水が怖い人に無理をして泳げとは言えない。

を知らなければならない。SNS でも同様である。あるいは、海水浴と同じように、海をなめてかかると沖へ運ばれてしまう危険やクラゲに刺されたり砂浜に転がっているゴミで足を切ってしまったりといった恐れがあるが、きちんと気を付ければ楽しい海水浴になる。

　これも既に述べたことだが、過激な投稿や理不尽な批判などはスルーし、精神的にショックを受けたらいつでも SNS を離れて休む。何よりも、現実の世界でしっかり生きることが大切である。また、ネット上の情報は一人の人間の処理能力を超えており、ネット上のコミュニケーションもストレスに感じることがあるので、週に 1 日は SNS やインターネットを離れる「安息日」を設ける。その日には、情報の激流とあまりにも個人的・主観的・感覚的状況を離れ、また、自分中心の価値判断と弁別の世界を離れて、主なる神との交わりを取り戻したい。

　SNS を続けていると、気の利いたやりとりが生まれることがある。筆者の経験だが、ある時、歌手の中島みゆきのヒット曲の歌い出しをもじって「道に倒れてイェスの御名を呼び続けたことがありますか」とツイートしたら、その続きの歌詞をうまくもじって続けてくれた人がいた。また、米津玄師という J ポップのアーティストの名前をネタに「米津玄という牧師はどこの教会の牧師ですか」と投稿した。筆者はただそれだけをネタに投稿したのだが、するとある方が「システィーナ礼拝堂」という返信を送ってくれた。これは実に見事で、米津玄師が 2018 年の NHK 紅白歌合戦に出場したとき、徳島県にある大塚国際美術館からの中継で演奏したのだが、そこは、ヴァティカンのシスティーナ礼拝堂にあるミケランジェロが描いた天井画を完全再現した建物だったからである。この返信を受け取って、筆者はパソコンの前でひとり感嘆の声を上げるほどだった。これらはほんの一例だが、思わぬ楽しいやりとりが生まれるのもツイッターならではである。どこかで誰かが見てくれているし、思わぬ仕方でつながりが広がることに期待して、「つぶやく」こと自体を楽しみたい。

2. 牧師と SNS

(1) SNS のある牧師の日常生活

　教会のインターネットや SNS は、多くの教会で、どうしても牧師が中心になりがちであろう。教会のインターネット利用は、多分に牧師の

インターネットとのつきあい方の問題を含んでいる。

　一般の人の場合と同様に牧師も、動画や SNS に没頭しないことが生活上の大切な注意点である。SNS は気晴らしや気分転換になるが、現実逃避にもなる。牧師室での一人の時間には誘惑が多い。教会の務めを疎かにしてはならないし、説教準備はどんなに時間を費やしてもこれで十分ということはない。インターネットは 24 時間いつでも調べ物をすることができるし、SNS では深夜でも誰かが投稿している。だから、意識して休息の時を持たなければならない。日曜日以外に安息日を守ることは牧師の大切な務めであるのと同様に、ネットからの安息日も設けることは、自身の健康のためのみならず、委ねられた群れのためでもある[160]。

　牧師の SNS 利用では、すぐに返事しないことに価値がある。ビジネスの世界では、SNS での問い合わせに対してすぐに応答することが社会人としてのマナーだとか「できるビジネスパーソン」だなどと言われることがあるが、クリエイティブな仕事をしている人は集中して作業しているときは SNS を遠ざけるだろう。牧師の日常も同様である。誰かの投稿にすぐに反応しなくてはならないなどということは全くない。

　同様に、メールもすぐに返事せず、いわゆる「即レス」の呪縛から逃れる勇気が大切である。余裕を持って、ゆっくり言葉を整えて、返信する。クレームなどの場合は特に、即座に返答してはならない。すぐに誤解を解かなければと思ってしまうが、相手は興奮しているので、どんなに丁寧に返信しても相手の怒りは収まらない。お互いに即座に返信し合って、かえって悪循環に陥るだけである。

　なお、パソコンにもスマートフォンにも、ウイルス対策のセキュリティソフトを入れておくことも忘れてはならない。牧師がウイルスの感染源にならないような注意をしなければならない。また、牧師のスマートフォンは教会員の氏名と携帯番号、メールアドレスなど個人情報が満載である。他の人に中身を見られないように、画面をロックしておく。

(2) 牧師の情報発信
　牧師の個人の情報発信の内容やコツとしては、趣味などを通し、牧師

160　「牧師にとって日曜日は安息日ではなく、労働日です。それならば、他の日を安息日に振り替えなければならないはずです。本人の健康のためではありません。『あなたの牛やろばが休み……寄留者が元気を回復するため』（出エジプト 23：12）、つまり、共に生きる者たちが休むためです。」『ミニストリー』Vol. 19（2013 年秋号）の平野克己による「編集後記」、p. 98。

の人柄を知らせて、親近感をいただかせることである。ただし、ネタ探しが先立たないようにしたい。SNS で愚痴を言い散らしてストレスを発散することも我々のすることではない。繁華街の真ん中で大声で愚痴を言い散らすことはしないのと同じである。

　牧師は、専門的な知識を持ち、自分なりの見解をはっきり持ち、それを言葉で表現する力を持っている人が多いが、それにもかかわらず、SNS では直感的に反応しがちである。特にスマートフォンは個人的なツールであるため、感情的になりやすい。そこで、SNS の閲覧や投稿はあえてパソコンで行った方が少しは冷静に文章を書ける。

　また、牧師の個人的な情報発信よりも、教会の務めが優先されるべきである。さまざまな教務や奉仕が重なって時間が取られるようなときは、あえて投稿しない勇気が必要である。葬儀が入ったら、臨終から火葬場より戻って来るまでの数日間は、葬りの業に誠実に心を向け続けるためにSNS は見ないという決断をすることも意義あることであろう。牧師としてなすべき務めに集中する。

　SNS ではどんな人が見ているか分からない。「今日から夏休みで旅行にいきます」、「修養会で教会には誰もいません」といった投稿は空き巣にどうぞと言っているようなものであり、葬儀の予告も"香典泥棒"を招くことになるので注意する。

(3) 牧師は実名・顔出しすべきか

　初めに述べた、匿名性の欠点や危険性が大きな社会問題を引き起こしていることを弁え知るならば、牧師は率先して実名で発信すべきである。愛称でもかまわないが、いずれにしても、誰であるかを分かるようにしておくということが重要であり、発言に責任を持つことが、プライベートな時間においても牧師としての欠かせない態度である。言葉に仕え、言葉の力を知っている御言葉の役者は、匿名でなければ世間に発言できないことは言うべきでない。もちろん、著しい誹謗中傷を受けるとかストーカーの被害に遭っているとかカルト問題に関わっているなどの特殊な場合を除くが、基本的に伝道献身者は匿名で言いたいことを言い散らすことはありえない。主に召されている者として、自分の語る言葉に責任をもって情報発信したい。したがって、原則として牧師は実名・顔出しでSNS をすべきである。そして、匿名による無責任な発言が多い中で、他者を尊重しつつ謙虚にユーモアを持ち合わせながら、価値ある言葉を

人々に語り掛けていきたい。それが、微力ながらも SNS の社会を信頼感のあるコミュニティに変えていくことに寄与することになるだろう。

　なお、キリスト教学校での務めがある方の場合、学校の規定で SNS での情報発信が制限されることがあると思う。その場合は潔く諦めるべきである。職務上制限されているからといって、匿名で責任を持たない発言をすべきでない。

（4）説教のネットへの掲載について

　ネット上の説教を盗用してはならないのは当然であるが[161]、ネットを頻繁に利用する牧師にとってより大きな誘惑となるのは、ネットに掲載することを初めから意識して説教準備することである。インターネットでは多くの人の目に触れる可能性があるため、遣わされている教会の会衆に向けて語ることよりも、ネットで注目を浴びることを求めてしまうことがある。しかし、あくまでも、礼拝において説教を語るために準備しなければならない。

　もっとも、説教原稿をそのままネットに掲載しても、ほとんど読まれないだろう[162]。説教をネットに掲載するときは、礼拝が終わってから、ネット向けに頭を切り換えて、文章を構成し直す。目に止まりやすい説教の掲出の仕方は、①短く要約する、②細かく小見出しを付ける、③段落間に隙間を空けてパソコンやスマートフォンの液晶画面でも読みやすくする、④聖書の引用は色を変えたり字下げしたりする、といった一手間、二手間を施すことである。

（5）説教題について

　すでに述べたように、毎週の礼拝の予告は、簡単に始められる教会の SNS での情報発信の基本である。礼拝の予告の中で、説教題は人々に礼拝への興味や関心を持っていただける有効な手段である。週報に次主日の礼拝の予告をすることは主として教会員向けと考えられるが、SNSや屋外掲示板に告知すべき内容としては工夫の余地があるかもしれない。屋外掲示板の対象者が教会員ではなくその前を通る人々であるのと同様に、SNS で礼拝の予告に目を止めてほしいのは、これまで教会と

161　近藤勝彦「インターネット時代における説教者の姿勢」、『東京神学大学学報』No.270、2012 年 7 月、p.6。
162　もちろん、礼拝に出席できない方のためであれば、説教原稿をそのまま掲載してかまわない。

の関わりが無かった人、キリスト教と縁遠い人である。屋外掲示板に予告される説教題が「教会の前を通る人々への招きの言葉、福音の告知の機能を担っている」[163]ならば、SNSに投稿する説教題も同様である。

　では、実際の説教題がほんとうに道行く人やSNSのタイムラインで見かけてくれる人に向けた言葉になっているだろうか。もしキリスト者にしか分からない言葉が使われている説教題だったとしたら、それを掲示板やSNSにそのまま記してどれほど意味があるだろうか。教会員向けの説教題よりも、道行く人やSNSの利用者に「おや？」とか「へぇ」とちょっとでも目に留めてもらえるような説教題や「こんな私も招かれているのか？」と思わせる説教題をつけることも考えたい[164]。無理に奇を衒う必要はないが、教会とはまったく縁がないと思っている人に少しでもアピールすることを考えて説教題を練る努力は、地道な伝道力となるだろう。週報に掲載する教会員向けの説教題とは別に、屋外掲示板やSNS用の説教題を付けるという思い切った方法も、真剣に伝道を考えるならばあり得るだろう。

（6）SNSで牧会相談できるか

　メールでもSNSでも、言葉だけのコミュニケーションには限界がある。双方向のコミュニケーションとはいえ、メールでは一言ずつ交互に言葉を交わすことができず、SNSでもこちらは沈黙してじっくり耳を傾けるというわけにいかない。したがって、牧会カウンセリング的なやり取りは注意する。よほどのスキルがない限りは、メールやSNSだけでの牧会カウンセリングは避けるのが賢明だろう。実際に顔と顔を合わせて場を共有し、傍らに身を置くという身体性をもって相手に耳を傾けることを大切にしたい。

最後に

工夫やアイディアの共有を

　様々な教会での伝道に関する具体的な工夫例を集めたものとして、伝

163　平野克己、『説教を知るキーワード』、日本キリスト教団出版局、2018年、p.107。
164　寺院の山門掲示板に書かれた巧みな警句や奇想天外な名言は本になるほどである。江田智昭、『お寺の掲示板』、新潮社、2019年。

道アイデアパンフレット編集の会編、『伝道アイデアパンフレット』（日本基督教団伝道委員会、2012年）がある。ぜひ、4〜5年ごとくらいに定期的に発行することを継続して、インターネットやSNS利用のアイディアを共有できるようにしてほしい。あるいは、そのようなアイディアを集めたホームページやSNSを設置するのも有益と考えられる。それを通して常に新しいアイディアを共有できる。そのような活動のためには、2年間の総会期ごとに教団の委員が交替する現在の委員会の仕組みとは異なる体制づくりも必要であろう。

　どの牧師もネットでの情報発信をスマートにできるわけではない。また、どこの教会にもパソコンのスキルやSNSのセンスを持った教会員がいるとは限らない。牧師同士の助け合い、教会間での工夫の分かち合いが求められる。「情報発信力」は「情報共有力」でもある。どこかで誰かの役に立つかもしれないという意識を持って情報発信し、工夫やアイディアを積極的に分かち合って共有していく情報共有の力を養うことが不可欠である。

　ネットやSNSに詳しい人がまったくいない教会のためには、何ができるだろうか。自分の教会は積極的にホームページやSNSで情報発信していても、同じ教区、同じ地区・支区・分区にホームページも持っていない教会があるならば、そのままでよいだろうか。教団や教区の情報発信とは別に、教区内（支区内、地区内、分区内）の個々の教会・伝道所の情報発信をサポートする担当者が必要である。これは、今後必要な「伝道協力」の一つの形だろう。

可能性にチャレンジ

　ネットやSNSの世界も人と人とのコミュニケーションがなされているリアルな社会である。人間の社会であるならば、そこには限界があり、主なる神に対する罪深さの露呈がある。現在のSNSは欲望や噴出しやすい傾向にある。その中で、キリスト教会は、福音の希望をもって社会の形成に寄与し、倫理の涵養に努めなければならない。聖霊の実りである愛、喜び、平和、寛容、親切、善意、誠実、柔和、節制を、ネットの社会も求めている。

　現代に生きる教会は、現代に生きている人々に福音を伝え、主の民に招く。その務めを主なる神から委ねられている。我々は、ネットに振り

回されて現代社会に生きる人々が置かれている状況をよく知り、そのような人々の救いとなるまことの福音を告知して、キリストの体である教会へと招かなければならない。そのためには、すでに教会に所属している者たちが、自分たちの慣れ親しんできたやり方へのこだわりを手放して、現代の人々が受け入れやすい礼拝や伝道、奉仕や交わり、教育のスタイルを組み直していかなければならない。変えることのできるところは変えて、現代における伝道の可能性にチャレンジしていきたい。

まことの礼拝へ

どんなに効果的にインターネットを活用し、センス良くSNSで情報発信して、人々を惹きつけ、教会に行ってみようと思わせることが出来ても、実際の礼拝が生き生きとなされていなければ意味がない。御言葉の力が信じられており、十字架と復活の主が現臨され、罪を赦された恵みへの感謝と賛美に溢れ、説教が真に神の言葉として語られ聞かれている礼拝、人の思いをはるかに超えた偉大な神の救いの御業への畏れに満ちた礼拝を捧げたいと願う。そのために、共に、聖霊なる神の助けを祈り求め続けたい。

すのはらよしみつ／柏教会牧師

謝辞

本稿は、東京神学大学の博士課程前期課程修了前の学生を対象とした実践神学研修課程総合特別講義の一つ「ITと伝道」の毎年の講義を元に記すことができた。また、全国信徒会・東京信徒会講演会（2018年7月21日、於・富士見町教会）で「キリスト者としてのSNSの使い方──ツイッターでつぶやこう！」と題した講演の機会をいただいたときの内容も、キリスト者のSNSについての記述の土台となっている。関係の方々に感謝いたします。

文献

　本稿で参考にした文献を、①ネットや SNS の教会での利用について、②インターネットや SNS に関連する一般的なもの、特に、③震災時における SNS、流言・デマについての文献、④メディア論の観点から記された文献で参考にしたもの、⑤現代社会を読み解く上で参考にした文献、⑥その他（統計資料、新聞記事、Web サイトは除く）と整理して記す。なお、インターネットの分野は日進月歩が激しいので、発行年順に記す。

1．ネットや SNS の教会での利用について
・川島堅二「インターネットの宗教的活用の現状と可能性について――アメリカのキリスト教会の調査から」、『恵泉女学園大学人文学部紀要』第 9 号、pp.53 ～ 74、1997 年 1 月。
・生駒孝彰、『インターネットの中の神々――21 世紀の宗教空間』（平凡社新書 19）、平凡社、1999 年。
・川島堅二「日本基督教団所属教会のインターネット利用調査」、『高度情報化社会と宗教に関する基礎的研究』（平成 11 年度～ 14 年度科学研究費補助金　基盤研究（B）（2）研究成果報告書）、2003 年。
・小原克博、野本真也、『よくわかるキリスト教＠インターネット』、教文館、2003 年。
・近藤勝彦「インターネット時代における説教者の姿勢」、『東京神学大学学報』No.270（2012 年 7 月）、p.6.
・八木谷涼子、『もっと教会を行きやすくする本――「新来者」から日本のキリスト教界へ』、キリスト新聞社、2013 年。
・春原禎光「教会と IT」、『季刊 教会』No.98、2015 年春号、pp.56 ～ 57。
・張田眞「超高齢社会、教会員の高齢化の時代です」、『福音主義教会連合』2019 年 2、3、4、6 月。
・『信徒の友』2019 年 9 月号（日本キリスト教団出版局）、特集「SNS と伝道　福音つぶやいてますか」。
・片柳弘史、「SNS と文書伝道」、『キリスト教書総目録 2020』（No.31）、キリスト教書総目録刊行会、2019 年、p.vi ～ viii。
・中山信児「感染症禍における礼拝と教会の営み」、『礼拝と音楽』No.186（2020 年 8 月）、日本キリスト教団出版局、p.44 ～ 48。

2．インターネットや SNS に関する文献
・ローレンス・レッシグ（山形浩生、柏木亮二訳）、『CODE――インターネットの合法・違法・プライバシー』、翔泳社、2001 年。改訂版が（山形浩生訳）、『CODE VERSION 2.0』、翔泳社、2007 年。
・荻上チキ、『ウェブ炎上――ネット群集の暴走と可能性』（ちくま新書 683）、筑摩書房、2007 年。
・津田大介、『Twitter 社会論――新たなリアルタイム・ウェブの潮流』（新書 y 227）、洋泉社、2009 年。
・武田隆、『ソーシャルメディア進化論』、ダイヤモンド社、2011 年。

・津田大介、『情報の呼吸法』（Idea Ink01）、朝日出版社、2012年。

・津田大介、『動員の革命──ソーシャルメディアは何を変えたのか』（中公新書ラクレ 415）、中央公論新社、2012年。

・木村忠正、『デジタルネイティブの時代──なぜメールせずに「つぶやく」のか』（平凡 社新書660）、平凡社、2012年。

・イーライ・パリサー（井口耕二訳）、『閉じこもるインターネット──グーグル・パーソ ナライズ・民主主義』、早川書房、2021年。

・トキオ・ナレッジ、『スルーする技術』（宝島社新書）、宝島社、2013年。

・荻上チキ「炎上の構造」、川上量生監修、『ネットが生んだ文化』、角川学芸出版、2014年。

・香山リカ、『ソーシャルメディアの何が気持ち悪いのか』（朝日新書464）、朝日新聞出版、 2014年。

・朝生鴨、『中の人などいない──@NHK広報のツイートはなぜユルい？』（新潮文庫　あ -82-1）、新潮社、2015年。（2012年単行本に「文庫版あとがき」を加えて文庫化）

・藤代裕之、『ソーシャルメディア論──つながりを再設計する』、青弓社、2015年。（2019 年に改訂版が出ている）

・田中辰雄、山口真一、『ネット炎上の研究──誰があおり、どう対処するのか』、勁草書房、 2016年。

・津田大介、『情報戦争を生き抜く──武器としてのメディアリテラシー』（朝日新書 696）、朝日新聞出版、2018年。

・佐々木裕一、『ソーシャルメディア四半世紀──情報資本主義に飲み込まれる時間とコ ンテンツ』、日本経済新聞出版、2018年。

・中澤佑一、『インターネットにおける誹謗中傷 法的対策マニュアル（第3版）』、中央経 済社、2019年。

・天野彬、『SNS変遷史──「いいね！」でつながる社会のゆくえ』（イースト新書118）、 イースト・プレス、2019年。

・小木曽健、『ネットで勝つ情報リテラシー──あの人はなぜ騙されないのか』（ちくま新 書1437）、筑摩書房、2019年。

・オリバー・ラケット、マイケル・ケーシー（森内薫訳）、『ソーシャルメディアの生態系』、 東洋経済新報社、2019年。

・宇野常寛、『遅いインターネット』、幻冬舎、2020年。

・毎日新聞取材班、『SNS暴力──なぜ人は匿名の刃をふるうのか』、毎日新聞出版、 2020年。

・尾崎太一（綿村英一郎監修）、「SNSとうまくつきあうための心理学」、『Newton』第40 巻12号（2020年10月号）、ニュートンプレス、pp.102～109。

3．震災時におけるSNS、流言・デマについて

・荻上チキ、『検証　東日本大震災の流言・デマ』（光文社新書518）、光文社、2011年。

・徳田雄洋、『震災と情報──あのとき何が伝わったか』（岩波新書　新赤1343）、岩波書店、 2011年。

・山田健太、『3・11とメディア──徹底検証　新聞・テレビ・WEBは何をどう伝えたか』、

　　トランスビュー、2013 年。
・本條晴一郎、遊橋裕泰、『災害に強い情報社会——東日本大震災とモバイル・コミュニケーション』、NTT 出版、2013 年。
・松田美佐、『うわさとは何か——ネットで変容する「最も古いメディア」』（中公新書 2263）、中央公論新社、2014 年。
・佐藤卓己、『流言のメディア史』（岩波新書新赤版 1764）、岩波書店、2019 年。

4．メディア論の観点から記された文献で参考にしたもの
・大澤真幸、『電子メディア論——身体のメディア的変容』、新曜社、1995 年。
・佐藤卓己、『メディア社会——現代を読み解く視点』（岩波新書新赤版 1022）、岩波書店、2006 年。
・橋元良明、『メディアと日本人——変わりゆく日常』（岩波新書新赤版 1298）、岩波書店、2011 年。
・吉見俊哉、『メディア文化論——メディアを学ぶ人のための 15 話』改訂版、有斐閣、2012 年。
・佐藤卓己編『岩波講座 現代 9　デジタル情報社会の未来』、岩波書店、2016 年。
・佐藤卓己、『現代メディア史　新版』（岩波テキストブックス）、岩波書店、2018 年。

5．現代社会を読み解く上で参考にした文献
・金子郁容、『ボランティア——もうひとつの情報社会』（岩波新書 235）、岩波書店、1992 年。
・橘木俊詔、『日本の経済格差——所得と資産から考える』（岩波新書 590）、岩波書店、1998 年。
・橘木俊詔、『格差社会——何が問題なのか』（岩波新書 1033）、岩波書店、2006 年。
・奥田知志、『もう、一人にさせない——わが父の家にはすみか多し』、いのちのことば社、2011 年。
・山竹伸二、『「認められたい」の正体——承認不安の時代』（講談社現代新書 2094）、講談社、2011 年。
・大嶋重徳、『若者と生きる教会——伝道・教会教育・信仰継承』、教文館、2015 年。
・芳賀力、「承認を求める人間——信仰義認論の現代的意義」、『神学』78 号、東京神学大学神学会、2016 年、pp.5 ～ 23。
・森本あんり、『異端の時代——正統のかたちを求めて』（岩波新書新赤 1732）、岩波書店、2018 年。

6．その他（統計資料、新聞記事、Web サイトは除く）（注での言及順）
・E.L. アイゼンステイン（別宮貞徳訳）、『印刷革命』、みすず書房、1987 年。
・蛭沼寿雄、『新約本文学史』、山本書店、1987 年。
・海老沢有道「キリシタン版」、『日本キリスト教歴史大事典』、教文館、1988 年。
・石井研士 他、『高度情報化社会と宗教に関する基礎的研究』（平成 11 年度～ 14 年度科学研究費補助金　基盤研究（B）(2) 研究成果報告書）、2003 年。

・生駒孝彰、『ブラウン管の神々』、ヨルダン社、1987年。
・石井研士「情報化と宗教」、『アメリカの宗教──多民族社会の世界観』（井門富二夫編）、弘文堂、1992年、pp.242〜265。
・ヴァルター・ベンヤミン（浅井健二郎編訳、久保哲司訳）、『ベンヤミン・コレクション　1　近代の意味』（ちくま学芸文庫）、筑摩書房、1995年。
・東浩紀、『一般意志2.0　ルソー、フロイト、グーグル』（講談社文庫）、講談社、2015年。
・師岡康子、『ヘイト・スピーチとは何か』（岩波新書1460）、岩波書店、2013年。
・安田浩一、『ヘイトスピーチ──「愛国者」たちの憎悪と暴力』（文春新書1027）、文藝春秋、2015年。
・部落解放・人権研究所編（谷口真由美、荻上チキ、津田大介、川口泰司著）、『ネットと差別扇動──フェイク／ヘイト／部落差別』、解放出版社、2019年。
・山口二郎、『民主主義は終わるのか──瀬戸際に立つ日本』（岩波新書新赤1800）、岩波書店、2019年。
・久米淳嗣「判断を保留することができる教会を」、『ミニストリー』Vol.24（2015年冬号）、キリスト新聞社、pp.12〜13。
・帚木蓬生、『ネガティブ・ケイパビリティ──答えの出ない事態に耐える力』（朝日選書958）、朝日新聞出版、2017年。
・千葉雅也、『動きすぎてはいけない──ジル・ドゥルーズと生成変化の哲学』、河出書房新社、2013年。（河出文庫、2017年）
・松岡正剛、『フラジャイル　弱さからの出発』、筑摩書房、1995年。
・松岡正剛、『知の編集工学』、朝日新聞社、1996年。
・平野克己「編集後記」、『ミニストリー』Vol.19（2013年秋号）、キリスト新聞社。
・平野克己、『説教を知るキーワード』、日本キリスト教団出版局、2018年。
・江田智昭、『お寺の掲示板』、新潮社、2019年。

あとがき

小林　光

　宣教研究論文集『宣教の未来〜五つの視点から〜』を発行するにあたり、主の導きと多くの方々のご協力に感謝いたします。この論文集が題名どおり、「宣教の未来」に少しでも寄与するものであることを願っております。様々な宣教課題がある中で、どのようにして五つの問題に絞り込み、副題となる「五つの視点」が定められたのか、その経緯を少しお伝えいたします。

　2019年4月に第41総会期の第1回宣教研究所委員会が開催されました。既に発行されている冊子『宣教研究所50年の歩みと今後』を踏まえ、本委員会の今後の主な取り組みを確認しました。①宣教に関する研究テーマを定めること。②テーマにふさわしい執筆者を選び、担当委員を決めること。③執筆していただいた研究論文を論文集として発行し、教団の宣教のために役立てていただくこと、以上の3つです。

　2回目以降の委員会では、7名の委員から28項目もの様々なテーマが提案されました。

　主なものは以下のとおりです。家族への伝道、教会間の連帯と相互牧会、教会の霊性、ディボーションのあり方、ダウンサイズして行く教団・教会のあり方、キリスト教学校との協力体制、高齢者への伝道、天皇制の問題、日本の宗教・日本人の宗教性に関して、認知症の信徒への対応、教会と付属施設との関係、SNSを用いた伝道。

　これらのテーマ案を伝道、牧会、教会、教育、礼拝、現代、教職の7つに分類、整理した上で、特に喫緊の課題に絞り込み、5つの研究テーマが決まりました。①「教会の霊性」、②「教会のダウンサイジングの問題」、③「日本人の宗教性とキリスト教」、④「教会と付属施設」、⑤「SNSと伝道」です。

　テーマごとに担当委員を決め、執筆者への依頼交渉をし、論文執筆中間報告時には委員全員が参考意見や要望を出し合い、再度、執筆者に知らせるなどして、ようやく完成に至りました。この論文集の最大の特徴は、執筆者全員が現役の牧師であり、実践的であることです。所謂「学術論文」ではなく、「実践論文」としてお読みいただけましたら幸いです。

また、「研究論文」ではありますが、「研究途上論文」でもあり、読者の皆様の取り組みによって内容が更に深められて行くことを願っております。

　なお、本論考にケーススタディーとして現れる「弟子訓練」については、当該宣教メソッドが過去に様々な問題を引き起こしてきたことを私たちは知っていますし、そのことは本論考の中でも指摘されております。このテーマについて、より広範囲な視点から取り上げたものに次の論考がありますので、ご参照ください。『韓国系キリスト教会の弟子訓練についての批判的考察』川島堅二（恵泉女子学園大学紀要第 25 号）

　ご多忙な中、様々な文献にもあたり、ご執筆いただいた疋田国磨呂先生（本庄教会牧師）、深澤奨先生（佐世保教会牧師）、保科隆先生（福島教会牧師）、坂下道朗先生（阿佐谷東教会牧師・阿佐谷幼稚園園長）、春原禎光先生（柏教会牧師）に心より感謝申し上げます。また、各委員や執筆者への連絡には教団事務局の新名知子職員、表紙デザイン、編集作業には星山京子職員、校正作業には出版局の秦一紀職員に大変お世話になりました。紙面をお借りして御礼申し上げます。

　新型コロナウイルスが変異し、猛威を振るっております。宣教の未来は決して明るくはありません。しかし、それだからこそ、主に祈り、主に求め、主を待ち望みつつ進みましょう。

「主に望みをおく人は新たな力を得る。」（イザヤ書 第 40 章 31 節前半）

　　　　　　こばやしひかる／41 総会期 宣教研究所委員会書記

---

41 総会期宣教研究所委員

委員長　岡本知之（洛北教会牧師）

書　記　小林　光（熱田教会牧師）

委　員　熊江秀一（大宮教会牧師）

　　　　柴田　彰（倉吉教会牧師）

　　　　髙橋和人（田園調布教会牧師）

　　　　寺田信一（横須賀小川町教会牧師）

　　　　長山　道（東京神学大学教授）

執筆者紹介

疋田國磨呂（ひきた　くにまろ）
1943 年 5 月 14 日、石川県生まれ
明治学院大学文学部英文科卒、東京神学大学大学院神学研究科博士課程前期課程修
了。柿ノ木坂教会、福井神明教会、大宮教会を経て本庄教会牧師。関東教区常置委員、
宣教部委員長、教区総会議長。
幼稚園園長歴：栄冠幼稚園、丸岡緑幼稚園、大宮幼稚園、植竹幼稚園。
福祉関係：福井刑務所教誨師、東京いのちの電話相談担当、埼玉いのちの電話理事、
愛の泉理事

深澤奨（ふかさわ　しょう）
1967 年 6 月 16 日、山口県生まれ
東京神学大学大学院神学研究科博士課程前期課程修了。つきみ野伝道所(1992-1999,
現・林間つきみ野教会）を経て 1999 年より佐世保教会牧師。九州教区書記（2001-
2003）、副議長（2004-2007）、議長（2008-2011）。活水学院理事長（2018- 現在）。

保科隆（ほしな　たかし）
1947 年 8 月 29 日、東京都生まれ
東京神学大学大学院神学研究科博士課程前期課程修了。関西学院教会、高岡教会、
高幡教会、藤枝教会、仙台東一番丁教会を経て 2016 年より福島教会牧師。教団、教区、
学校のこれまでの役職：教団常議員、東北教区総会副議長。現東北教区総会議長、
学校法人東北学院、評議員、理事、キリスト教学非常勤講師。著書：『神が遣わされ
たのです』（2017 年　福島教会出版）

坂下道朗（さかした　みちお）
1961 年 12 月 21 日、東京都生まれ
立教大学文学部卒、東京神学大学大学院神学研究科博士課程前期課程修了。弓町本
郷教会、北柏めぐみ教会を経て、2004 年から阿佐谷東教会牧師。同教会付属阿佐谷
幼稚園園長を兼任。鴎友学園女子中学校講師。日本基督教団全国教会幼稚園連絡会
委員長。

春原禎光（すのはら　よしみつ）
1964 年 12 月 23 日、東京都生まれ
東京神学大学大学院神学研究科博士課程前期課程修了。山梨大学大学院工学研究科
電子工学専攻修士課程修了後、日本電気株式会社、NEC America, Inc. に勤務。
神学校卒業後、富士見町教会伝道師を経て、2006 年 4 月より柏教会牧師。

宣教の未来　五つの視点から

2021 年 12 月 1 日　初版発行

編集・発行　日本基督教団宣教研究所

著者　　　　疋田國磨呂　　深澤　奬　　保科　隆

　　　　　　坂下道朗　　　春原禎光

発売　　　　日本キリスト教団出版局

　　　　　　169-0051 東京都新宿区西早稲田 2 丁目 3 の 18
　　　　　　電話　03（3204）0422

　　　　　　印刷　山猫印刷所
　　　　　　装丁　Alien et Cosmos

ISBN 978-4-8184-5557-3

Printed in Japan